MAPA DOS

CONSELHOS MUNICIPAIS DE EDUCAÇÃO

NO BRASIL

MAPA DOS **CONSELHOS MUNICIPAIS DE EDUCAÇÃO** NO BRASIL

DONALDO BELLO DE SOUZA (ORG.)

ADOLFO IGNACIO CALDERÓN
ANDREZA ALVES FERREIRA
ANGELA MARIA MARTINS
CANDIDO ALBERTO GOMES
CARLOS ÂNGELO DE MENESES SOUSA
CLÁUDIA OLIVEIRA PIMENTA
CLEITON DE OLIVEIRA
CLÉLIA DE FREITAS CAPANEMA
DONALDO BELLO DE SOUZA
ELIZA BARTOLOZZI FERREIRA
FLÁVIA OBINO CORRÊA WERLE
JEAN MÁRIO ARAÚJO COSTA
MÁRCIA ANGELA DA S. AGUIAR
MARIA CELI CHAVES VASCONCELOS
MARIA COUTO CUNHA
MARIA IEDA NOGUEIRA
MARISA RIBEIRO TEIXEIRA DUARTE
MARTA LÍCIA TELES BRITO DE JESUS
ROSEMEIRE BARAÚNA MEIRA DE ARAÚJO
ROSIMAR DE FÁTIMA OLIVEIRA
WELLINGTON FERREIRA DE JESUS

Edições Loyola

Dados Internacionais de Catalogação na Publicação (CIP)
(Câmara Brasileira do Livro, SP, Brasil)

Mapa dos Conselhos Municipais de Educação no Brasil : criação, implantação e funcionamento institucional e sociopolítico / Donaldo Bello de Souza, (organizador). -- São Paulo : Edições Loyola, 2013.

Vários autores.
ISBN 978-85-15-03985-2

1. Conselhos Municipais de Educação - Brasil 2. Escolas - Administração e organização 3. Política educacional 4. Políticas públicas I. Souza, Donaldo Bello de.

13-00104 CDD-371.2006

Índices para catálogo sistemático:

1. Brasil : Gestão educacional : Conselhos Municipais de Educação : criação, implantação e funcionamento institucional e sociopolítico : Educação 371.2006

Preparação: Maurício Balthazar Leal
Capa: Walter Nabas
Foto de © PhotoDisc, Inc.
Diagramação: So Wai Tam
Revisão: Sandra Garcia Custódio

Edições Loyola Jesuítas
Rua 1822, 341 – Ipiranga
04216-000 São Paulo, SP
T 55 11 3385 8500
F 55 11 2063 4275
editorial@loyola.com.br
vendas@loyola.com.br
www.loyola.com.br

ISBN 978-85-15-03985-2

"O verdadeiro caminho passa por uma corda
que está esticada, não em cima, mas rente ao chão.
Antes parece destinar-se a fazer tropeçar
do que a ser percorrida."

Franz Kafka[1]

1. *Considerações sobre o pecado, o sofrimento, a esperança e o verdadeiro caminho*, Lisboa, Hiena, 1992, p. 11.

Sumário

Prefácio

A temática dos Conselhos Municipais de Educação (CMEs) vem adquirindo interesse crescente quer para teóricos e investigadores, quer para gestores públicos educacionais, e para todos com preocupações de intervenção social, sobretudo após a reorganização institucional e legal iniciada a partir da redemocratização do país, na qual se incluem mudanças decisivas em relação aos municípios brasileiros.

Uma das exigências da ação educativa, defendida por Paulo Freire, a de testemunhar a disponibilidade ao caminho e aos seus chamamentos, leva-me a reconhecer a importância do *Mapa dos Conselhos Municipais de Educação no Brasil* em face da finalidade da União Nacional dos Conselhos Municipais de Educação (Uncme) de incentivar a criação e o funcionamento destes colegiados em meio ao processo de construção da gestão democrática dos sistemas municipais de ensino no país.

Trata-se do exame da problemática de cerca de 291 CMEs, originalmente realizado por intermédio de estudos teórico-empíricos acadêmicos, cuja revisão da literatura foi levada a efeito por autores pertencentes a catorze instituições de ensino superior e de pesquisa brasileiras, com foco na criação, na implantação e no funcionamento institucional e sociopolítico desses Conselhos.

A análise da caminhada dos CMEs no Brasil reflete o lento processo de participação da sociedade nos canais de gestão das políticas públicas educacionais.

Situados na estrutura do poder executivo, com natureza distinta dos órgãos administrativos, na perspectiva de se afirmarem como órgãos de estado, como espaço de vontade plural e deliberativa ante o árbitro da vontade singular e como estratégia da continuidade das políticas públicas diante da transitoriedade dos mandatos executivos, os CMEs encontram entraves e obstáculos, muitas vezes de difícil superação, que precisam ser rompidos. Os desafios vão desde sua concepção até as condições materiais de funcionamento, em que se incluem a falta de dotação orçamentária própria e de apoio técnico.

A autonomia, um dos fundamentos da questão democrática, requer que o Conselho seja dotado de normas próprias e de condições objetivas para o desempenho de suas responsabilidades. Os Conselhos só têm força quando trilham a autonomia, abrindo-se para o novo, para o diálogo e para a possibilidade de conviver com a diferença.

Os textos que compõem esta coletânea, de autoria de pesquisadores nacionalmente reconhecidos no campo da investigação das políticas públicas da educação, além de ajudar a conhecer ou reconhecer práticas, esforços, desafios ou compromissos dos CMEs, suscitam reflexões necessárias que facilitarão a revisão ou construção da caminhada desses órgãos enquanto espaços políticos, isto em face da concretização das experiências democráticas.

Ao lado da relevância dos referenciais teórico-empíricos aqui oferecidos, destaca-se a larga experiência de Donaldo Bello de Souza, organizador desta coletânea, cuja disponibilidade acadêmica volta-se para o estudo crítico e exigente das questões da autonomia dos CMEs e da sua importância na gestão do sistema de ensino no Brasil.

Com certeza, outros trabalhos de pesquisa e análise virão para alimentar a dimensão utópica da efetiva instituição dos Conselhos como espaços de diálogo e de exercício pedagógico de participação, importantes para impulsionar mudanças nas relações de poder que imobilizam a afirmação da cidadania e, consequentemente, dos direitos humanos.

Pernambuco, outubro de 2012

Maria Ieda Nogueira

Presidente Nacional da Uncme

Apresentação

Em que pese o fato de a presente obra utilizar em seu título a palavra "mapa", cabe de antemão esclarecer que não se trata aqui da elaboração de nenhuma representação gráfica de determinada área geográfica acerca dos CMEs no Brasil, tampouco de um tipo de cartografia que, mesmo metaforicamente falando, venha abarcar a presença desse órgão na totalidade da extensão do território nacional.

O objetivo da elaboração de uma espécie de *Mapa dos Conselhos Municipais de Educação no Brasil* se articula, portanto, ao traçado de um perfil qualitativo acerca da realidade desses órgãos colegiados no país, cuja topografia deriva da consecução de um levantamento documental exaustivo em torno dos estudos teórico-empíricos acadêmicos que tomaram por alvo sua criação, sua implantação e seu funcionamento institucional e sociopolítico, em âmbito nacional, publicados no Brasil no período de 1996 a 2010, e a consequente revisão dessa literatura.

A separação entre o funcionamento institucional e o sociopolítico cumpre aqui apenas função didática, embora se considere ambas as dimensões imbricadas e difíceis de ser discretamente vislumbradas na dinâmica de funcionamento dos CMEs. Consiste no esforço, de um lado, de trazer à vista as competências e atribuições desses Conselhos, sua composição interna e sua representatividade, seu relacionamento com o poder Executivo local, entre outros aspectos operacionais (funcionamento institucional), e, de outro, em problematizar a participação da sociedade civil no interior desse órgão colegiado, assim como em relação à sua ambiência externa, isto na perspectiva da democratização das relações entre poder público e sociedade civil e da sua possível contribuição para o desenvolvimento de uma cidadania qualificada em âmbito local (funcionamento sociopolítico).

Nestes termos, referimo-nos a um trabalho pautado em dados secundários, caracteristicamente qualitativos, decorrentes de pesquisas teórico-empíricas levadas a efeito no âmbito de alguns dos programas de pós-graduação no país, na esfera de determinados grupos de pesquisa ou mesmo em termos individuais, tomando-se por fonte documental dissertações de mestrado e teses de doutorado, livros no todo e partes de livros, trabalhos em Anais de determinados eventos científicos e artigos publicados em periódicos nacionais, e que tenham constituído por objeto central de estudo os CMEs, implicando seleção de cerca de 86 referências[1]. A par da identificação desses estudos, muitos dos autores responsáveis por suas revisões vieram a complementar ou suplementar a listagem de trabalhos originalmente indicados, incluindo outras pesquisas que eventualmente escaparam ao levantamento inicial.

De qualquer modo, o esforço conjunto empreendido consiste numa tarefa não apenas de atendimento a determinadas demandas de cunho acadêmico-científico, mas numa forma de traçar um panorama nacional, regional, estadual e municipal acerca da disseminação dos CMEs no Brasil, mesmo que limitado aos aspectos metodológicos que orientaram o levantamento documental empregado e aos procedimentos de revisão a que estiveram sujeitos. Enfoca-se, assim, a criação desses Conselhos, sua implantação e seu funcionamento institucional e sociopolítico, de modo a, criticamente, possibilitar inferências sobre o papel e a importância desempenhados por esses órgãos em face do "longo" processo de democratização da gestão municipal da educação no Brasil, sem que se percam de vista os limites e possibilidades de superação dos entraves estruturais e conjunturais que os marcam, que, entre outros aspectos, afetam o trilhar da autonomização dessas instâncias colegiadas.

Em termos acadêmicos, a motivação em torno desta coletânea surgiu a partir do desenvolvimento de uma pesquisa em curso que toma por foco a elaboração dos Planos Municipais de Educação (PMEs), entendendo-se que os CMEs, entre outras competências e atribuições, consistem no lócus privilegiado para seu debate e sua

---

1. Cf. Donaldo Bello de SOUZA, *Projeto editorial de coletânea* — Mapa dos Conselhos Municipais de Educação no Brasil: criação, implantação e funcionamento, Rio de Janeiro, Nephem/FE/Uerj, 12 maio 2012 [versão 2.8].

elaboração democrática, ao menos potencialmente, além de facultar seu acompanhamento pela sociedade civil, movimento que poderia conjugar o "notório saber" em educação aos "múltiplos saberes" locais[2]. O livro emerge, portanto, da pesquisa "Os Planos Municipais de Educação (Brasil) e as Cartas Educativas Municipais (Portugal): perspectiva comparada entre as regiões/áreas metropolitanas do Rio de Janeiro e do Porto"[3], em processo de realização pelo Núcleo de Estudos em Política e História da Educação Municipal (Nephem) da Faculdade de Educação da Universidade do Estado do Rio de Janeiro (Uerj), junto ao Centro de Investigação e Inovação em Educação (InEd) da Escola Superior de Educação (ESE) do Instituto Politécnico do Porto (IPPorto), investigação coordenada no Brasil pelo Prof. Dr. Donaldo Bello de Souza (Uerj) e em Portugal pela Profa. Dra. Dora Fonseca Castro (IPPorto)[4]. Possui, ainda, vinculações com a pesquisa intitulada "Planos Municipais de Educação: um estudo de políticas educacionais em regiões metropolitanas no estado de São Paulo", em desenvolvimento pela Fundação Carlos Chagas (FCC), sob coordenação da Profa. Dra. Angela Maria Martins.

Para a análise das referências teórico-empíricas identificadas sobre os CMEs em tela adotou-se como critério autoral o convite a renomados pesquisadores vinculados à investigação sobre políticas públicas em educação no país, que direta ou indiretamente já tenham tido incursões no exame da problemática dos CMEs, buscando-se, sempre que possível, considerar o estado ou região ao qual o autor, de algum modo, estivesse vinculado, seja em função da instituição de ensino superior em que atua, seja em decorrência da realização de estudos anteriores sobre esses órgãos.

Com isto, logrou-se reunir 22 autores e coautores, atuantes em catorze instituições de ensino superior e de pesquisa, incluindo-se a presidência da União Nacional dos Conselhos Municipais de Educação (Uncme)[5], em torno de treze Unidades Fe-

2. Cf. Genuíno BORDIGNON, Álvaro de Pádua PEREIRA, *Perfil dos Conselhos Municipais de Educação 2007*, Brasília, MEC/SEB, 2008.

3. Cf. Donaldo Bello de SOUZA, Dora Fonseca de CASTRO, *Projeto de investigação* — Os Planos Municipais de Educação (Brasil) e as Cartas Educativas Municipais (Portugal): perspectiva comparada entre as regiões/áreas Metropolitanas do Rio de Janeiro e do Porto, Rio de Janeiro/Porto, Nephem/FE/Uerj/InEd/Esse/IPPorto, 18 jun. 2012 [versão 2.12].

4. O Termo de Cooperação Acadêmica para a realização desta pesquisa conjunta Uerj/IPPorto veio a ser publicado pela Secretaria de Estado de Ciência e Tecnologia do Estado do Rio de Janeiro (Sect) no *Diário Oficial do Estado* (DOE-RJ), v. 38, nº 017 (Parte I), p. 22, em 25 de janeiro de 2012.

5. Fundação Carlos Chagas (FCC), Instituto Federal de Educação, Ciência e Tecnologia Baiano (IF Baiano), Pontifícia Universidade Católica de Campinas (PUC-Campinas), Universidade Católica de Brasília (UCB), Universidade Católica de Petrópolis (UCP), Universidade do Estado do Rio de Janeiro (Uerj), Universidade Federal da Bahia (Ufba), Universidade Federal do Espírito Santo (Ufes), Universidade Federal de Minas Gerais (UFMG), Universidade Federal de Pernambuco (Ufpe), Universidade Federal do Recôncavo da Bahia (Ufrb), Universidade Metodista de Piracicaba (Unimep) e Universidade do Vale dos Sinos (Unisinos).

derativas (UFs) — doze estados e o Distrito Federal (DF) —, cujos estudos selecionados remetem ao exame sobre cerca de 291 CMEs, ou seja, 6,6% dos 4.403 CMEs existentes em 2009 no Brasil[6].

Embora com estrutura crítica e redacional determinada pela subjetividade e pela estilística de cada conjunto de autores, buscou-se não perder de vista certa unidade analítico-textual da coletânea que permitisse fazer emergir considerações sobre: a descentralização da educação nos territórios enfocados, visando às experiências anteriores e posteriores à Constituição Federal de 1988, e ainda caracterizando o processo legal por ela deflagrado; o processo de constituição dos seus sistemas municipais de ensino, de modo a resgatar, sinteticamente, sua historicidade e o panorama atual de sua organização; a caracterização geral sobre a criação e a disseminação dos CMEs no estado, tanto historicamente quanto em termos contemporâneos; os desafios revelados pelas referências selecionadas sobre os CMEs em termos de sua criação, sua implantação e seu funcionamento institucional e sociopolítico; e, por fim, as conclusões que apontassem ajuizamentos sobre esses parâmetros estudados, com ênfase nos desafios postos à consolidação da autonomização dos CMEs e de sua contribuição para o processo de gestão democrática local da educação básica.

O exame da criação, da implantação e do funcionamento institucional e sociopolítico dos CMEs em tela encontra-se organizado na presente obra em dez textos que, em seu conjunto, conforme já mencionado, focam qualitativamente e quali-quantitativamente a realidade de cerca de 291 desses órgãos pertencentes a doze estados e ao DF.

À guisa de uma análise integradora das reflexões efetuadas pelos diversos autores dos estudos que compõem a coletânea, o primeiro texto, "CMEs no Brasil: uma cartografia a partir dos estudos teórico-empíricos", de autoria de Donaldo Bello de Souza (Uerj), Marisa Ribeiro Teixeira Duarte (UFMG) e Rosimar de Fátima Oliveira (UFMG), se pauta, de um lado, por uma abordagem quantitativa sobre os CMEs no país, e, de outro, por uma espécie de meta-análise sobre as revisões levadas a efeito nos nove trabalhos que visam ao exame dos vários CMEs pertencentes aos estados enfocados, de modo a traçar um perfil geral acerca dos problemas que marcam seu funcionamento institucional e sociopolítico, assim como as possibilidades e os limites postos à superação desses entraves. Neste primeiro texto, sem nenhuma pretensão de considerar o conjunto das análises sobre esses 291 CMEs tecnicamente representativo ou significativo em termos da realidade nacional — já que a identifi-

6. Cf. BRASIL, Instituto Brasileiro de Geografia e Estatística, Diretoria de Pesquisas, Coordenação de População e Indicadores Sociais da Pesquisa de Informações Básicas Municipais, *Perfil dos municípios brasileiros 2009*, Rio de Janeiro, IBGE, 2010.

cação e a seleção desses órgãos não obedeceu a qualquer critério amostral —, busca-se, em última instância, demarcar certas tendências em torno dos problemas que esses órgãos expõem, assim como apontar questões que merecem ainda ser discutidas a respeito deles.

O segundo texto, de autoria de Márcia Aguiar (Ufpe), intitulado "CMEs nos estados da Paraíba e de Pernambuco: a difícil construção da gestão democrática", abarca, no caso do primeiro estado, quinze CMEs, enquanto em relação ao estado de Pernambuco o CME de sua capital, Recife.

No caso de "CMEs no estado da Bahia: os desafios para a compreensão do alcance das práticas democráticas na educação municipal", Maria Couto Cunha (Ufba), Rosemeire Baraúna Meira de Araújo (IF Baiano), Jean Mário Araújo Costa (Ufba) e Marta Lícia Teles Brito de Jesus (Ufrb) trabalham com pesquisas que, além de tomar por referência o CME da capital, Salvador, evocam outros catorze municípios desse estado.

O quarto texto, intitulado "CMEs em Brasília e nos estados do Mato Grosso do Sul e do Pará: desafios e possibilidades a consolidar", de autoria de Candido Alberto Gomes (UCB), Wellington Ferreira de Jesus (UCB), Carlos Ângelo de Meneses Sousa (UCB) e Clélia de Freitas Capanema (UCB), trata, de um lado, de quatro CMEs localizados na região Centro-Oeste do país, especificamente três situados no estado do Mato Grosso do Sul, além do CME do DF e, de outro, da região Norte, atingindo três municípios do estado do Pará.

Na sequência, Eliza Bartolozzi Ferreira (Ufes) e Andreza Alves Ferreira (Ufes) analisam, sob o título "CMEs no estado do Espírito Santo: a participação regulada", a realidade desses órgãos nos dois únicos municípios identificados no estado, um na capital, na cidade de Vitória, o outro localizado em área limítrofe dessa metrópole.

O sexto texto, de autoria de Donaldo Bello de Souza (Uerj) e Maria Celi Chaves Vasconcelos (Uerj/UCP), denominado "CMEs no estado do Rio de Janeiro: sobre a autonomia concedida e a submissão herdada", pondera tanto as pesquisas quali-quantitativas que operam com dados levantados junto a um conjunto relativamente amplo de localidades fluminenses quanto os estudos qualitativos sobre sete CMEs pertencentes, especialmente, à região Norte/Noroeste fluminense, mas que, no cômputo geral, contemplam a realidade desses órgãos colegiados traçada pelas referências operadas em 33 municípios do estado.

No caso de "CMEs no estado de São Paulo: uma análise de órgãos colegiados em municípios paulistas", que tem como autores Angela Maria Martins (FCC), Cleiton de Oliveira (Unimep) e Cláudia Oliveira Pimenta (FCC), o texto versa tanto sobre dezenove municípios da região Metropolitana de Campinas quanto, em separado, a respeito de outras dez localidades desse estado.

Por seu turno, o texto de autoria de Marisa Ribeiro Teixeira Duarte (UFMG) e Rosimar de Fátima Oliveira (UFMG), intitulado "CMEs no estado de Minas Gerais: das funções atribuídas no regime de colaboração", volta-se para os CMEs da capital, Belo Horizonte, e de múltiplas regiões desse estado, envolvendo outros dez municípios.

O nono trabalho, denominado "CMEs nos estados de Santa Catarina e do Paraná: do pioneirismo ao lugar-comum das tendências hegemônicas", levado a efeito por Adolfo Ignacio Calderón (PUC-Campinas) e Donaldo Bello de Souza (Uerj), toma por referência, no primeiro caso, os CMEs de Chapecó, localizado na região Oeste do estado de Santa Catarina, e os pertencentes a 32 localidades que compõem duas associações municipais do estado — a Associação dos Municípios do Alto Uruguai Catarinense (Amauc) e a Associação dos Municípios do Alto Vale do Itajaí (Amavi) —, enquanto no estado do Paraná trata de dois de seus CMEs, um pertencente à região Metropolitana de Curitiba, o outro localizado na região dos Campos Gerais.

Finalmente, o décimo texto, cuja autora, Flávia Obino Corrêa Werle (Unisinos), discorre sobre os "CMEs no estado do Rio Grande do Sul: gênese e institucionalização", leva em conta o CME da capital, Porto Alegre, também se apoiando em estudos qualitativos que visam outros dois municípios, além de ponderar os resultados de pesquisas qualiquantitativas que abarcaram dois agrupamentos de localidades do estado.

A última seção da obra traz à vista uma síntese do currículo do conjunto de seus 21 autores, visando com isto a informar ao público leitor sobre sua formação acadêmica mais recente e suas vinculações institucionais em curso.

Além, portanto, dos agradecimentos às imensuráveis contribuições de todos os autores aqui citados, assim como em relação à confiança depositada no organizador desta coletânea, desde os momentos iniciais de concepção de seu projeto editorial, passando por sua execução e nos momentos de sua finalização, cabe registrar o reconhecimento conjunto em torno da prontidão e da generosidade da Profa. Maria Ieda Nogueira, presidente nacional da Uncme, que desde o principiar dos trabalhos manifestou o seu aceite em prefaciar o estudo, assim como em relação às colegas Profa. Alícia Bonamino (PUC-Rio) e Profa. Maria Beatriz Luce (CNE/UFRGS) que, igualmente com presteza e profissionalismo, nos honraram, respectivamente, com a elaboração dos textos de orelha e de quarta capa.

Do mesmo modo, registra-se o nosso reconhecimento pelo apoio advindo dos colegas e amigos Prof. Marco Silva (Uerj) e Profa. Maria Celi Vasconcelos (Uerj/UCP), o primeiro em virtude da indicação de nosso trabalho para a análise de Edições Loyola, enquanto o segundo em decorrência das importantes sugestões em torno da organização da obra.

Desnecessário também sinalizar a confiança depositada no desenvolvimento deste trabalho por Edições Loyola, que ainda em sua fase embrionária, por época da apresentação do projeto editorial ao Prof. Marcelo Perine (gerente editorial), logo após a emissão de parecer por seu Conselho Editorial, assumiu o compromisso de publicá-lo assim que viesse a ser efetivado, conforme o fez, reafirmando sua seriedade, sua tradição e seu comprometimento com as perspectivas críticas em educação no Brasil.

Lamentamos, contudo, a ausência neste trabalho da Profa. Beatrice Laura Carnielli, docente e pesquisadora da Universidade Católica de Brasília (UCB) que, em coautoria com o Prof. Candido Gomes (UCB), igualmente nos honrou, enquanto da vida desfrutava, com suas reflexões e atitudes de extrema amabilidade e prontidão para com as propostas de trabalho das quais veio a participar a convite do organizador da presente obra, sempre disposta a brindá-las com o êxito esperado.

Por fim, cabe ressaltar que o estudo em tela destina-se não apenas a professores, pesquisadores e alunos de graduação e de pós-graduação atuantes nas múltiplas áreas das ciências humanas e sociais, em particular no campo das políticas de educação, mas, sobremaneira, àqueles que cotidianamente se veem à frente dos desafios inerentes às esferas da política, da gestão e do financiamento da educação básica no Brasil, em seus variados níveis e modalidades. Trata-se, pois, de um trabalho que se esforça em contemplar, além das demandas inerentes à área do conhecimento científico da qual emerge, necessidades plurais do poder público Executivo e Legislativo e da sociedade civil, em particular relativas aos dirigentes de educação, aos conselheiros e assessores dos Conselhos de educação, quer municipais, estaduais ou no âmbito da própria União, afigurando-se, por isto, em obra também de consulta, de orientação e de reflexão em torno de sua temática principal.

Parafraseando a epígrafe deste livro, mesmo em face do conjunto de problemas que marcam a criação, a implantação e o funcionamento institucional e sociopolítico dos CMEs no Brasil, alguns estruturais, por isto mesmo de maior complexidade de superação, outros conjunturais, cuja mudança expõe maior flexibilidade de ocorrência a curto e médio prazos, ainda sim sua trajetória deve ser entendida enquanto caminho a ser percorrido "rente ao chão", e não como algo que "parece destinar-se a fazer tropeçar...".

Rio de Janeiro, setembro de 2012

Donaldo Bello de Souza

Coordenador Nephem/FE/Uerj

Lista de siglas e abreviaturas

Amauc	Associação dos Municípios do Alto Uruguai Catarinense
Amavi	Associação dos Municípios do Alto Vale do Itajaí
Anpae	Associação Nacional de Política e Administração da Educação
Anped	Associação Nacional de Pós-Graduação e Pesquisa em Educação
APM	Associação de Pais e Mestres
Ases	Associação de Empresários da Serra
BA	Bahia
BM	Banco Mundial
Cacs	Conselhos de Acompanhamento e Controle Social
Capes	Coordenação de Aperfeiçoamento de Pessoal de Nível Superior
CEB	Câmara de Educação Básica
CEE	Conselho Estadual de Educação
Cepam	Centro de Estudos e Pesquisas de Administração Municipal
CF	Constituição Federal
CIP	Conselho de Instrução Pública
CMDCA	Conselho Municipal dos Direitos da Criança e do Adolescente
CME	Conselho Municipal de Educação
Cmebh	Conselho Municipal de Educação de Belo Horizonte
Cmed	Conselho Municipal de Educação

Cmeni	Conselho Municipal de Educação de Nova Iguaçu
Cmesg	Conselho Municipal de Educação de São Gonçalo
CMS	Conselho Municipal da Saúde
CNE	Conselho Nacional de Educação
CNPq	Conselho Nacional de Desenvolvimento Científico e Tecnológico
Comas	Conselho Municipal da Assistência Social
Comed	Conselho Municipal de Educação
Comev	Conselho Municipal de Educação de Vitória
Comude	Conferência Municipal de Educação
Conada	Conselho Nacional dos Direitos da Criança e do Adolescente
Conae	Conferência Nacional de Educação
CPV	Conselho Popular de Vitória
DF	Distrito Federal
DMP	Departamento de Orientação aos Municípios e Entidades
EC	Emenda Constitucional
EJA	Educação de Jovens e Adultos
ES	Espírito Santo
ESE	Escola Superior de Educação
Fams	Federação das Associações de Moradores da Serra
Fapemig	Fundação de Amparo à Pesquisa do Estado de Minas Gerais
Faperj	Fundação Carlos Chagas Filho de Amparo à Pesquisa do Estado do Rio de Janeiro
FCC	Fundação Carlos Chagas
Fesp	Fundação Escola de Serviço Público
Flem	Fundação Luiz Eduardo Magalhães
FNDE	Fundo Nacional de Desenvolvimento da Educação
Fundeb	Fundo de Manutenção e Desenvolvimento da Educação Básica e de Valorização dos Profissionais da Educação
Fundef	Fundo de Manutenção e Desenvolvimento do Ensino Fundamental e de Valorização do Magistério
Fundescola	Fundo de Fortalecimento da Escola
IBGE	Instituto Brasileiro de Geografia e Estatística
Ideb	Índice de Desenvolvimento da Educação Básica
IDH	Índice de Desenvolvimento Humano
IDI	Índice de Desenvolvimento Infantil
IF Baiano	Instituto Federal de Educação, Ciência e Tecnologia Baiano
InEd	Centro de Investigação e Inovação em Educação
Inep	Instituto Nacional de Pesquisas Educacionais
Inter-Redes	Programa de Integração das Redes de Ensino Estadual e Municipal
Ipea	Instituto de Pesquisa Econômica Aplicada
IPPorto	Instituto Politécnico do Porto
LDB	Lei de Diretrizes e Bases
LDO	Lei de Diretrizes Orçamentárias
LO	Lei Orgânica

LOM	Lei Orgânica Municipal
Mare	Ministério da Administração Federal e Reforma do Estado
MDE	Manutenção e Desenvolvimento do Ensino
MEC	Ministério da Educação
MEC	Ministério da Educação e Cultura
Mesp	Ministério da Educação e Saúde Pública
MG	Minas Gerais
MP	Ministério Público
MP	Ministério do Planejamento, Orçamento e Gestão
Munic	Pesquisa de Informações Básicas Municipais
Nephem	Núcleo de Estudos em Política e História da Educação Municipal
Oscips	Organizações da Sociedade Civil de Interesse Público
OSs	Organizações Sociais
PA	Pará
PAR	Plano de Ações Articuladas
PB	Paraíba
PDDE	Programa Dinheiro Direto na Escola
Pdrae	Plano Diretor da Reforma do Aparelho do Estado
PDS	Partido Democrático Social
PE	Pernambuco
PEC	Projeto de Emenda Constitucional
PEE	Plano Estadual de Educação
PMDB	Partido do Movimento Democrático Brasileiro
PME	Plano Municipal de Educação
PNE	Plano Nacional de Educação
PPA	Plano Plurianual de Investimentos
PPP	Projeto Político-Pedagógico
PR	Paraná
Proam	Programa de Apoio à Educação Municipal
Pró-Conselho	Programa Nacional de Capacitação de Conselheiros Municipais de Educação
Promune	Programa de Municipalização na Oferta do Ensino Pré-escolar e Fundamental
Pró-Município	Programa de Apoio ao Desenvolvimento Urbano de Municípios de Pequeno Porte
Promurj	Programa Estadual de Municipalização do Ensino de Primeiro Grau
PUC-Campinas	Pontifícia Universidade Católica de Campinas
RJ	Rio de Janeiro
RM	Região Metropolitana
RMC	Região Metropolitana de Campinas
RN	Rio Grande do Norte
RS	Rio Grande do Sul
SAC	Serviço de Atendimento ao Cidadão
SC	Santa Catarina

SEB	Secretaria de Educação Básica
Sedu	Secretaria Estadual de Educação
SEE	Secretaria de Estado da Educação
Seesp	Secretaria de Educação do Estado de São Paulo
Semed	Secretaria Municipal de Educação
Semedni	Secretaria Municipal de Educação de Nova Iguaçu
Sicme	Sistema de Informações dos Conselhos Municipais de Educação
Simec	Sistema de Monitoramento, Execução e Controle do Ministério da Educação
SME	Secretaria Municipal de Educação
Smer	Sistema Municipal de Ensino de Recife
SP	São Paulo
Supam	Superintendência de Articulação Estado–Município
TC	Tribunal de Contas
UCB	Universidade Católica de Brasília
Ucme	União dos Conselhos Municipais de Educação
UCP	Universidade Católica de Petrópolis
Uepg	Universidade Estadual de Ponta Grossa
Uerj	Universidade do Estado do Rio de Janeiro
UF	Unidade Federativa
Ufba	Universidade Federal da Bahia
Ufes	Universidade Federal do Espírito Santo
UFMG	Universidade Federal de Minas Gerais
Ufpe	Universidade Federal de Pernambuco
UFPR	Universidade Federal do Paraná
Ufrb	Universidade Federal do Recôncavo da Bahia
Undime	União Nacional dos Dirigentes Municipais de Educação
Unimep	Universidade Metodista de Piracicaba
Unisinos	Universidade do Vale dos Sinos
Unochapecó	Universidade Comunitária Regional de Chapecó
UTP	Universidade Tuiuti do Paraná

CMEs no Brasil: uma cartografia a partir dos estudos teórico-empíricos

Donaldo Bello de Souza
Marisa Ribeiro Teixeira Duarte
Rosimar de Fátima Oliveira

Gestão dos sistemas de ensino e federalismo

A Constituição Federal (CF) de 1988 (BRASIL 1988), de reconhecimento do federalismo tripartite, foi aprovada no contexto de redemocratização do país, no qual a tradição de centralização decisória no âmbito do poder Executivo era associada à ditadura militar. A descentralização[1] foi uma das demandas construídas nos anos de luta contra o autoritarismo e que ganhou enorme relevância naquela CF (SOUZA 2002; SOUZA 2005; ABRUCIO 2007). Para esse último autor, após vinte anos de centralismo político, financeiro e administrativo, o processo descentralizador abriu oportunidades para maior participação cidadã e para inovações no campo da gestão pública, levando em conta a realidade e as potencialidades locais. Impulsionadas por esta mudança, várias políticas públicas teriam sido reinventadas e disseminadas pelo país (ABRUCIO 2007).

No caso brasileiro, preocupações das mais diversas naturezas, tais como reformar o aparato de Estado preexistente à nova Constituição — reforma administrativa muitas vezes confundida com

1. Entendida como ações políticas promotoras de transferência da autoridade para instâncias governamentais, setores sociais, parcelas da população ou espaços territoriais antes excluídos dos processos decisórios.

reforma do Estado —, impulsionaram essas experiências de descentralização, que passam por ações como o orçamento participativo, a criação de fóruns de discussão, conselhos gestores especialmente na área social, agências reguladoras, Organizações Sociais (OSs) e Organizações da Sociedade Civil de Interesse Público (Oscips).

> No novo cenário, a sociedade civil se amplia para entrelaçar-se com a sociedade política, colaborando para o novo caráter contraditório e fragmentado que o Estado passa a ter nos anos 1990. Desenvolve-se o novo espaço público, denominado público não estatal, onde irão situar-se conselhos, fóruns, redes e articulações entre a sociedade civil e representantes do poder público para a gestão de parcelas da coisa pública que dizem respeito ao atendimento das demandas sociais (GOHN 2004, p. 23).

Como fundamento dessas experiências, perdurou no Brasil, especialmente na década de 1990, a defesa da descentralização político-administrativa e um imaginário sobre o poder local como instância mais factível de ser democratizada, por ser mais próximo do cidadão e, desse modo, potencializar maior participação. Foi nesse contexto, no qual descentralizar nem sempre contribuiu para democratizar (BORGES 2004), no qual a cultura política é/era centralizadora e autoritária, em que concepções contidas no chamado New Public Management[2] objetivam maior eficiência e eficácia da ação estatal, que ocorreu a expansão de conselhos gestores das políticas sociais. Para o chamado gerencialismo, os conselhos municipais, como órgãos de atuação colegiada, constituiriam arranjos institucionais promotores de *accountability*. Para a tradição política autoritária constituiriam entidades concorrentes na competência normativa e, possivelmente, intervenientes sobre a eficácia das decisões do executivo. Por último, para aqueles setores envolvidos com as lutas sociais contra a ditadura militar, os CMEs seriam potencialmente espaços capazes de contribuir para a efetivação do princípio constitucional de gestão democrática do ensino público (TEIXEIRA 2004).

Por essas razões o federalismo brasileiro advindo com a CF de 1988 foi alvo de diversos estudos (ARRETCHE 2002; 2004; AZEVEDO 2002; SOUZA 2005) que envolviam as relações de coordenação e articulação entre o poder central, os estados subnacionais e os governos locais na formulação e implementação de políticas sociais. Esses estudos estavam também associados à análise política de procedimentos da chamada reforma administrativa do Estado, cujo intuito era dotar as ações e o aparato administrativo do Estado brasileiro de maior eficiência, eficácia e efetividade. Arretche (2004) enfatiza a capacidade variável de coordenação do go-

2. No Brasil as concepções em torno da nova administração pública foram difundidas por BRESSER-PEREIRA e SPINK (1998), especialmente no período que o primeiro atuou como ministro de Estado da Administração Federal e Reforma do Estado (1994-1998). Sobre as concepções contidas no movimento conhecido como New Public Management, ver ainda BARZELAY 2000.

verno federal das políticas públicas e de indução sobre os governos subnacionais[3] na implementação de projetos formulados centralmente. Nestes termos, a aprovação do Fundo de Manutenção e Desenvolvimento do Ensino Fundamental e de Valorização do Magistério (Fundef) constituiu um importante mecanismo para o governo federal obter o comportamento desejado por parte dos governos locais, além de promover redistribuição dos recursos vinculados no âmbito dos estados subnacionais (DUARTE 2005).

Ao analisar o federalismo brasileiro, Souza (2005) atenta para a implementação local de políticas públicas formuladas pelo poder central e para as poucas competências constitucionalmente atribuídas exclusivamente aos estados e municípios. No caso da educação básica o atendimento é de obrigação dos estados e municípios na faixa etária de 4 a 17 anos (BRASIL 1988, art. 208 e art. 211), mas a elaboração de políticas locais nas áreas de currículo, produção de material didático, planos de carreira etc. enfrenta a concorrência da forte produção legislativa das instâncias nacionais e também dos projetos e programas federais, com maior capacidade de financiamento, a exemplo daqueles firmados junto ao Fundo Nacional de Desenvolvimento da Educação (FNDE).

Na contramão das perspectivas sobre as virtudes da descentralização, a teoria política tem, historicamente, analisado os poderes locais como lócus de dominação de cunho patrimonialista (FAORO 2001; MENDONÇA 2001; SCHWARTZMAN 2007). O imaginário social sobre a administração pública e o romance brasileiro são pródigos em denúncias a respeito:

> [...] Sua administração na prefeitura, independente e rigorosa, pisara os pés de muita gente: a administração de terras para a construção de estradas (desavenças, gritarias, ameaças), a severa cobrança de impostos (de repente os privilégios cessavam), a aplicação de verbas públicas segundo as prioridades (os interesses individuais ou de grupos contrariados). Não seria um político popular, ao contrário (RAMOS 2011, p. 73).

Estudos diversos, que enfatizaram as experiências locais de gestão educacional produzidas no contexto de democratização do país (AZEVEDO 1999; MIRANDA 1999; ARELARO 1999), destacaram as potencialidades dessas experiências formuladas pelo partido de oposição à política educacional de âmbito federal.

A chamada à participação constituiu aspecto central da implementação de políticas sociais mais descentralizadas e um dos principais dispositivos governamentais de obtenção do consentimento ativo de diferentes atores sociais:

3. Ver, no campo educacional, especialmente AZEVEDO 2002.

A participação como voz e não como *empowerment* tem sido largamente adotada no Brasil. Estimulada por políticas nacionais, como recomenda o Banco Mundial, ou por recursos externos — nacionais ou dos organismos multilaterais — que requerem a constituição de conselhos comunitários para a liberação de recursos para a área social, principalmente saúde, educação, assistência social e infraestrutura local, a maioria dos governos municipais criou vários desses conselhos. Avaliações sobre o funcionamento desses conselhos começam a ser produzidas, mas ainda não nos permitem um quadro claro sobre o que acontece no seu interior, especialmente do ponto de vista comparativo. No entanto, alguns problemas podem ser levantados. A obrigatoriedade de constituição desses conselhos pode significar, em muitas localidades, a mera reprodução formal das regras dos programas, ameaçando os fundamentos principais da participação, quais sejam, credibilidade, confiança, transparência, *accountability* etc. Além do mais, a mídia tem divulgado casos de corrupção no uso dos recursos que são alocados pelos conselhos, assim como o controle que muitos prefeitos exercem sobre os mesmos (SOUZA 2002, p. 439).

Nesse sentido, a análise dos Conselhos Municipais de Educação (CMEs) existentes no país indaga sobre sua atuação e as formas de sociabilidade que condicionam a concretização de processos de gestão democrática do ensino (VASCONCELOS 2003). Questiona, portanto, a respeito das características e da profundidade da descentralização político-administrativa de um sistema educacional federativo e, também, sobre a cultura política presente no país. Ao efetuar um balanço das publicações nacionais sobre os conselhos, Souza e Vasconcelos (2006) assinalam:

> [...] identifica-se que a preocupação com a participação da sociedade civil em ambos os Conselhos [os Municipais de Educação e os Municipais de Acompanhamento e Controle Social] se constitui numa temática recorrente entre os trabalhos analisados, nos quais sobressai o exame em torno, não apenas do grau de sua representatividade colegiada, mas, sobretudo, no que tange à qualidade dessa participação social. De forma preponderante, os estudos em tela expõem certo descrédito em relação às possibilidades de funcionamento regular desses Conselhos, assim como em relação à possibilidade de estarem contribuindo de modo efetivo para o processo de emancipação social local, tomando-os, em alguns casos, como expressão das políticas neoliberais implantadas no Brasil ao longo dos anos 1990 que, entre outros aspectos, visavam a desonerar o Estado de sua obrigação com as áreas sociais, transferindo responsabilidades para a sociedade e, de modo particular, inclusive para o indivíduo, como no caso do trabalho voluntário que se realiza nas instituições escolares (SOUZA, VASCONCELOS 2006, p. 51).

Se a literatura da área tem analisado os conselhos sob o foco da representatividade e da participação, Vasconcelos (2003) e Souza e Vasconcelos (2006) os analisam quanto à atribuição institucional de competências e produção legislativa, com o intuito de conhecer sua atuação em relação ao padrão de federalismo competitivo ou de cooperação. Sob essa vertente, o presente estudo procurou analisar, a partir dos resultados da revisão sobre a produção científica relativa aos CMEs no país, no âmbito dos nove textos que a este se seguem, os problemas que marcam a criação, a implantação e o funcionamento institucional e sociopolítico desses órgãos colegiados em determinados territórios.

Uma cartografia quantitativa sobre os CMEs no Brasil

Na atualidade, e com atuação na educação básica, temos, pelo menos, seis órgãos colegiados participantes da gestão dos sistemas e redes municipais de ensino, com atribuições e competências distintas fixadas em leis nacionais, conforme mostrado no Quadro 1. Ou seja, órgãos de Estado com capacidade diversa de interveniência no cotidiano das escolas públicas municipais de educação básica.

QUADRO 1
Órgãos colegiados de gestão presentes nos sistemas e redes municipais de ensino — 2012

Nome	Sigla	Norma de Criação/Competência
Conselho Municipal de Educação	CME	Reconhecido com objetivo político e estratégico de gestão pela Lei no 10.172 (BRASIL 2001), que aprovou o Plano Nacional de Educação (PNE) 2001-2011.
Conselho Municipal dos Direitos da Criança e do Adolescente	CMDCA	Art. 56, Lei no 8.069 — ECA (BRASIL, 1990)
Conselho de Acompanhamento e Controle Social do Fundeb	Cacs Fundeb	Art. 24, Lei no 11.494 — Fundeb (BRASIL, 2007)
Conselho de Alimentação Escolar	CAE	Art. 18, Lei no 11.947 (BRASIL 2009)
Conselho Escolar	CE	Art. 14, Lei no 9.394 — LDB (BRASIL 1996a)
Conselho Tutelar	Conanda	Art. 10, Lei no 8.242 (BRASIL 1991)

FONTE: Os autores

Dos conselhos listados, apenas os CMEs não dispõem de norma nacional específica com determinação de criação ou competência. A este respeito o Parecer nº 05, de 16 de maio de 1997, da Câmara de Educação Básica do Conselho Nacional de Educação (CEB/CNE) já observava a atipicidade da situação[4]. Entretanto, a inexistência da obrigatoriedade da criação de CMEs não obstaculizou sua difusão nos municípios brasileiros.

---

4. Registra o parecer: "[...] curiosamente, a Lei nº 9.424, de 24 de dezembro de 1996, ao regulamentar a Emenda constitucional nº 14/96, e criar o Fundo de Manutenção e Desenvolvimento do Ensino Fundamental e de Valorização do Magistério, [...] determinou que o controle social do Fundo deveria ser feito por CONSELHOS, em âmbito Federal, Estadual e Municipal, nos quais um dos integrantes será um representante do Conselho Nacional de Educação (no nível Federal) e de um representante de cada Conselho Estadual de Educação (nível de cada Estado). Sem falar na obrigatoriedade de inclusão de um representante dos Conselhos Municipais de Educação nos Conselhos de Controle do Fundo, nos Municípios, onde eles existirem. E é bom lembrar que a Lei nº 9.424 é posterior à LDB" (BRASIL, CNE, CEB 1997).

Para o ano de 2009, a pesquisa Perfil de Informações Básicas Municipais (Brasil, IBGE 2010) constatou a inexistência de CMEs em apenas 1.161 cidades brasileiras, ou seja, menos de um quarto (20,1%) das cidades brasileiras informam que não os tinham criado. Estas, em sua maioria (79,7%), correspondem a pequenos municípios, com até 20 mil habitantes. A mesma pesquisa informa que 50,1% dos municípios brasileiros constituíram sistemas municipais de ensino próprios, de acordo com o indicado no Gráfico 1.

Situação hipotética ideal de gestão democrática supõe municípios que, ao criar sistemas próprios, organizam o respectivo CME. Entretanto, esta situação ideal não ocorreu para o conjunto dos municípios em nenhum dos estados brasileiros, como ilustra o Gráfico 2. E as variações encontradas ao longo do território são importantes, pois reveladoras das formas de gestão difundidas e diferenciadas presentes na Federação. O percentual de localidades com sistemas de ensino próprios nos estados de Tocantins, Rio Grande do Norte e Espírito Santo é inferior a 15%; no entanto, nesses Estados encontramos um percentual mais elevado de cidades com CMEs. Por outro lado, percentual expressivo dos municípios dos estados de Acre, Amapá, Piauí, Rondônia e Roraima informaram ter organizado sistemas próprios, porém a existência de CMEs é bem mais reduzida.

GRÁFICO 1
Indicadores de gestão educacional nos municípios brasileiros por Unidade da Federação — 2009

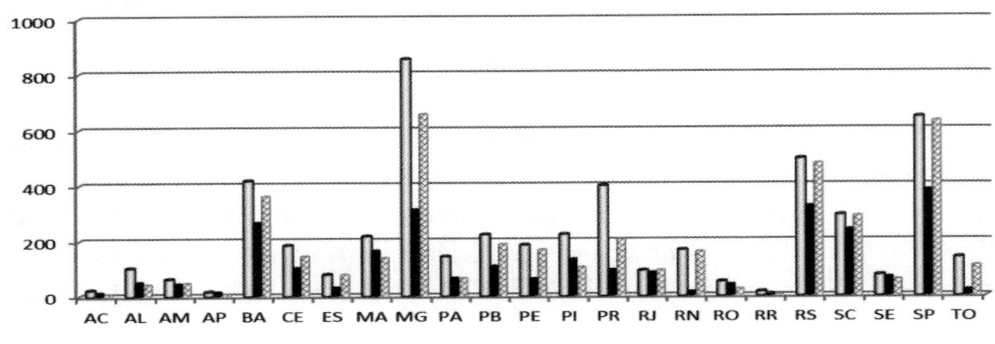

FONTE: Brasil, IBGE 2010

Desse modo, o mapeamento da gestão da educação dos municípios brasileiros apresenta duas situações distintas. Sistemas próprios, em que a ausência de CME sinaliza o papel normativo do executivo na administração educacional, ou a existência de CMEs sem que se tenha constituído sistema próprio de ensino no município, sugestiva de atuação dos conselheiros em rotinas de administração educacional — participação com voz[5] — por não ocorrer competência normativa para o Município.

Ou seja, nas localidades sem sistema de ensino próprio a atuação dos CMEs acha-se bastante restringida. A regulação institucional do sistema educacional brasileiro não lhes atribui qualquer competência privativa de ação. Sua existência em muitas cidades brasileiras nessa situação é sugestiva de lógicas de ação voltadas para a construção de relações neopatrimonialistas. Autores como Peroni (2008) afirmam que na maioria dos casos estudados em sua pesquisa a gestão do Conselho parece ter uma autonomia mínima por estarem atrelados de formas diversas ao poder Executivo local. Entretanto, em cidades onde existem sistemas de ensino sem CMEs modos de gestão centrados no executivo, devido à tradição política do país, tendem a predominar.

Cortez (2007) lembra, ainda, que a participação em espaços públicos institucionalizados não assegura que as decisões ocorram aí. A autora atenta para a influência do arcabouço institucional — entre essas, destacamos as competências da ação —, a presença de organizações ligadas a movimentos sociais e a constituição de *policy communities* na atuação dos Conselhos.

O crescimento pelo país do número de Conselhos gestores municipais na área social ocorreu em período mais recente, após 1996, quando nas mais diversas áreas surgiram normas nacionais que regulamentavam sua criação. Por todo o país, a criação de CMEs afluiu, em maior número, após a aprovação, naquele ano, da Lei de Diretrizes e Bases (LDB) nº 9.394 (BRASIL 1996a)[6]. Exceção para os estados do Rio Grande do Sul, Santa Catarina e Rio de Janeiro, nos quais se verifica percentual mais expressivo de CMEs criados em períodos anteriores, conforme mostrado na Tabela 1. Ao comparar o número de CMEs existentes, verifica-se sua superio-

5. CORTEZ (2007) afirma que na atualidade as decisões políticas não ocorrem em lugares centrais claramente definidos, mas em um contexto de *policy networks*, no qual podem se formar *policy communities*, compostas por atores sociais que compartilham valores e visão sobre resultados desejáveis de política setorial. Nesse sentido, os CMEs, enquanto fóruns de discussão, contribuiriam para a formação de consensos provisórios capazes de obstaculizar ou de favorecer determinada medida político-administrativa, e para isso a participação envolveria dar voz às interpretações valorativas dos diversos atores sem que deliberações sejam necessariamente estabelecidas.

6. Cabe observar que do ponto de vista da criação de novos municípios, a partir da CF de 1988 e até o ano de 2000, a divisão territorial do país será sobremaneira aprofundada, criando-se cerca de 25% (1.438) de todos os municípios atualmente existentes (cerca de 5.560). Esse processo, por força constitucional, veio a ser politicamente decidido e regulado pelos estados, e não mais, portanto, subordinado à União. Em larga medida essas iniciativas irão envolver micro e pequenos municípios, tipicamente com menos de 10 mil habitantes (74% dos municípios criados naquele período), até que em 1996, com a recentralização normativa para a esfera da União por intermédio da Emenda Constitucional(EC) nº 15 (BRASIL 1996a), ocorre um refreio da onda municipalista, cujas novas regras não se configurarão tão flexíveis quanto aquelas praticadas pelos estados (TOMIO 2002).

ridade em relação aos demais Conselhos de áreas sociais, exceto os Conselhos de Saúde.

TABELA 1
Número e percentual de órgãos municipais de gestão colegiada de políticas sociais por Unidade da Federação — 1996

Órgão Municipal Colegiado	de educação (CMEs)		de saúde		de cultura	
	% criado antes de 1996	N	% criado antes de 1996	N	% criado antes de 1996	N
AC	0,0	7	42,9	21	0,0	2
AL	7,1	42	54,9	91	0,0	3
AM	2,1	47	45,0	60	0,0	3
AP	0,0	7	26,7	15	0,0	3
BA	9,1	361	40,6	399	10,4	48
CE	5,6	144	72,6	175	0,0	68
ES	28,6	77	72,4	76	3,4	59
GO	2,7	220	41,2	238	19,4	31
MA	5,1	137	30,1	196	0,0	15
MG	14,0	656	59,8	833	3,0	492
MS	9,1	33	66,7	78	4,7	43
MT	8,0	100	55,5	137	3,6	110
PA	27,8	54	45,3	137	18,2	11
PB	5,9	187	50,2	221	0,0	17
PE	12,0	167	71,4	182	23,5	17
PI	4,9	103	50,2	219	20,0	5
PR	5,8	206	65,3	392	12,8	39
RJ	32,6	92	61,1	90	45,0	40
RN	2,5	160	43,4	166	0,0	11
RO	8,3	24	50,0	46	0,0	4
RR	0,0	4	13,3	15	-	1
RS	43,9	478	46,0	494	19,5	118
SC	34,3	289	61,3	292	25,9	58
SE	1,7	58	54,9	71	11,1	9
SP	17,8	630	53,5	636	12,2	181
TO	0,9	109	53,7	136	0,0	13
TOTAL	–	**4.392**	–	**5.416**	–	**1.401**

FONTE: Brasil, IBGE 2010

É deste período o início da reforma administrativa do serviço público civil federal (Abrucio 2007), com forte capacidade de indução sobre as gestões públicas municipais. O crescimento mais acentuado desses espaços institucionais de participação, pós-1996, foi impulsionado por um movimento de descentralização administrativa e difundido junto com o ideário do *new public management*. E nesse contexto a atuação dos CMEs voltar-se-ia para a promoção de *accountability*, não constituindo necessariamente órgãos de deliberação com atribuições normativas. Os Conselhos gestores, mesmo os que têm poder deliberativo, deveriam analisar os resultados de um processo político que não acompanharam.

Expressão maior dessa tendência encontra-se na lei que regulamentou o Fundo de Manutenção e Desenvolvimento da Educação Básica e de Valorização dos Profissionais da Educação (Fundeb), Lei nº 11.494/2007, caput, art. 37 (BRASIL 2007). A norma orienta os municípios a atribuir função de fiscalização também aos CMEs, e para tanto prescreve a forma de organização e de representação a ser observada. Participação, no contexto de formulação desta norma, significa o exercício do controle social sobre o gasto público estatal, visto como relevante para a ampliação da cidadania.

A análise da produção legislativa municipal poderá indicar que tipo de arranjo institucional tende a se configurar para esses espaços institucionais de participação existentes no país. Um arranjo institucional que os considera como lócus de expressão de interesses ou situações-problema vivenciados pelos usuários dos serviços educacionais, ou como espaços de atuação neopatrimonialista, ou de promoção de *accountability* e/ou de deliberação cidadã.

Outra dimensão merecedora de novos estudos envolve a relação dos CMEs com os poderes executivo e legislativo municipais. A participação de diferentes setores com capacidade desigual de organização social nos Conselhos intervém sob a relação entre esses poderes, muitas vezes conferindo à atuação dos Conselhos função de legitimação dos interesses dos grupos político-partidários em disputa.

Como mencionou Souza (2003), a escolha dos temas de estudo e pesquisa parece indicar um excesso de trabalhos acerca de temas específicos. Em relação aos CMEs temos a ênfase na relação entre participação e representação de diferentes setores sociais, como já diagnosticado por Souza e Vasconcelos (2006). Enquanto se observa uma grande lacuna sobre temas importantes que ainda não aportaram nas análises sobre órgãos institucionais colegiados de participação. A superação desse problema talvez resida em um papel mais direto dos orientadores e mais consultivo das agências financiadoras.

Grosso modo, as meta-análises[7] realizadas no presente texto recaem sobre revisões de uma literatura especializada na área de políticas públicas em educação, constante, conforme já dito, nos nove textos que a este se seguem. Esses trabalhos nos

7. Utiliza-se o termo meta-análise não como expressão de um método de natureza estatística, tipicamente empregado para a integração de resultados provenientes da revisão sistemática e planejada de certa literatura científica (CASTRO 2001), embora se intente realizar tal integração e tal síntese do ponto de vista qualitativo, de modo a viabilizar a análise dos estudos incluídos nas revisões realizadas.

ajudam a compreender, portanto, a problemática dos CMEs no país, mesmo que circunscritamente ao universo de órgãos e territórios que abarcam. Todavia, conforme postulado por Ozga (2000, p. 141), em relação ao estágio atual das investigações em política educacional em geral, é possível afirmar, de modo específico, que muitas pesquisas desenvolvidas sobre os CMEs encontram-se limitadas às "disputas internas sobre a interpretação de recursos teóricos, por um lado, e descrições detalhadas sobre como é que as políticas funcionam, por outro", preocupando-se, portanto, mais com os aspectos de sua implementação do que propriamente em levantar questões que se mostrem fundamentais acerca dessas mesmas políticas. Eis aí, talvez, o grande desafio para este campo de investigação, conforme a seguir se pode aferir.

Uma cartografia qualitativa sobre os CMEs no Brasil

Para a realização de uma cartografia qualitativa a partir dos estudos sobre os CMEs no Brasil, procedeu-se a um amplo e exaustivo levantamento documental em torno de produções teórico-empíricas que tomaram por alvo central, e não secundário, a criação, a implantação e o funcionamento institucional e sociopolítico desses órgãos colegiados, em âmbito nacional, publicados no Brasil no período 1996-2010[8].

De um modo geral, as referências teórico-empíricas sobre os CMEs no país consistem em pesquisas de natureza qualitativa, enquanto forma de trabalho metodológico das ciências humanas, de caráter teórico-empírico, com predominância de enfoques tipicamente analítico-descritivos (cf. KETELE, ROEGIERS 1993), não se tendo observado procedimentos que visassem a qualquer tipo de intervenção neste órgão colegiado, a exemplo das pesquisas ditas participantes e congêneres (cf. NORONHA 1989), constituindo estudos de caso simples e, em menor escala, múltiplos (cf. HILL, HILL 2005; YIN 2005).

Apoiados majoritariamente na análise de conteúdo (cf. BARDIN 2004; BAUER, GASKELL 2004; FRANCO 2005), as pesquisas sobre os CMEs tomadas por objeto de investigação lançam mão de estratégias multimetodológicas para a coleta de dados (cf. ALVES-MAZZOTTI, GEWANDSZNAJDER 1998), visando à realização de análises

8. Este levantamento veio a complementar outro estudo anteriormente realizado (cf. SOUZA, FARIA 2005) sob mesma metodologia, embora com eixo temático de maior extensão, o que significa que se procedeu ao exame de dissertações de mestrado (acadêmico) e teses de doutorado, de livros no todo e de partes de livros, de trabalhos em Anais de determinados eventos científicos e de artigos publicados em periódicos científicos. De modo a delimitar o universo de publicações consultadas, excluíram-se: textos para discussão, relatórios institucionais, de estudo, de pesquisa e de grupos de trabalho, monografias finais de cursos de graduação e de especialização, manuais e guias, boletins, folhetos, notícias, editoriais, artigos em jornais, transcrições de depoimentos, textos ou artigos publicados por órgãos governamentais e congêneres, trabalhos de autoria de pessoa jurídica, entre outros.

documentais baseadas em fontes primárias (cf. KETELE; ROEGIERS [s.d.]) em torno do ordenamento jurídico, de atas, estatutos internos e dos atos do próprio CME (como pareceres, deliberações e indicações), à aplicação de questionários uniformizados e não uniformizados (cf. LAVILLE, DIONNE 1999; HILL, HILL 2005) e à efetuação de entrevistas estruturadas e/ou semiestruturadas (cf. LÜDKE, ANDRÉ 1986; SZYMANSKI 2004; LEFEVRE, LEFEVRE 2005) junto aos conselheiros, aos executivos dos órgãos públicos vinculados aos poderes Executivo e, em menor grau, Legislativo, majoritariamente locais e, com baixa frequência, estaduais; e ainda a coleta de dados via observações com foco nas reuniões colegiadas (cf. SORIANO 2004; AFONSO 2005). Em menor número se fazem presentes pesquisas de *surveys* baseadas em amostras intencionais e, em algumas situações, não intencionais (cf. LEVIN 1987; BABBIE 2005).

Os municípios aos quais pertencem os cerca de 291 CMEs considerados nas análises levadas a efeito nesta coletânea (6,6% dos 4.403 CMEs existentes em 2009[9]) se distribuem em áreas metropolitanas, urbanas e rurais referentes a treze Unidades Federativas (UFs) — doze Estados e o DF. Não traz à vista, portanto, a realidade do conjunto total de municípios do país, tampouco representativa em termos estatísticos, não contemplando todas as 27 UFs. Trata-se de um estudo condicionado empiricamente pelas localidades identificadas no levantamento documental realizado tanto pelo organizador da coletânea quanto propriamente complementado pelo conjunto de autores responsáveis pelas revisões das pesquisas teórico-empíricas selecionadas, tendo, mesmo assim, contemplado mais de cem referências.

No entanto, as pesquisas realizadas em duas regiões do país permitiram abarcar a totalidade de seus estados. Na região Sul, identificaram-se referências que enfocaram CMEs pertencentes aos estados do Rio Grande do Sul, de Santa Catarina e do Paraná, enquanto na região Sudeste, os estados de São Paulo, Minas Gerais, Rio de Janeiro e Espírito Santo.

Nas demais regiões, nem todos os estados foram contemplados, pois não se logrou obter dados que remetessem às pesquisas acadêmicas em questão. Assim, a região Centro-Oeste veio a ser contemplada com estudos sobre os CMEs do estado do Mato Grosso do Sul e do Distrito Federal; a região Norte apenas com o estado do Pará; enquanto a região Nordeste englobou os CMEs pertencentes aos estados da Bahia, de Pernambuco e da Paraíba.

Com isto, a obra expõe casos extremos, por exemplo, como o de Pernambuco, que teve apenas o CME da capital referenciado, em paralelo a situações de maior adensamento quantitativo, como o que ocorreu com os CMEs do estado do Rio

9. Ver BRASIL, IBGE 2010.

Grande do Sul, que chegou a atingir cerca de 143 de seus CMEs, conforme indicado no Gráfico 3, mais à frente, sumarizado a partir da adoção da divisão territorial por regiões geográficas.

De um modo ou de outro, cumpre de antemão aclarar que reconhecemos os limites da contribuição das análises efetuadas neste texto, já que se encontram ancoradas na divisão administrativa dos territórios realizada pelo Estado, resultado de sua organização política, na qual as regiões tendem a se impor como realidades relativamente concretas, isto pela forma como as estatísticas oficiais as tratam e as disponibilizam, e menos pelas particularidades de suas fronteiras. Segundo Souza e Torres (2003, p. 37),

> O problema da análise regional é que ela somente consegue dar conta, ou servir de subsídio, de políticas quando a ação visa à intervenção na escala regional. Qualquer direcionamento para ações e recursos no objeto local não pode se utilizar do ferramental dessa análise. *Grosso modo*, a análise regional dá conta de apreender as grandes diferenças — particularidades na escala nacional e entre as nações [...] Tal passagem do olhar regional para o local [consiste hoje em dia em] um dos grandes desafios para os gestores públicos [...].

No entanto, as meta-análises a seguir não desconsideram a noção sobre região que a toma enquanto expressão material das desigualdades relativas aos níveis do desenvolvimento econômico cujo objetivo, na esfera do desenvolvimento das pesquisas na área das ciências sociais, seria tentar perspectivar suas características de estruturação econômica, de modo a compreender seu significado nas relações das trocas mercantis no interior da matriz produtiva, contribuindo com isto para a implantação de políticas em âmbito nacional (SOUZA, TORRES 2003).

GRÁFICO 2
Distribuição dos CMEs pesquisados, tomados por alvo das revisões da literatura selecionada, por região geográfica — 1996-2010

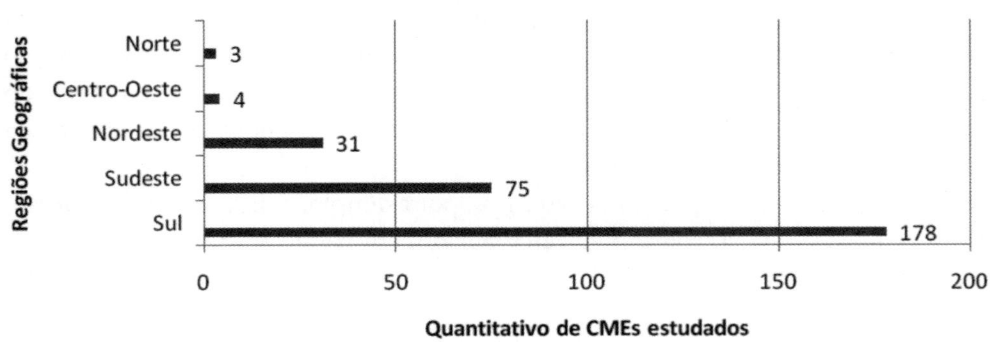

FONTE: Os autores
NOTA: Total de 291 CMEs

Por intermédio do Gráfico 2 é possível visualizar a distribuição absoluta dos quantitativos de CMEs enfocados pelas pesquisas consideradas nesta coletânea por regiões geográficas. Conforme se observa, a região Sul expõe o maior quantitativo absoluto e relativo desses órgãos investigados — 18,3% (178) de 973 CMEs existentes —, seguida das regiões Sudeste — 5,1% (75) de 1.455 CMEs existentes — e Nordeste — 2,3% (31) de 1.359 CMEs existentes. Nota-se ainda que as regiões Centro-Oeste — 1,1% (4) de 354 CMEs existentes — e Norte — 1,1% (3) de 262 CMEs existentes — são as que apresentam o menor número de CMEs pesquisados em seus respectivos territórios[10], denotando a pouca atenção dada pelos estudos acadêmicos a esses órgãos colegiados, mesmo num quadro de precarização da educação nesses territórios.

GRÁFICO 3
Distribuição dos CMEs pesquisados, tomados por alvo das revisões da literatura selecionada, por UFs — 1996-2010

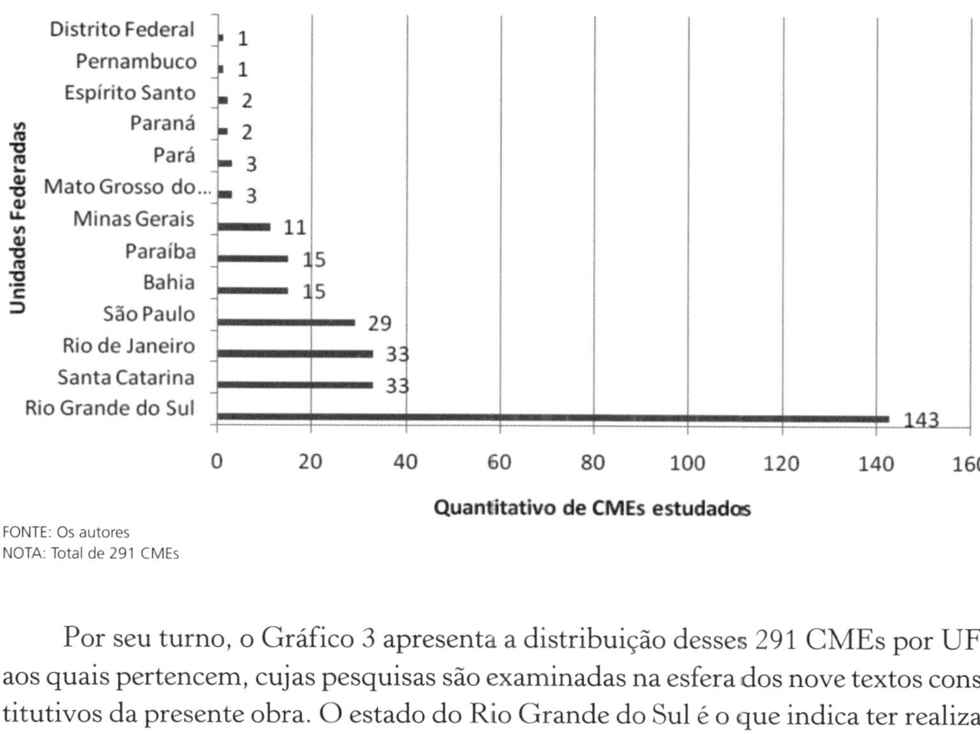

FONTE: Os autores
NOTA: Total de 291 CMEs

Por seu turno, o Gráfico 3 apresenta a distribuição desses 291 CMEs por UFs aos quais pertencem, cujas pesquisas são examinadas na esfera dos nove textos constitutivos da presente obra. O estado do Rio Grande do Sul é o que indica ter realizado pesquisas com o maior número de CMEs — cerca de 30,0% (143) de 478 CMEs

10. Os valores relativos foram calculados tomando-se por base dados atinentes ao ano de 2009 sobre a existência de CMEs no conjunto de regiões do país (cf. BRASIL, IBGE 2010).

existentes —, com a ressalva de que apenas três estudos tratam deste órgão colegiado de forma particularizada, enquanto os demais resultam de duas investigações de larga escala sobre os municípios gaúchos — o de Werle (2006; 2008), que se volta para oitenta CMEs, e o de Bier (2004), que contabiliza sessenta desses órgãos —, cujas localidades, em função de seu elevado número, não foram informadas pelos autores, o que significa que exclusivamente neste caso pode estar ocorrendo uma dupla contagem de determinados Conselhos. Mesmo assim, vale destacar que a importância desses dados não reside necessariamente nos valores absoluto e relativo correspondentes aos CMEs analisados no estado, mas em sua ordem de grandeza quando comparada à apresentada pelos CMEs investigados nos demais territórios da Federação, que, de um modo ou de outro, traz à vista disposição e preocupação científica para com o exame desses órgãos colegiados municipais.

No estado de Santa Catarina 11,4% (33) de 289 CMEs existentes foram objeto de pesquisas; no Rio de Janeiro 35,9% (33) de 92 CMEs (o maior valor relativo do conjunto de estados aqui indicados); em São Paulo 6,7% (29) de 430 CMEs existentes. No estado da Bahia foram investigados 4,2% (15) de seus 361 CMEs; na Paraíba 8,0% (15) de 187 CMEs existentes; e em Minas Gerais apenas 1,7% (11) de 656 do total de CMEs existentes. Um segundo agrupamento de estados expõem quantitativos absolutos extremamente baixos, iguais ou inferiores a três CMEs pesquisados, à exceção do DF, que por possuir um único CME apresenta o maior valor relativo do conjunto total de CMEs investigados por unidade federada (100%)[11].

CMEs na região Nordeste

De acordo com Pesquisa de Informações Básicas Municipais (Munic) realizada pelo Instituto Brasileiro de Geografia e Estatística (IBGE) (Brasil, IBGE 2010), em 2009 a região Nordeste do Brasil contava apenas com 44,2% de suas municipalidades com Secretaria Municipal de Educação (SME) exclusiva nesta área, e pouco mais do que a metade (54,3%) possuía sistema de ensino próprio, enquanto a outra fração (44,4%) se encontrava vinculada ao sistema estadual de educação[12]. Curiosamente, de suas 1.794 municipalidades, 75,7% (1.359) sinalizaram conter CME.

Composta por nove estados[13], a região Nordeste se fez representar neste trabalho por intermédio de três de seus territórios (33%), a saber: Paraíba, Pernambu-

11. Os valores relativos foram calculados tomando-se por base dados atinentes ao ano de 2009 sobre a existência de CMEs nos estados sinalizados (cf. Brasil, IBGE 2010).

12. Ainda de acordo com o IBGE (Brasil, IBGE 2010), a fração restante, de 1,2%, encontra-se classificada como pertencente a outras situações.

13. Alagoas, Bahia, Ceará, Maranhão, Paraíba, Pernambuco, Piauí, Rio Grande do Norte e Sergipe.

co e Bahia, cuja revisão em torno da produção teórico-empírica relacionada a seus CMEs, que totalizou 31 órgãos, foi levada a efeito, nos dois primeiros casos, por Aguiar (2013), enquanto a respeito dos CMEs identificados no terceiro estado por Cunha et al. (2013).

Aguiar (2013), que tratou dos CMEs localizados nos estados da Paraíba e de Pernambuco[14], examinou a produção científica concernente, no primeiro caso, a quinze de seus CMEs, número demasiadamente reduzido de estudos efetuados se consideradas as 223 localidades que compõem o estado da Paraíba — 48,9% com sistema de ensino próprio e 83,8% (187) com CMEs criados (BRASIL, IBGE 2010). O segundo estado foco da análise de Aguiar (2013) apenas permitiu o exame de pesquisas relacionadas a um único CME, o pertencente à capital, Recife, município mais populoso entre os 185 que compõem esse território — 34,1% com sistema municipal de ensino próprio e 90,3% (167) com CMEs criados (BRASIL, IBGE 2010).

No estado da Paraíba, Aguiar (2013) examinou os estudos que versam sobre os CMEs pertencentes aos municípios de Campina Grande e outras catorze localidades que compõem a microrregião de Guarabira (Alagoinha, Araçagi, Belém, Caiçara, Cuitegi, Duas Estradas, Guarabira, Lagoa de Dentro, Logradouro, Mulungu, Pilõezinhos, Pirpirituba, Serra da Raiz e Sertãozinho), o que, ao lado das investigações sobre o CME de Recife (PE), permitiu à autora considerar os problemas enfrentados por esses Conselhos como praticamente comuns. Em linhas gerais, Aguiar (2013) aponta, a partir desses estudos, a necessidade do exercício de uma gestão compartilhada, o que implicaria elaboração democrática do Plano Municipal de Educação (PME) e dos demais atos do poder Executivo. A autora destaca ainda a subordinação dos CMEs não apenas à SME, mas em especial às normas emanadas pelos sistemas estaduais de educação. Atesta a autora que os estudos já efetuados revelam a estrutura precária de funcionamento dos Conselhos, baixo exercício da competência fiscalizadora, culminando, por tudo isso, no comprometimento da autonomia desses órgãos colegiados. Tais questões podem ser aqui traduzidas, nas palavras da autora, como desafios para que os CMEs examinados viabilizem sua constituição enquanto "órgãos de Estado e não de governo" (AGUIAR 2013, p. 72), a partir do que sinaliza que "Certamente há um longo caminho a ser percorrido para que este *status* se efetive" (ibid.).

Já a respeito dos CMEs no estado da Bahia, que possui 417 municípios — 64% com sistema próprio e 86,6% (361) com CMEs criados (BRASIL, IBGE 2010) —, os

14. Um terceiro território da região Nordeste veio a ter um dos CMEs identificados pelo levantamento documental, concernente ao município de Pau Ferro localizado no estado do Rio Grande do Norte, mas sem a possibilidade de sua inclusão neste estudo em virtude das dificuldades enfrentadas na localização da obra em tempo hábil para sua análise (cf. SILVA 2002).

estudos teórico-empíricos identificados e examinados por Cunha et al. (2013) vieram a considerar, em sua totalidade, quinze dessas localidades. Os Conselhos que foram objeto de pesquisa estão situados nas cidades mais populosas do estado, cujas delegações de competências pelo Conselho Estadual de Educação (CEE) principiaram tardiamente, em 2005 — tanto em relação à Lei nº 5.692, de 11 de agosto de 1971 (BRASIL 1972), quanto à Lei nº 9.394, de 20 de dezembro de 1996 (BRASIL 1996b) —, embora o Conselho mais antigo deste estado consista no da capital, Salvador, criado em 1987. São elas, além da capital: Barreiras, Camaçari, Catu, Feira de Santana, Guanambi, Itaberaba, Jequié, Paripiranga, Pintadas, Santa Luz, Serrinha, Simões Filho, Valente e Vitória da Conquista.

Cunha et al. (2013, p. 85), embora salientem que a pluralidade de objetivos e contextos nos quais se inserem os CMEs pesquisados dificulte "estabelecer um diálogo mais estreito entre as conclusões dos trabalhos analisados", constatam a pouca importância atribuída aos estudos sobre esses órgãos colegiados (0,03% dos municípios do estado); e a relativa ausência de autonomia, seja por parte das ações conselheiras em face dos mecanismos internos de tutela, seja em decorrência das ingerências estabelecidas pelos executivos municipais e estaduais junto ao CME.

Não obstante essas considerações, Cunha et al. (2013, p. 91) entendem que os estudos em tela convergem para a "crença de que apesar das dificuldades enfrentadas os CMEs promoveram mudanças significativas na educação municipal, configurando-se como espaço para a manifestação da sociedade civil, em suas múltiplas representações", ainda destacando suas contribuições para o processo de democratização da educação em âmbito local.

CMEs na região Norte

Mais uma vez evocando os dados do IBGE (BRASIL, IBGE 2010), cabe de antemão sinalizar que em 2009 a região Norte do país possuía apenas 53,9% de seus municípios com SMEs específicas na área de educação, embora exprimindo a maior taxa entre as demais regiões do país, sendo extremamente reduzida a presença de sistemas próprios (38,5%), em contraste com aquelas localidades que os possuem de modo vinculado ao sistema estadual de educação (50,8%)[15]. Diferentemente da região Nordeste, é reduzida a presença de CMEs nesta região, na qual se indica que de seus 449 municípios apenas 58,3% (262) são possuidores de CMEs, a taxa mais baixa entre o conjunto das cinco regiões da Federação.

15. Ainda de acordo com o IBGE (BRASIL, IBGE 2010), a fração restante, de 2,4%, encontra-se classificada como pertencente a outras situações.

Esta região é constituída por sete Estados[16], dos quais apenas um único (14,3%), o estado do Pará, contribuiu com três de seus municípios para a revisão efetivada por Gomes et al. (2013) sobre seus respectivos CMEs, a saber: Belém do Pará, a capital, Altamira (considerado, em função de sua extensão territorial — 161.144 km² —, o maior município do mundo) e Ananindeua, que integra a região Metropolitana (RM) daquela capital. Este estado, que é considerado o segundo maior do país em extensão territorial, precedido pelo estado do Amazonas, ainda segundo dados do IBGE, em 2009 apresentava o quantitativo de 143 municípios — 46,2% com sistema de ensino próprio —, com apenas 44,7% (64) de localidades com CMEs criados (BRASIL, IBGE 2010). Ao lado da abordagem de outras pesquisas que fornecem pistas sobre o desenvolvimento, de um modo geral, dos Conselhos Gestores no estado do Pará, marcados por tradição histórica de centralização política, Gomes et al. (2013) frisam o quão significativa se torna a questão da representatividade no âmbito dos estudos examinados sobre os CMEs no estado em face de uma participação qualificada e não meramente formal, de modo a demarcar os limites e possibilidades desses espaços para a efetivação e a ampliação dos direitos de cidadania. Em que pesem esses aspectos, em particular o CME de Belém do Pará é tratado pelo estudo enfocado por Gomes et al. (2013, p. 104) como caracteristicamente afeito a "grandes mobilizações e profundos debates", embora reconhecendo que há muito ainda a ser realizado em torno de uma participação mais ativa que o torne, de fato, espaço de uma nova sociabilidade democrática.

Conclusivamente, Gomes et al. (2013, p. 107) descartam dos trabalhos examinados predicações pessimistas em torno da exequibilidade institucional e sociopolítica dos CMEs, alertando-nos "no sentido de que a História é por nós escrita, seguindo ou o caminho estreito e difícil ou o caminho largo, fácil só no seu princípio. Eis por que a qualidade, a democratização, a eficiência, a probidade e a própria humanidade na educação são difíceis de atingir".

CMEs na região Centro-Oeste

A região Centro-Oeste possui a segunda menor quantidade de municípios com Secretaria Municipal exclusiva de Educação, que em 2009 compreendia 34,3% de suas localidades, situando acima apenas da região Sul (29,4%). Observa-se ainda que a região apresenta uma distribuição relativamente uniforme entre os percentuais de suas localidades com sistema de ensino próprio (50,9%) e aquelas que se encontram vinculadas ao sistema estadual de educa-

16. Acre, Amapá, Amazonas, Pará, Rondônia, Roraima e Tocantins.

ção (48,9%)[17], enquanto de seus 466 municípios, 76% (354) informam possuir CMEs criados (BRASIL, IBGE 2010).

Nesta região, composta por três estados, além do DF[18], Gomes et al. (2013) tomaram por objeto de análise estudos que enfocaram quatro dos CMEs relativos a estas localidades, o pertencente ao DF — com sistema de ensino próprio (BRASIL, IBGE 2010) e o seu CME —, e os situados nos municípios de Amambai, Dourados e Laguna Carapã, no estado do Mato Grosso do Sul, que conta com 78 municípios — 44,9% com sistema de ensino próprio e apenas 42,3% (33) com CMEs (BRASIL, IBGE 2010).

Conforme apontado por Gomes et al. (2013, p. 97), a história desempenhada pelo CME do DF transcendeu suas fronteiras territoriais e institucionais formais, tendo, a partir de 1962, exercido grande influência na "organização e o funcionamento do sistema de ensino da nova Unidade Federativa (UF)". Apesar disto, os autores sinalizam que, apesar de suas reestruturações ao longo do tempo, trata-se de um Conselho no qual "a nomeação de vagas para os cargos natos é realizada pelo Executivo, à diferença da maioria dos Conselhos municipais e estaduais, o que limita as características de mobilização e representatividade plural, bem como a participação social" (ibid., p. 98), situação que é agravada pelo limitado processo de disseminação das informações e deliberações do Conselho.

Já nos CMEs dos municípios do estado do Mato Grosso do Sul, onde não mais do que 42,3 % das localidades possuem CMEs, Gomes et al. (2013) salientam que os três órgãos estudados pela pesquisa alvo das análises ressaltam que estes atuam de forma tipicamente técnico-administrativa, não se fazendo notar experiências sociopolíticas significativas que contribuam para a democratização da educação local.

CMEs na região Sudeste

No cômputo geral, trata-se de uma região que em 2009 possuía o segundo maior quantitativo de suas localidades com SME exclusiva na área de educação (51,2%), precedida pela região Norte — que, conforme visto, apresenta a maior taxa (53,9%) —, embora não possua mais do que a metade do conjunto de suas cidades com sistema de ensino próprio (48,8%), indicando que a outra metade está vinculada ao sistema estadual de educação (50,4%)[19] (BRASIL, IBGE 2010). Mesmo assim,

17. Ainda de acordo com o IBGE (BRASIL, IBGE 2010), a fração restante, de 0,2%, encontra-se classificada como pertencente a outras situações.

18. Goiás, Mato Grosso e Mato Grosso do Sul.

19. Ainda de acordo com o IBGE (BRASIL, IBGE 2010), a fração restante, de 0,8%, encontra-se classificada como pertencente a outras situações.

essa região, composta por 1.668 localidades, indica ser detentora de cerca de 87,2% (1.455) de CMEs, a maior taxa entre o conjunto das cinco regiões do país.

A região Sudeste é composta por quatro estados (Espírito Santo, Minas Gerais, Rio de Janeiro e São Paulo), todos contemplados por investigações que propenderam para 75 do total de seus CMEs, a exemplo do que veio a ocorrer com a região Sul, mais adiante aludida, que igualmente evidenciou estudos que levaram em conta alguns municípios de todos os seus estados.

Do ponto de vista da revisão da literatura levada a efeito, a região Sudeste é o segundo território com o maior quantitativo de CMEs examinados na presente obra (75), especialmente devido às pesquisas que se dirigiram aos municípios localizados nos estados do Rio de Janeiro e de São Paulo. Assim, Ferreira e Ferreira (2013) tomam por objeto dois CMEs pesquisados no estado do Espírito Santo, Duarte e Oliveira (2013) examinam pesquisas sobre onze CMEs pertencentes ao estado de Minas Gerais, Souza e Vasconcelos (2013) consideram 33 CMEs enfocados por pesquisas relativas ao seu funcionamento no estado do Rio de Janeiro e, por fim, Martins, Oliveira e Pimenta (2013) tomam por base 29 CMEs estudados no estado de São Paulo, conforme a seguir descrito.

Ferreira e Ferreira (2013) ancoraram suas análises sobre os CMEs no estado do Espírito Santo em duas dissertações de mestrado, uma primeira que enfoca a realidade deste órgão colegiado na capital, Vitória, enquanto uma segunda o município denominado Serra. Segundo o IBGE, trata-se de um estado que em 2009 possuía 39,7% de seus 78 municípios com sistema de ensino próprio, mas contava com a presença de cerca de 98,7% (77) de CMEs (BRASIL, IBGE 2010).

As autoras entendem que a maior parte dos municípios do estado do Espírito Santo segue "as normatizações da rede estadual e, provavelmente, deixa o Conselho Municipal de Educação com reduzida capacidade de atuação [...]" (FERREIRA, FERREIRA 2013, p. 119), comprometendo, ainda segundo as autoras, sua autonomia de funcionamento. Essa situação teria também como determinante o fato de a presidência deste órgão ser ocupada pelo secretário municipal de Educação nas duas cidades analisadas. Com base nas pesquisas examinadas, Ferreira e Ferreira (2013) destacam a preocupação com a questão da representatividade na composição desses órgãos colegiados, com a extensão dos problemas e do pouco controle das decisões tomadas por parte das entidades que se encontram representadas neste órgão colegiado. Destacam a heterogeneidade dos interesses das várias instâncias da sociedade civil que se fazem representar nos Conselhos e a reduzida presença de segmentos da sociedade local economicamente menos favorecidos. Situam, além disso, as dificuldades decorrentes da capacitação de conselheiros, que, segundo as autoras, ocorre sob perspectiva técnica e não sociopolítica. As autoras sinalizam, com isso, que os dois trabalhos denotam grande atenção crítica em torno da "qualidade da participação e o impacto dela sobre a gestão pública" (ibid., p. 122), postulando que em ambos os casos há clareza quanto ao fato de que, para além da dicotomia poder público/ sociedade civil, esses espaços são marcados por disputas de poder plurais, em que pese o fato de não se poder negar a hegemonia dos interesses governamentais locais. Conclusivamente, postulam que, "Entre as análises, pelo menos duas vertentes podem ser identificadas: uma de caráter instrumental, concebendo a participação como um meio eficaz para alcance de objetivos preestabelecidos (democracia gerencial); outra ampliada, que reconhece as desigualdades sociais e a presença de interesses e conflitos, ressaltando a dimensão política da participação" (ibid., p. 124-125).

A respeito do estado de Minas Gerais, que possui 36,8% de seus 853 municípios com sistema de ensino próprio e cerca de 76,9% (656) com CMEs criados (BRASIL, IBGE 2010), Duarte e Oliveira (2013) analisam estudos efetuados sobre onze desses órgãos colegiados: Belo Horizonte, Caratinga, Francisco Sá, Governador Valadares, Juatuba, Juiz de Fora, Lavras, Patos de Minas, Poços de Caldas, Ribeirão das Neves e Uberlândia, majoritariamente provenientes de dissertações de mestrado em programas de pós-graduação.

As autoras concluem que há uma forte tendência nos estudos examinados a privilegiar a questão "da participação dos atores, atribuindo papel secundário à associação entre o desenho institucional (organizacional e de funcionamento) e sua capacidade deliberativa" (DUARTE, OLIVEIRA 2013, p. 182). Ao analisar as autodeclarações sobre as funções dos CMEs nas bases de dados do IBGE (2010) e do Sistema de Monitoramento, Execução e Controle do Ministério da Educação (Simec), as autoras demonstram a multiplicidade de funções políticas a eles atribuídas, simultânea ao reduzido número que declara ter função normativa. Esta investigação complementar efetuada pelas autoras demonstrou que, através das competências atribuídas aos conselhos por meio do seu ato de criação, muitos parecem respaldados para assumir um excesso de tarefas administrativas, empoderados para realizar funções técnicas típicas do Executivo municipal.

A revisão dos estudos teórico-empíricos efetuados no estado de Minas Gerais revelou, por sua vez, a qualidade diferenciada das pesquisas realizadas. Das onze dissertações de mestrado analisadas, as autoras destacam poucos estudos de caso exemplares que fundamentam conclusões semelhantes àquelas intuídas a partir das bases de dados nacionais. Revela, ainda, a ênfase analítico-normativa posta na relação entre representação e participação como centro orientador da atuação dos CMEs.

Duarte e Oliveira (2013, p. 181) postulam que a atuação limitada dos CMEs diagnosticada em diversos estudos é "expressão de um fenômeno que, acredita-se, se verifica também em âmbito nacional", isto em decorrência da ausência de normas federais que regulamentem a criação e o funcionamento dos CMEs, implicando assim o desenvolvimento de práticas diversas na gestão desses órgãos colegiados, que se estendem de simples ações complementares dos atos do poder Executivo à análise de situações capazes de configurar deliberações e/ou proposições em torno das demandas locais. Observam também nos estudos analisados a convivência de práticas "mais desmobilizadoras, que centralizam as ações e decisões seja na administração municipal, seja nos grupos com maior densidade de organização e proposição, com outras mais propositivas e/ou deliberativas" (ibid.).

No caso do estado do Rio de Janeiro, que segundo o IBGE (Brasil, IBGE 2010) exibe 92,4% de suas 92 localidades com sistema de ensino próprio e 100% com CMEs, Souza e Vasconcelos (2013) orientam suas análises por 33 CMEs investigados, nas mais variadas regiões do estado, a saber, nos municípios de Angra dos Reis, Armação de Búzios, Barra Mansa, Cachoeiras de Macacu, Campos dos Goytacases, Cardoso Moreira, Carmo, Casimiro de Abreu, Cordeiro, Duas Barras, Italva, Itaocara, Miracema, Natividade, Nova Iguaçu, Paty do Alferes Petrópolis, Porciúncula, Porto Real, Queimados, Quissamã, Rio das Flores, São Fidelis, São Francisco do Itabapoana, São Gonçalo, São João da Barra, São João de Meriti, São Pedro da Aldeia, Silva Jardim, Teresópolis, Três Rios, Varre-Sai e Volta Redonda.

A par das particularidades de cada um desses municípios e, por conseguinte, de seus respectivos CMEs, assim como em função do hibridismo metodológico empregado nas pesquisas, o estudo de Souza e Vasconcelos (2013, p. 143) postula que "a atual configuração de muitos CMEs no estado do Rio de Janeiro não favorece a participação democrática das representações presentes em seu colegiado, alijando, por vezes, determinados membros por discordarem dos encaminhamentos do poder Executivo, bem como de sua ascendência sobre o próprio órgão conselheiro". Os autores assinalam problemas que se relacionam, por exemplo: às indefinições relacionadas às atribuições dos CMEs; à sua típica atuação enquanto espaço de validação dos atos do poder Executivo local, configurando-o como uma entidade dita cartorial; à pouca influência e ao pouco impacto, em especial, de cunho reflexivo e propositivo nas políticas educacionais locais; à pouca preocupação com o preparo técnico dos conselheiros; à não transparência do poder Executivo local, no sentido, de um lado, das dificuldades de acesso às informações atinentes à própria SME, e, de outro, de difusão das ações do próprio CME junto à comunidade local; à precariedade de suas condições técnicas, materiais e administrativas. Em seu conjunto, essas dificuldades são associadas a problemas estruturais que tornam deficitário o exercício da autonomia dessas instâncias colegiadas. Entre o conjunto de aspectos que contribuem para tal quadro, esses autores destacam o fato, não necessariamente característico do estado em pauta — mas de escala nacional —, de estes CMEs terem sido criados "a partir do ordenamento jurídico federal que emergiu em fins de 1996, de modo a dar respostas tanto a essas disposições legais quanto às demandas locais de regulamentação dos sistemas municipais de ensino emergentes, portanto sob motivações mais instrumentais do que propriamente sociopolíticas [...]" (ibid., p. 138), contribuindo para uma forte dependência desses Conselhos quer em relação à SME, quer em relação à Secretaria de Estado de Educação (SEE) e/ou ao próprio Conselho Estadual de Educação (CEE). Mesmo esse estado sendo possuidor de sistema de ensino e de CMEs praticamente em todas as localidades (BRASIL, IBGE 2010), são grandes os indícios de interferências diretas e indiretas daqueles organismos na criação e, sobretudo, no funcionamento institucional e sociopolítico nos CMEs fluminenses.

Já no que remete a São Paulo, estado que se caracteriza, entre outros aspectos, por possuir 59,55% de suas 645 localidades constituídas por sistemas de ensino próprios, ao lado de cerca de 97,7% (630) com CMEs (BRASIL, IBGE 2010), Martins, Oliveira e Pimenta (2013) examinam pesquisas referentes a 29 CMEs: Andradina, Diadema, Limeira, Piracicaba, Presidente Bernardes, Presidente Prudente, Rio Claro, Santo André, São Caetano do Sul, São José do Rio Preto, ao lado daqueles pertencentes à RM de Campinas, que, além desta cidade, compreende os CMEs de Americana, Artur Nogueira, Cosmópolis, Engenheiro Coelho, Holambra, Hortolândia, Indaiatuba, Itatiba, Jaguariúna, Monte Mor, Nova Odessa, Paulínia, Pedreira, Santa Bárbara D'Oeste, Santo Antônio de Posse, Sumaré, Valinhos e Vinhedo.

Martins, Oliveira e Pimenta (2013), sinalizando as mesmas tendências até aqui identificadas, chamam a atenção: para a dependência do CME em relação à SME, o que afeta diretamente a autonomia do primeiro órgão, transformando-o numa espécie de assessor do segundo, situação que se agrava em face, por exemplo, da ingerência da SME no funcionamento dos CMEs, também pela via não apenas da presidência do órgão, mas por meio da indicação de seus membros, inclusive de representantes da sociedade civil; para a ausência de clareza quanto às atribuições dos CMEs por seus próprios conselheiros, embora, por um lado, predominem portadores de "notório saber" (MARTINS, OLIVEIRA, PIMENTA 2013, p. 218) e, por outro, se mostre reduzida a representação popular propriamente dita; para a inexistência de infraestrutura física e de recursos humanos própria; para a falta de comunicação entre o CME e a comunidade local; para a burocratização das discussões e deliberações — problemas que, em seu conjunto, são tratados como estruturais, na medida em que esses órgãos colegiados vieram a ser criados por processos de indução estatal, embora apontem estudos que não descartam as pressões democratizantes por parte dos movimentos sociais que, em alguma medida, contribuíram para a criação dos CMEs em determinadas localidades. Para os autores em questão as pesquisas denotam "preocupação com o fato de os CMEs terem, ao que parece, se transformado em órgãos que pouco representam a sociedade civil, que 'obedecem' às determinações do poder Executivo municipal e que ainda sofrem um esvaziamento do debate acerca das questões educacionais" (ibid., p. 160), em que pese o fato de esses mesmos estudos defenderem "que o funcionamento desse órgão ainda é fundamental para viabilizar uma gestão mais participativa" (ibid.).

CMEs na região Sul

Finalmente, é possível afirmar que a região Sul do Brasil contabilizava em 2009 apenas 29,4% de suas municipalidades com SME exclusiva, taxa mais baixa entre todas as demais regiões do país, expondo, entretanto, o maior percentual de sistemas municipais de ensino próprios (55,7%) nesses mesmos territórios, encontrando-se a outra fração (43,4%), a mais baixa entre o conjunto dessas mesmas regiões, vinculada ao sistema estadual de educação (Brasil, IBGE 2010)[20]. De seus 1.188 municípios, o IBGE ainda sinaliza que cerca de 82% (973) contam com CMEs, a segunda maior taxa no conjunto das cinco regiões da Federação, precedida pela região Sudeste.

A região Sul, do mesmo modo que a região Sudeste, consiste no território que, em alguma medida, veio a ter a totalidade de seus três estados contemplados nas revisões sobre as pesquisas efetuadas na presente obra, implicando exame de cerca de 179 CMEs. Chega a alcançar, portanto, dois desses órgãos nos estados do Paraná e 33 em Santa Catarina, conforme nos indicam Calderón e Souza (2013), e, especialmente, cerca de 144 no Rio Grande do Sul, por intermédio das análises de Werle (2013).

O texto de Calderón e Souza (2013) considera pesquisas relativas aos CMEs pertencentes a dois estados da região Sul. De um lado, no estado do Paraná — do qual apenas 23,8% de seus 399 municípios possuem sistema de ensino, enquanto 51,6% (206) contêm CMEs (Brasil, IBGE 2010) —, examina dois CMEs, um em meio urbano e outro em região de características rurais, respectivamente nos municípios de São José dos Pinhais (quinta maior área da RM de Curitiba) e de Ponta Grossa (localizado na região dos Campos Gerais). De outro lado, estes mesmos autores observam os trabalhos que versam sobre os CMEs no estado de Santa Catarina — do qual 82,3% de seus 293 municípios são detentores de sistema municipal de ensino e cerca de 98,6% (289) possuem CMEs (Brasil, IBGE 2010) —, considerando 33 CMEs pesquisados neste estado: além daquele localizado em Chapecó (região Oeste do estado), 32 CMEs pertencentes a 72,7% dos 44 municípios que compõem duas associações municipais deste estado: a do Alto Uruguai Catarinense (Amauc) e a do Alto Vale do Itajaí (Amavi).

20. Ainda de acordo com o IBGE (Brasil, IBGE 2010), a fração restante, de 0,8%, encontra-se classificada como pertencente a outras situações.

No estado de Santa Catarina, Calderón e Souza (2013) apontam estudos que chamam a atenção para: a chamada burocratização dos CMEs, em detrimento da possibilidade de uma participação conselheira qualificada, de cunho sociopolítico, a par dos problemas relacionados aos saberes específicos da função conselheira; o caráter voluntário de seus membros, o que implica pouco tempo destinado aos encontros; a ausência de infraestrutura física e logística do órgão; as tendências de os secretários municipais de Educação acumularem sua presidência em paralelo à crescente dependência em relação à SME e ao CEE, com impactos diretos e indiretos sobre o exercício da autonomia do Conselho. Todavia, as possibilidades de conquista processual de experiências de caráter democrático não são descartadas nas pesquisas examinadas, especialmente em termos do envolvimento da população local no processo participativo dos CMEs.

Já no que diz respeito ao estado do Paraná, Calderón e Souza (2013) destacam estudos marcados por realidades regionais opostas (uma urbana, a outra rural) cujos problemas identificados, praticamente em comum, são da mesma natureza daqueles notados nas investigações sobre os CMEs no estado de Santa Catarina (de logística, de comunicação e transparência, entre outros), pois os CMEs examinados acabam se tornando meras instâncias para a chancela das políticas educacionais emanadas pelo poder Executivo local, sendo esvaziados de sua importância enquanto forma "de garantia dos direitos sociais e de participação da sociedade civil, em particular na área da educação" (CALDERÓN, SOUZA 2013, p. 204), enfraquecendo com isto sua autonomia. Também seguindo a perspectiva das investigações referentes àquele outro estado, estes autores sinalizam esforços dessas pesquisas em igualmente demarcar algumas positividades dos CMEs, assim como estratégias para a superação das dificuldades encontradas em relação a seu funcionamento institucional e sociopolítico, como, por exemplo, a "intensificação da aproximação do Conselho em relação à comunidade" (ibid., p. 205) e a "interação com outros conselhos da área de educação" (ibid., p. 205).

Finalmente, o trabalho de Werle (2013), relativo aos CMEs no estado do Rio Grande do Sul — que possui, entre seus 496 municípios, 65,7% com sistemas municipais de ensino e cerca de 96,4% (478) com CMEs (BRASIL, IBGE 2010) —, trata de três CMEs pesquisados de modo particularizado, que abarcam, além da capital, Porto Alegre, os municípios de Dão Pedrito e Feliz. Além destes CMEs, a autora considera duas pesquisas de larga escala que abrangem, conforme anteriormente sinalizado, de um lado, oitenta CMEs (WERLE 2006; 2009) e, de outro, sessenta CMEs (BIER 2004) gaúchos, cujos municípios não se encontram especificados nos trabalhos originais.

Acompanhando as tendências notadas nos demais CMEs até aqui comentados, Werle (2013) indica que a problemática da tutela do CME pelo poder Executivo local (em especial pelo prefeito ou pela SME) também perpassa a realidade gaúcha, ao lado da superioridade numérica de conselheiros vinculados ao poder político local, o que implica "situações que são o reverso do que era esperado com a criação de colegiados participativos, de forma que em vez de o colegiado controlar a administração pública o gestor público controla a participação de forma explícita" (WERLE 2013, p. 220). Historicamente, a relação de dependência já se fazia notar ao longo do processo de transferência de atribuições do CEE para os CMEs, já ao final dos idos de 1960, e a partir da CF de 1988 as SEEs também vieram a ocupar este lugar de subordinação. A par desses aspectos, há recorrência de problemas relacionados à logística destinada ao funcionamento dos CMEs examinados (espaço físico, equipamentos etc.), assim como exclusão, nas representações, de segmentos sociais entendidos como importantes para as discussões educacionais, como, por exemplo, de creches comunitárias locais. Em um único estudo, o autor concluiu, ainda segundo Werle (ibid., p. 221), que o estilo de gestão do CME do município estudado "é participativo-consultivo e seu papel vincula-se a garantia de transparência, espelhamento da vontade da comunidade, indicação de potencialidades e como espaço para fundamentar as decisões do Executivo local", o que denota experiências e olhares investigativos distintos sobre a realidade dos CMEs neste estado.

Homogeneidades na heterogeneidade

De antemão, os dados até aqui tratados ressaltam a necessidade de ampliar a escala dos estudos sobre os CMEs no Brasil, visto que os dados mais recentes do IBGE indagam sobre a criação desses órgãos colegiados sem, contudo, permitir inferências qualitativas acerca de seu funcionamento institucional e, sobretudo, sociopolítico, assertiva que pode ser estendida para todas as regiões do país (cf. BRASIL, IBGE 2010). Essa demanda, aqui reiterada, foi igualmente identificada em trabalhos nossos anteriores, todavia, a partir de análises de menor escopo territorial e temporal (cf. SOUZA, VASCONCELOS 2006; 2007; 2008; 2012; SOUZA, FARIAS 2005).

Conforme anteriormente destacado, até 2010, ano de corte do levantamento documental efetuado, constataram-se apenas estudos teórico-empíricos que remeteram a CMEs localizados em municípios pertencentes a doze estados e ao DF, nada havendo em relação às outras catorze unidades federadas, tampouco acerca dos demais 4.112 CMEs do país, já que não mais do que 6,6% (291) do total de 4.403 desses órgãos identificados pelo IBGE em 2009 vieram a ser identificados como objeto de investigação desses estudos acadêmico-científicos.

Decerto, as dessemelhanças entre as várias regiões geográficas do país, entre seus estados e entre os municípios que os compõem implicam grandes desafios para o intento de traçar um perfil qualitativo em torno de seus CMEs, a par das especificidades relativas à criação, à implantação e ao funcionamento institucional e sociopolítico desses órgãos, que, em larga medida, conferem certa individualidade a eles, pois são, em última instância, não apenas condicionados por essas territorialidades, mas, de modo expressivo, influenciados pelo nível e pelo grau da correlação de forças entre os poderes locais, expressos nos interesses e valores em disputa provenientes dos diversos segmentos sociais ali representados/participantes.

Não obstante o reconhecimento dos aspectos acima aludidos, é possível afirmar que no caso dos cerca de 291 CMEs enfocados pelas revisões da literatura pertinente nesta coletânea, ao longo dos nove textos que a constituem, existem muitos aspectos comuns, especialmente no que diz respeito aos problemas que se cristalizam desde sua criação e sua implantação — por assim dizer, de ordem estrutural —, estendendo-se aos entraves que cerceiam seu funcionamento institucional e, sobretudo, sociopolítico — nestes termos, conjunturais —, conforme passível de ser depreendido das análises descritivas acima efetuadas.

De norte a sul do país, de leste a oeste, esteja o CME localizado em município metropolitano, urbano ou rural, tenha este o seu próprio sistema de ensino ou não, mesmo que criado pioneiramente antes da CF de 1988, há, em larga medida, certa transversalidade de elementos entre o conjunto de pesquisas que neste texto veio a ser objeto de meta-análise, trazendo à vista, em meio à diversidade, certa homogeneidade de características que pode, a pretexto de uma breve síntese, ser traduzida exatamente na ausência de um projeto político de estado (nos níveis federal, estadual e local) voltado para a autonomização dos CMEs. Justamente ao revés, estes órgãos se tornam reféns das políticas de governo, comprometendo, por conseguinte, o ideário da gestão democrática da educação básica propalado desde a segunda metade dos anos de 1980, consubstanciado na CF de 1988 e regulamentado, em suas múltiplas dimensões, pela nova LDB.

De modo mais geral, poderíamos postular que os CMEs no país estão aprofundando os laços de subjunção ao poder público municipal, dando continuidade, a um só tempo, às históricas relações assimétricas junto aos órgãos estaduais de educação (aos quais ainda prestam satisfações) e, em paralelo, sendo deixados ao relento pela Federação (que se exime de processos mais amplos voltados para sua regulamentação).

É possível ainda afirmar, mesmo em face dos riscos do estabelecimento de algumas generalizações, que o conjunto de estudos teórico-empíricos alvo das revisões e da presente meta-análise revela uma tríplice tendência de paradigmas que sustentam as pesquisas primárias sobre estes Conselhos.

Em primeiro lugar, observa-se que a maior parcela das pesquisas enfocadas, ao identificar a pluralidade das dificuldades por que passam esses Conselhos, os inviabiliza sociopoliticamente, atribuindo suas limitações à problemática estrutural, uma vez que não vieram, em sua quase totalidade, a ser criados a partir de demandas sociais locais, mas em decorrência de processos indutores governamentais federais ou estaduais, consubstanciando-se, de um modo ou de outro, por força de lei local, sobretudo a partir do momento em que o município é elevado à condição de ente autônomo federado, ou seja, a partir da promulgação da CF de 1988 e, mais tarde, em meio à disseminação do ideário neoliberal, que, redimensionando o sentido atribuído, nos idos de 1980, à descentralização da educação via municipalização, a transforma, a partir da década de 1990, em desconcentração. Trata-se de investigações que, embora de natureza crítica, podem aqui ser cognominadas "pessimistas" ou até mesmo "céticas", isto também em virtude do fato de atrelarem as análises na negatividade que marca a criação, a implantação e o funcionamento institucional e sociopolítico dessas instâncias colegiadas, não permitindo o desvelar de suas possibilidades de transformação social e histórica, mesmo que a longo prazo. Aqui os CMEs são vistos como detentores, em especial, de grandes "limitações".

Um segundo grupo de investigações consideradas na presente coletânea, alvo de seus autores, embora significativamente em menor número, parece que deslocam seu olhar dos entraves estruturais e conjunturais por que passam determinados CMEs, fixando-o na exacerbação de seus eventuais benefícios e virtudes para a formulação das políticas públicas de educação locais, ignorando por questões ideológicas (e aqui incluímos não apenas as formas de análise, mas os aspectos metodológicos de coleta de dados empregados nessas pesquisas), os conflitos e as relações de poder que marcam seu funcionamento, tratando-os como instâncias instrumentais e técnicas, nestes termos neutras e apolíticas, de organização do sistema municipal de ensino. Em outras palavras, trata-se de investigações que, isentas de perspectiva crítica, podem aqui ser designadas como "otimistas", ou melhor, "românticas", pois desmedidamente acentuam a positividade que marca a criação, a implantação e o funcionamento institucional e sociopolítico dos CMEs no país, pouco contribuindo para o seu entendimento enquanto lócus privilegiado local para o exercício de uma democracia potencialmente qualificada, por isto mesmo permeada por conflitos, tensões e contradições. Aqui os CMEs são vistos como detentores, em especial, de grandes "possibilidades".

Com relativa predominância, é possível mencionar um terceiro e último grupo de investigações que, em termos esquemáticos, pode ser tomado como expressão de um *mix* das duas perspectivas acima aludidas, mas de modo dialetizante. Em outras palavras, as pesquisas em tela adotam mecanismos analíticos não lineares, não enveredando suas perspectivas quer para a afirmação da inexequibilidade institucional e/ou sociopolítica dos CMEs, quer apologeticamente para o aperfeiçoamento ou adequação do "parque" de CMEs instalado no país, mas, sem desprezar seus limites, que são de ordem estrutural e conjuntural, vislumbram possibilidades de superação, isto sob o enfoque histórico-social. Elas o fazem na exata medida em que reconhecem que as configurações dessas instâncias colegiadas não são estáticas, variam portanto no tempo e espaço, especialmente em face da mudança dos governos locais, das alterações na composição do órgão colegiado, de um processo, mesmo que lento, de maturação sociopolítica local, entre outros aspectos, já que são mediadas pela ação política de seres sociais. Equivale a dizer que essas pesquisas buscam captar o movimento da história na e pela qual o CME vem se constituindo enquanto órgão colegiado, desvestindo-o de um lugar onde é estacionariamente tratado em face da história do poder local e enfatizando seu *devir*, sua possibilidade de "vir a ser", mas sem ignorar suas positividades e negatividades, dimensões de uma mesma realidade. Aqui os CMEs são vistos como detentores de grandes "limites" e, a um só tempo, "possibilidades".

Conforme nos chama a atenção Bloch (2005, p. 152):

> Um olhar aguçado não se faz comprovar apenas pelo fato de discernir mas também por seu jeito de não ver tudo tão claro como água. E isto justamente pelo fato de nem tudo estar tão claramente pronto e às vezes estar ocorrendo um fermentar, um formar-se ao qual exatamente o olhar aguçado faz jus. Esse aspecto inacabado aparece de modo mais amplo e embaralnado na ideologia, na medida em que ela não se esgota na relação com o seu tempo, nem com a mera má consciência em relação ao seu tempo, o qual acompanhou todas as culturas precedentes.

Referências

ABRUCIO, Fernando Luiz. Trajetória recente da gestão pública brasileira: um balanço crítico e a renovação da agenda de reformas. *Revista de Administração Pública*, Rio de Janeiro, v. 41, nº especial (2007) 67-86.

AFONSO, Natércio. *Investigação naturalista em educação*: um guia prático e crítico. 1. ed. Porto, Edições Asa, 2005 (Coleção em Foco).

AGUIAR, Márcia. CMEs nos estados da Paraíba e de Pernambuco: a difícil construção da gestão democrática. In: SOUZA, Donaldo Bello de (org.), *Mapa dos conselhos municipais de educação no Brasil*: criação, implantação e funcionamento. São Paulo, Loyola, 2013, p. 57-75.

ALVES-MAZZOTTI, Alda Judith, GEWANDSZNAJDER, Fernando. *O método nas ciências naturais e sociais*: pesquisa quantitativa e qualitativa. São Paulo, Pioneira, 1998.

ARELARO, Lisete Regina Gomes. A ousadia de fazer acontecer o direito à educação: a experiência de gestão nas cidades de São Paulo e Diadema. In: OLIVEIRA, Dalila Andrade, DUARTE, Marisa Ribeiro Teixeira (orgs.), *Política e trabalho na escola*: administração dos sistemas públicos de educação básica. Belo Horizonte, Autêntica, 1999, p. 191-207.

ARRETCHE, Marta. Federalismo e políticas sociais no Brasil: problemas de coordenação e autonomia. *São Paulo em Perspectiva*, São Paulo, v. 18, nº 2 (2004) 17-26.

_____. Relações federativas nas políticas sociais. *Educação & Sociedade*, Campinas, v. 23, n. 80 (2002) 25-48.

AZEVEDO, Janete Maria Lins de. Implicações da nova lógica de ação do estado para a educação municipal. *Educação & Sociedade*, Campinas, v. 23, nº 80 (set. 2002) 49-71.

AZEVEDO, José Clóvis. Escola cidadã: a experiência de Porto Alegre. In: OLIVEIRA, Dalila Andrade, DUARTE, Marisa Ribeiro Teixeira (orgs.). *Política e trabalho na escola*: administração dos sistemas públicos de educação básica. Belo Horizonte, Autêntica, 1999, p. 143-156.

BABBIE, Earl. *Métodos de pesquisas de survey*. 3. reimpr. Belo Horizonte, Ed. UFMG, 1995.

BARDIN, Laurence. *Análise de conteúdo*. Lisboa, Edições 70, 1977.

BARZELAY, Michael. The New Public Management: A Bibliographical Essay for Latin American (and other) scholars. *International Public Management Journal*, St. Gallen, v. 3, nº 2. (2000) 229-265.

BAUER, Martin W., GASKELL, George. *Pesquisa qualitativa com texto, imagem e som*. 3. ed. Petrópolis, Vozes, 2004.

BIER, Sônia Elizabeth. *Compartilhando saberes*: a constituição dos conselhos municipais de educação no estado do Rio Grande do Sul. São Leopoldo, 2004. Dissertação (Mestrado em Educação). São Leopoldo, Universidade do Vale do Rio dos Sinos.

BLOCH, Ernst. *O princípio esperança*. 1. ed Rio de Janeiro, Contraponto, Ed.Uerj, 2005, v. 1.

BORGES, André. *Lições de reformas da gestão educacional*: Brasil, EUA e Grã-Bretanha. *São Paulo em Perspectiva*, São Paulo, v. 18, nº 3 (2004) 78-89.

BRASIL, Conselho Nacional de Educação, Câmara de Educação Básica. Parecer nº 5, de 16 de maio de 1997. *Proposta de regulamentação da Lei nº 9.394, de 20 de dezembro de 1996*. Brasil, CNE/CEB, 1997.

BRASIL. Constituição. Constituição da República Federativa do Brasil. *Diário Oficial [da] República Federativa do Brasil*. Brasília, 5 out. 1988.

_____. Emenda Constitucional nº 15, de 12 de setembro de 1996. Dá nova redação ao § 4º do art. 18 da Constituição Federal. *Diário Oficial [da] República Federativa do Brasil*, Brasília, 13 jun. 1996a.

_____. Lei nº 9.394, de 20 de dezembro de 1996. Estabelece as Diretrizes e Bases da Educação Nacional. *Diário Oficial [da] República Federativa do Brasil*, Brasília, 23 dez. 1996b.

BRASIL, IBGE (Instituto Brasileiro de Geografia e Estatística), Diretoria de Pesquisas, Coordenação de População e Indicadores Sociais da Pesquisa de Informações Básicas Municipais. *Perfil dos municípios brasileiros 2009*. Rio de Janeiro, IBGE, 2010.

BRASIL. Lei nº 10.172, de 9 de janeiro de 2001. Aprova o Plano Nacional de Educação e dá outras providências. *Diário Oficial [da] República Federativa do Brasil*, Brasília, 10 jan. 2001.

_____. Lei nº 11.494, de 20 de junho de 2007. Regulamenta o Fundo de Manutenção e Desenvolvimento da Educação Básica e de Valorização dos Profissionais da Educação, FUNDEB, de que trata o art. 60 do Ato das Disposições Constitucionais Transitórias; altera a Lei no 10.195, de 14 de fevereiro de 2001; revoga dispositivos das Leis nº 9.424, de 24 de dezembro de 1996, 10.880, de 9 de junho de 2004, e 10.845, de 5 de março de 2004; e dá outras providências. *Diário Oficial [da] República Federativa do Brasil*, Brasília, 21 jun. 2007.

_____. Lei nº 11.947, de 16 de junho de 2009. Dispõe sobre o atendimento da alimentação escolar e do Programa Dinheiro Direto na Escola aos alunos da educação básica; altera as Leis nos 10.880, de 9 de junho de 2004, 11.273, de 6 de fevereiro de 2006, 11.507, de 20 de julho de 2007; revoga dispositivos da Medida Provisória nº 2.178-36, de 24 de agosto de 2001, e a Lei nº 8.913, de 12 de julho de 1994; e dá outras providências. *Diário Oficial [da] República Federativa do Brasil*, Brasília, 17 jun. 2009.

_____. Lei nº 8.069, de 13 de julho de 1990. Dispõe sobre o Estatuto da Criança e do Adolescente e dá outras providências. *Diário Oficial [da] República Federativa do Brasil*, Brasília, 27 nov. 1990.

_____. Lei nº 8.242, de 12 de outubro de 1991. Cria o Conselho Nacional dos Direitos da Criança e do Adolescente (Conanda) e dá outras providências. *Diário Oficial [da] República Federativa do Brasil*, Brasília, 16 out, 1991.

_____. Lei nº 5.692, de 11 de agosto de 1971. Fixa diretrizes e bases para o ensino de 1º e 2º graus, e dá outras providências. *Diário Oficial [da] República Federativa do Brasil*, Brasília, 12 ago. 1971.

Bresser-Pereira, Luiz Carlos, Spink, Peter K. *Reforma do Estado e administração pública gerencial*. 2. ed. Rio de Janeiro, FGV, 1998.

Calderón, Adolfo Ignacio, Souza, Donaldo Bello de. CMEs nos estados de Santa Catarina e do Paraná: do pioneirismo ao lugar-comum das tendências hegemônicas. In: Souza, Donaldo Bello de (org.). *Mapa dos Conselhos Municipais de Educação no Brasil*: criação, implantação e funcionamento. São Paulo, Loyola, 2013, p. 187-208.

Castro, Aldemar Araujo. *Revisão sistemática e meta-análise*. Disponível em: <http://metodologia.org/wp-content/uploads/2010/08/meta1.PDF>. Acesso em: 13 out. 2001.

Cortez, Soraia Vargas. Viabilizando a participação em Conselhos de política pública municipais: arcabouço institucional, organização do movimento popular e *policy communities*. In: Hochamn, Gilberto, Arretche, Marta, Marques, Eduardo (orgs.). *Políticas públicas no Brasil*. Rio de Janeiro, Ed.Fiocruz, 2007, p. 125-143.

Cunha, Maria Couto, Costa, Jean Mário Araújo, Araújo, Rosemeire Baraúna Meira de, Jesus Marta Lícia Teles Brito de. CMEs no estado da Bahia: os desafios para a compreensão do alcance das práticas democráticas na educação municipal. In: Souza, Donaldo Bello de (org.). *Mapa dos Conselhos Municipais de Educação no Brasil*: criação, implantação e funcionamento. São Paulo, Loyola, 2013, p. 77-94.

Duarte, Marisa Ribeiro Teixeira. Regulação sistêmica e política de financiamento da educação básica. *Revista Educação & Sociedade*, Campinas, v. 26, nº 92 (2005) 821-839.

Duarte, Marisa Ribeiro Teixeira, Oliveira, Rosimar de Fátima. CMEs no estado de Minas Gerais: das funções atribuídas no regime de colaboração. In: Souza, Donaldo Bello de (org.). *Mapa dos Conselhos Municipais de Educação no Brasil*: criação, implantação e funcionamento. São Paulo, Loyola, 2013, p. 165-185.

FAORO, Raimundo. *Os donos do poder*: formação do patronato político brasileiro. Rio de Janeiro, Globo, 2001.

FERREIRA, Eliza Bartolozzi, FERREIRA, Andreza Alves. CMEs no estado do Espírito Santo: a participação regulada. In: SOUZA, Donaldo Bello de (org.). *Mapa dos Conselhos Municipais de Educação no Brasil*: criação, implantação e funcionamento. São Paulo, Loyola, 2013, p. 111-128.

FRANCO, Maria Laura P. B. *Análise de conteúdo*. Brasília, Liber, 2005 (Série Pesquisa em Educação, 6).

GOHN, Maria da Glória. Empoderamento e participação da comunidade em políticas sociais. *Revista Saúde & Sociedade*, São Paulo, v. 13, nº 2 (2004) 20-31.

GOMES, Candido Alberto, JESUS Wellington Ferreira de, SOUSA Carlos Ângelode Meneses, CAPANEMA Clélia de Freitas. CMEs em Brasília e nos estados do Mato Grosso do Sul e do Pará: desafios e possibilidades a consolidar. In: SOUZA, Donaldo Bello de (org.). *Mapa dos Conselhos Municipais de Educação no Brasil*: criação, implantação e funcionamento. São Paulo, Loyola, 2013, p. 95-109.

HILL, Manuela Magalhães, HILL, Andrew. *Investigação por questionário*. 2. ed. Lisboa, Sílabo, 2005.

KETELE, Jean-Marie, DE ROEGIERS, Xavier. *Metodologia da recolha de dados*: fundamentos dos métodos de observações, de questionários, de entrevistas e de estudo de documentos. Lisboa, Instituto Piaget, 1993 (Coleção Epistemologia e Sociedade).

LEFEVRE, Fernando, LEFEVRE, Ana Maria. *Depoimentos e discursos*: uma proposta de análise em pesquisa social. Brasília, Liber, 2005 (Série Pesquisa em Educação, 12).

LEVIN, Jack. *Estatística aplicada a ciências humanas*. 2. ed. São Paulo, Happer & Row do Brasil, 1987.

LÜDKE, Menga, ANDRÉ, Marli E. D. A. *Pesquisa em educação*: abordagens qualitativas. São Paulo, EPU, 1986.

MARTINS, Angela Maria, OLIVEIRA, Cleiton de, PIMENTA, Cláudia Oliveira. CMEs no estado de São Paulo: avanços e desafios. In: SOUZA, Donaldo Bello de (org.). *Mapa dos Conselhos Municipais de Educação no Brasil*: criação, implantação e funcionamento. São Paulo, Loyola, 2013, p. 149-164.

MENDONÇA, Erasto Fortes. Estado patrimonial e gestão democrática do ensino público no Brasil. *Revista Educação & Sociedade*, Campinas, v. 22, nº 75 (2001) 84-108.

MIRANDA, Glaura Vasquez. Experiência de gestão na Secretaria Municipal de Educação de Belo Horizonte. In: OLIVEIRA, Dalila Andrade, DUARTE, Marisa Ribeiro Teixeira (orgs.). *Política e trabalho na escola*: administração dos sistemas públicos de educação básica. Belo Horizonte, Autêntica, 1999, p. 157-176.

NORONHA, Olinda Maria. Pesquisa participante: respondendo questões teórico-metodológicas. In: FAZENDA, Ivani (org.). *Metodologia da pesquisa educacional*. São Paulo, Cortez, 1989, p. 137-143.

OZGA, Jenny. *Investigação sobre políticas educacionais*: terreno de contestação. Porto, Porto Editora, 2000.

PERONI, Vera Maria Vidal. Conselhos municipais em tempos de redefinição do conceito democracia. In: SOUZA, Donaldo Bello de. *Conselhos municipais e controle social da educação*: descentralização, participação e cidadania. São Paulo, Xamã, 2008, p. 191-209.

RAMOS, Ricardo. *Graciliano*: retrato fragmentado. São Paulo, Globo, 2011.

SCHWARTZMAN, Simon. *Bases do autoritarismo brasileiro*. Rio de Janeiro, Publit Soluções Editoriais, 2007.

SILVA, Maria Euzimar Berenice Rego. *Caminhos de descentralização e da participação em educação*: o exercício do poder local. Dissertação (Mestrado em Ciências Sociais). Natal, Universidade Federal do Rio Grande do Norte, 2002.

SORIANO, Raúl Rojas. *Manual de pesquisa social*. Petrópolis, Vozes, 2004.

SOUZA, Celina. "Estado do campo" da pesquisa em políticas públicas no Brasil. *Revista Brasileira de Ciências Sociais*, São Paulo, v. 18, nº 51 (2003) 15-20.

_____. Federalismo, desenho constitucional e instituições federativas no Brasil pós-1988. *Revista de Sociologia e Política*, Curitiba, nº 24 (2005) 105-121.

_____. Governos e sociedades locais em contextos de desigualdades e de descentralização. *Revista Ciência & Saúde Coletiva*, Rio de Janeiro, v. 7, nº 3 (2002) 431-442.

SOUZA, Donaldo Bello de, FARIA, Lia Ciomar Macedo de. *Política, gestão e financiamento de sistemas municipais públicos de educação no Brasil*: bibliografia analítica (1996-2002). São Paulo/Niterói, Xamã/Intertexto, 2005.

SOUZA, Donaldo Bello de, VASCONCELOS, Maria Celi Chaves. CMEs no estado do Rio de Janeiro: sobre a autonomia concedida e a submissão herdada. In: SOUZA, Donaldo Bello de (org.). *Mapa dos Conselhos Municipais de Educação no Brasil*: criação, implantação e funcionamento. São Paulo, Loyola, 2013, p. 129-148.

_____. CMEs no estado do Rio de Janeiro: considerações sobre o funcionamento institucional e sociopolítico a partir de 28 de suas localidades. In: VALLE, Bertha de Borja Reis do, VASCONCELOS, Maria Celi Chaves (orgs.). *Conselhos municipais de educação*: organização e atribuições nos sistemas de ensino do estado do Rio de Janeiro. Rio de Janeiro, Quartet/Faperj, 2012, p. 27-60.

_____. CMEs: espaços de controle social? In: SOUZA, Donaldo Bello de. (org.). *Conselhos municipais e controle social da educação*: descentralização, participação e cidadania. São Paulo, Xamã, 2008, p. 233-259.

_____. Conselhos municipais de educação: espaços de controle social? In: SIMPÓSIO BRASILEIRO DE POLÍTICA E ADMINISTRAÇÃO DA EDUCAÇÃO, 23. CONGRESSO LUSO-BRASILEIRO, 5, COLÓQUIO IBERO-AMERICANO, 1, 2007, Porto Alegre, *Anais*... Niterói: ANPAE, 2007. 1 CD-ROM, p. 210-233.

_____. Os conselhos municipais de educação no Brasil: um balanço das referências nacionais (1996-2002). *Ensaio: Avaliação e Políticas Públicas em Educação*, Rio de Janeiro, v. 14, n. 50 (mar. 2006) 39-56.

SOUZA, Gustavo de Oliveira Coelho de, TORRES, Haroldo da Gama. O estudo da metrópole e o uso de informações georreferenciadas. *São Paulo Perspectiva*, São Paulo, v. 17, n. 3-4 (2003) 35-44.

SZYMANSKI, Heloisa (org.). *A entrevista na pesquisa em educação*: a prática reflexiva. Brasília, Liber, 2004 (Série Pesquisa em Educação, 4).

TEIXEIRA, Lucia Helena Gonçalves. Conselhos municipais de educação: autonomia e democratização do ensino. *Caderno de Pesquisa*, São Paulo, v. 34, nº 123 (set.-dez. 2004) 691-708.

TOMIO, Fabrício Ricardo de Limas. A criação de municípios após a Constituição de 1988. *Revista Brasileira de Ciências Sociais*, São Paulo, v. 17, nº 48 (fev 2002) 61-89.

VASCONCELOS, Maria Celi Chaves. Conselhos municipais de educação: criação e implantação em face das novas atribuições dos sistemas municipais de ensino In: SOUZA, Donaldo Bello de, FARIA, Lia Ciomar Macedo de (orgs.). *Desafios da educação municipal*. Rio de Janeiro, DP&A, 2003, p. 107-122.

WERLE, Flávia Obino Corrêa. CME como política estruturadora do campo da educação no município. In: SOUZA, Donaldo Bello de. *Conselhos municipais e controle social da educação*: descentralização, participação e cidadania. São Paulo, Xamã, 2008, p. 211-223.

_____. CMEs no estado do Rio Grande do Sul: gênese e institucionalização. In: SOUZA, Donaldo Bello de (org.). *Mapa dos Conselhos Municipais de Educação no Brasil*: criação, implantação e funcionamento. São Paulo, Loyola, 2013, p. 209-227.

_____. Gestão da educação municipal: composição dos Conselhos Municipais de Educação do Rio Grande do Sul. *Ensaio: Avaliação e Políticas Públicas em Educação*, Rio de Janeiro, v. 14, nº 52 (set. 2006) 349-364.

YIN, Robert K. *Estudo de caso*: planejamento e métodos. 3. ed. Porto Alegre, Bookman, 2005.

CMEs nos estados da Paraíba e de Pernambuco: a difícil construção da gestão democrática

Márcia Angela da S. Aguiar

Introdução

Este trabalho tem por objetivo analisar, à luz do debate sobre a democratização da gestão municipal da educação no Brasil, os processos de criação, implantação e funcionamento institucional e sociopolítico dos Conselhos Municipais de Educação (CMEs), dialogando com estudos teórico-empíricos recentes que focalizam esses processos nos estados da Paraíba (PB) e de Pernambuco (PE)[1]. Busca-se apreender o papel e a importância exercida por esses colegiados na definição, na implementação e na avaliação das políticas municipais de educação básica e na ampliação dos espaços de participação democrática.

Não se pretende neste texto apresentar o resultado de um estudo minucioso desses colegiados, mas trazer ao debate reflexões sobre aspectos cruciais da constituição e da dinâmica de funcionamento dos CMEs na região Nordeste. Neste sentido, vamos examinar as circunstâncias políticas que contribuíram para o surgimento desses órgãos colegiados nesses estados, sua composição como determina-

1. Além desses dois Estados, identificou-se o estudo de SILVA (2002) sobre o CME da cidade de Pau de Ferro, estado do Rio Grande do Norte (RN), cuja consulta à obra não pôde ocorrer em tempo hábil para sua inclusão no presente texto.

ção das Secretarias de Educação e algumas perspectivas da construção de uma gestão democrática.

Processos de constituição dos sistemas municipais de ensino nos estados do Nordeste

Os sistemas municipais de ensino abrangem, conforme estabelece o artigo 18 da Lei de Diretrizes e Bases da Educação Nacional (LDB) — Lei nº 9.394/1996 (Brasil 1996) —, as instituições de educação infantil, de ensino fundamental e médio mantidas pelo poder público municipal, as instituições de educação infantil criadas e mantidas pela iniciativa privada, além dos órgãos municipais de educação. Representam também

> um meio pelo qual as forças sociais locais interpretam e inscrevem-se na educação brasileira, introduzindo e destacando traços característicos e de identidade próprios, que envolvem a implantação de estruturas institucionais (órgãos normativo e executivo) com foco na educação escolar, em especial a educação básica, independente da mantenedora. Nesse sentido, os sistemas municipais de ensino abrangem muito mais do que apenas a rede de escolas mantidas pelo governo municipal, mas igualmente os organismos e as ações de articulação entre os atores social e político, bem como os atores das escolas estadual e particular existentes na comunidade (Brasil, IBGE 2010, p. 42).

O primeiro passo para a institucionalização de um sistema municipal de ensino é sua formalização em lei, o que implica o exercício de uma autonomia por parte dos sujeitos envolvidos localmente: Executivo, Legislativo municipal, CMEs, sindicatos e associações de docentes, escolas públicas e privadas, profissionais da educação e cidadãos da comunidade. Significa, geralmente, um ato de independência em relação ao Conselho Estadual de Educação (CEE), que tem a prerrogativa de legislar no campo educacional estadual. Sua implantação demanda o estabelecimento de condições políticas e logísticas nos municípios para que exercite plenamente seu papel, que não está circunscrito a um período de governo. Define-se, em tese, como órgão de Estado e não de governo.

O atendimento pelas municipalidades do que aqui denominamos "condições políticas e logísticas" constitui um requisito fundamental para a consolidação de sistemas municipais de ensino. Tendo por base o entendimento em relação à importância política da implantação deste sistema para a afirmação da qualidade social da educação no município, a administração municipal terá uma atuação estratégica nas iniciativas de formação do pessoal técnico e na oferta de uma infraestrutura e de financiamento compatíveis com os requerimentos do sistema. Afinal, trata-se de dar concretude material a uma opção em favor do desenvolvimento da educação local, em vez de se vincular ao Estado, num sistema único, ou ainda de manter-se integrado ao sistema estadual de educação.

A instituição de sistemas municipais de ensino constitui uma realidade disseminada no país. Considerando os dados da Pesquisa de Informações Básicas Municipais (Munic) (BRASIL, IBGE 2010), verifica-se que, de um total de 5.565 municípios brasileiros, 2.898 declararam possuir sistemas municipais de ensino próprios. No caso da região Nordeste, de um total de 1.794 municípios, 975 já instituíram os respectivos sistemas, a despeito de 797 ainda se manterem integrados ao sistema estadual de educação. Mantendo a mesma tendência observada no panorama da educação nacional, o movimento de instituição de sistemas municipais de ensino na região Nordeste impõe-se com mais força nos municípios de maior porte, e em 2009 abrangeu quase todas as localidades com mais de 500 mil habitantes, muito embora tal movimentação também ocorra nos municípios com classe populacional de 10.001 a 20.000 habitantes.

O processo de instituição de um sistema de ensino compreende várias etapas: desde a aprovação da proposta pela Assembleia Legislativa e a aceitação do município (após verificação de seus impactos financeiros e administrativos) e a compatibilidade do Plano Plurianual de Investimentos (PPA) e da Lei de Diretrizes Orçamentárias (LDO), até a consolidação como capítulo da Lei Orgânica Municipal (LOM).

Aliás, o exame de cinco instrumentos de planejamento local, considerados pela citada pesquisa do Instituto Brasileiro de Geografia e Estatística (IBGE) (BRASIL, IBGE 2010), mostra que o processo de municipalização de ensino ganha força, inclusive quando se constata que em 2009, na região Nordeste, 96,2% dos municípios possuíam LOMs. Esse estudo chama a atenção, contudo, para o fato de que a LDO tem seu melhor desempenho na região Sul (97,1%) e em menor proporção nas regiões Norte (83,1%) e Nordeste (84,4%). Neste último caso, é bem possível que esses dados referentes ao tipo de instrumento legal que contempla a política municipal de educação reflitam a insuficiente organização do setor para conseguir afirmar os interesses educacionais no contexto das finanças públicas.

Do mesmo modo, observa-se a amplitude do movimento de expansão dos Conselhos Escolares nos municípios do Nordeste. Encontram-se, em 2009, legalmente regulamentados em 83,0% dos municípios, índice mais elevado que o índice nacional, de 77,0% dos municípios. Essa movimentação tem menor peso quando se verifica a institucionalização dos sistemas municipais de ensino.

É relevante o número de municípios que declaram possuir lei que cria o CME e, no entanto, não possuem lei do sistema municipal de ensino. Interpretam que os sistemas de ensino já foram criados pela Constituição Federal (CF) de 1988 (BRASIL 1988) e que apenas seja necessário criar o CME para que se efetive sua implementação. Vale ressaltar que na realidade brasileira era comum a existência de CMEs que precedem a estruturação dos sistemas municipais de ensino (COELHO, ARAÚJO 2004).

A criação e a disseminação dos CMEs nos estados da Paraíba e de Pernambuco

Na realidade brasileira, os Conselhos de Educação existem desde os idos de 1930 até os dias atuais. Muito embora o Conselho Nacional de Educação (CNE) tenha sido criado pelo Decreto nº 19.850, de 11 de abril de 1931 (BRASIL 1931), em substituição ao Conselho Nacional de Ensino,

> somente com a Constituição de 1934, que instituiu os sistemas de ensino, os conselhos de educação, de âmbito nacional e estadual, passaram a ter uma concepção mais definida. A Constituição de 1988 viria a instituir os sistemas municipais de ensino e, com eles, os conselhos municipais de educação ganharam institucionalidade própria (BORDIGNON 2004, p. 26-27).

De fato, a CF de 1988 e a LDB (Lei nº 9.394/1996) deram o impulso para a criação dos sistemas municipais de ensino e seus respectivos CMEs. Como observa Elias Sobrinho,

> a existência dos Conselhos Municipais de Educação (CMEs) é a afirmação destas leis quanto à descentralização da gestão educacional em todos os seus níveis e, particularmente, daqueles na esfera das competências do município — a Educação Infantil e o Ensino Fundamental. Os CMEs, portanto, como mecanismos institucionais, concretizam o princípio da gestão democrática, em nível municipal, na medida em que, integrados por professores, técnicos e pessoas das comunidades locais, representam a sociedade civil na administração pública de onde esteve afastada da participação nos Sistemas Educacionais (ELIAS SOBRINHO 2007, p. 70).

Os CEEs têm uma história mais antiga que os conselhos municipais: existem desde 1961, como lembra Maria Ieda Nogueira, presidente da União Nacional dos Conselhos Municipais de Educação (Uncme). Já os sistemas municipais de ensino são organizados pelas localidades que assumiram o *status* de ente autônomo federado e a titularidade de sua educação apenas em 1988. Nogueira afirma que

> os sistemas municipais de educação estão na Constituição de 1988 e na LDB (Lei de Diretrizes e Bases da Educação Nacional), que definem o que compõe cada sistema. O que falta é que cada município diga como se dará a interação entre os diversos elementos do sistema municipal para que o Conselho Municipal de Educação passe a ser também um órgão normativo desse sistema (ALMEIDA, BARROS 2010).

Com base nessas considerações passemos ao exame da situação dos CMEs na região Nordeste, em especial nos estados da Paraíba e de Pernambuco.

Estudo realizado pela Fundação Joaquim Nabuco (LIMA 1997) mostra que na década de 1990 a existência de CMEs na região Nordeste era incipiente. De fato:

> A região Nordeste, excetuando o estado de Pernambuco, com 9,72% dos seus municípios contemplados com Conselhos Municipais de Educação, apresenta percentuais muito baixos (menores que 2%). O Ceará, por exemplo, possui apenas 0,60% dos seus municípios com Conselhos Municipais de Educação, e a Bahia, 1,88% (em termos absolutos, apenas um único município, em todo o estado do Ceará, e 8 na Bahia possuem esses Colegiados). O Piauí não possui esse tipo de Conselho. Somente o estado de Alagoas se destaca, com 2,57% (LIMA 1997, p. 4-5).

Este mapeamento (LIMA 1997), realizado em 1997, identificou os municípios nos estados da Paraíba e de Pernambuco que possuíam CMEs em funcionamento, conforme indicado no Quadro 1.

QUADRO 1
CMEs em funcionamento na região Nordeste — 1997

Estado	Municípios
Paraíba	João Pessoa, Campina Grande, Sousa, Conde
Pernambuco	Recife, Olinda, Cabo, Jaboatão dos Guararapes

Fonte: LIMA 1997

Este panorama vai se modificar na década de 2000, devido a vários fatores, entre os quais se destacam as iniciativas decorrentes da promulgação da nova LDB (Lei nº 9.394/1996) e a atuação das entidades organizadas do setor, em especial a União Nacional dos Dirigentes Municipais da Educação (Undime) e, mais recentemente, a Uncme.

Levantamento atualizado da situação dos CMEs com base no Banco de Dados da Uncme evidencia um significativo crescimento destes colegiados em todos os estados do Nordeste, como mostra o Quadro 2.

QUADRO 2
Quantitativo de CMEs filiados à Uncme nos estados da Paraíba e Pernambuco — 2012

CMEs Região Nordeste	Quantitativo
Paraíba	26
Pernambuco	99

Fonte:<http://www.uncme.com.br/>; acesso em: 2 jul. 2012

A análise dos contextos em que emergiram os CMEs nos estados focalizados evidencia que sua criação antecede a institucionalização dos sistemas municipais de ensino. Faziam parte da estrutura burocrática das prefeituras e situavam-se como órgãos colegiados de assessoramento ao Executivo municipal. Este é o caso, por exemplo, do CME de Campina Grande (PB), cuja criação se efetivou bem antes do sistema municipal de ensino — Lei Municipal nº 3.771, de 14 de dezembro de 1999 (CAMPINA GRANDE 1999) —, remontando ao ano de 1984, quando a Lei nº 1.108, de 3 de janeiro de 1984 (CAMPINA GRANDE 1984) o situa como órgão de assessoramento, integrante da estrutura administrativa da Prefeitura daquele município (RODRIGUES 2009).

Desde o seu nascedouro os CMEs focalizados neste texto estiveram umbilicalmente ligados ao poder local. Os prefeitos decidiam sua composição indicando pessoas de sua confiança para esta função de representação. Não era estranho este tipo de composição, como ocorrera no CME de Campina Grande, conforme Rodrigues (2009, p. 11): "Em sua primeira formação, a presidência foi exercida pela secretária municipal de Educação que, por sua vez, escolheu os assessores do Conselho dentre os funcionários da Secretaria Municipal de Educação".

CMEs na Paraíba

A Lei nº 7.653, de 6 de setembro de 2004 (PARAÍBA 2004), em seu artigo 1º reza que

> o Conselho Estadual de Educação, criado pela Lei Estadual nº 2.864, de 06 de junho de 1962, e reformulado pela Lei Estadual nº 4.872, de 13 de outubro de 1986, é um órgão colegiado, integrante do Sistema Estadual de Educação, com atribuição normativa, deliberativa e consultiva, de forma a assegurar a participação da sociedade no aperfeiçoamento da educação no estado da Paraíba.

O CEE-PB situa-se, portanto, como um dos mais antigos conselhos estaduais do país. Segundo Elias Sobrinho (2007), este foi pioneiro em emitir uma resolução disciplinando a implantação dos CMEs e o segundo a deliberar sobre a necessidade de interiorizar suas reuniões.

A despeito da longa existência dos CMEs no espaço territorial da Paraíba, sua consolidação ainda se revela como um horizonte a ser alcançado, se considerado o depoimento do presidente do CEE-PB ao constatar que neste estado, dos 223 municípios, apenas 20 possuem CMEs (8,97%). Em entrevista dada à imprensa local, publicada em 10 de novembro de 2011 (FERREIRA 2011), esse presidente, Sr. José Francisco de Melo Neto, expressava sua preocupação em relação a esse número limitado de CMEs no estado, nos seguintes termos:

> Destes 20 Conselhos existentes, apenas cinco realmente funcionam. Os demais só existem mesmo no papel. Isso é ruim porque compromete a qualidade da educação e acaba sobrecarregando o Conselho Estadual de Educação, que fica obrigado a analisar os processos dos municípios que não têm as entidades. [...] A falta de Conselhos municipais é algo preocupante, mas é preciso dizer que isso vem ocorrendo por falta

> de interesse dos municípios. Os prefeitos não querem criar órgãos que irão fiscalizar suas gestões. Outro motivo da falta de conselhos é a ausência de recursos humanos para exercer as funções (FERREIRA 2011, p. 1).

Conforme informação do presidente do CEE-PB, no estado (FERREIRA 2011) apenas as cidades de João Pessoa, Santa Rita, Patos, Sousa e Campina Grande mantêm os seus respectivos CMEs em pleno funcionamento.

No presente texto examina-se a situação dos CMEs de Campina Grande (MARTINIANO 2010; MARTINIANO, PEQUENO 2009), a segunda cidade mais populosa do estado, e ainda a de catorze municípios da microrregião de Guarabira (MOURA 2010a; 2010b), isto de acordo com os estudos teórico-empíricos identificados a respeito desses Conselhos em municípios do estado da Paraíba.

De modo similar ao que ocorreu em outros municípios brasileiros, a criação do CME de Campina Grande, em 1984, antecede a institucionalização do sistema municipal de ensino, quando a Lei nº 1.108, de 3 de janeiro de 1984 (CAMPINA GRANDE 1984a, art. 9º, I) institui o CME como um dos órgãos colegiados de assessoramento, integrante da estrutura administrativa da Prefeitura municipal de Campina Grande. Em 30 de julho deste mesmo ano, o Decreto nº 1.240, de 30 de julho de 1984 (CAMPINA GRANDE 1984b), regulamenta o CME e define sua composição, prevendo, além do presidente do Conselho, mais oito membros titulares e três suplentes, "todos de livre escolha do prefeito" (RODRIGUES 2009, p. 11).

Este Conselho, ainda conforme Rodrigues (2009), passou a funcionar somente no final de 1992, com três reuniões ocorridas no mês de dezembro. Este quadro vai ser alterado, de acordo com Patrocínio (2007, p. 89), com a mobilização e a luta do movimento sindical em prol da democratização do CME, o que "resultou em 1999 numa segunda regulamentação pelo Decreto Municipal nº 2.727, de 26 de abril de 1999, fixando o seu Regimento Interno". O novo Regimento veio a ampliar a composição anterior, passando o Conselho a ser composto por dezoito membros, representantes dos diversos segmentos da área de educação.

O CME em questão se constitui como órgão de caráter normativo, deliberativo e consultivo, tendo ainda por finalidade participar da formulação e do acompanhamento da execução da política municipal de educação. Contudo, Rodrigues (2009, p. 12) afirma que, "paradoxalmente, as competências do Plenário, fixadas no artigo 14, constituem-se, em sua quase totalidade, de tarefas de caráter administrativo-burocrático, esvaziando a definição de normas complementares de qualquer conteúdo político".

Para Martiniano[2] (2010, p. 155):

2. Ver também MARTINIANO, PEQUENO 2009.

> [...] os aspectos organizacionais revelam a relação de dependência quanto às suas condições administrativas, financeiras e técnicas junto à Secretaria Municipal de Educação, o que tem fragilizado a sua atuação, enquanto órgão deliberativo, propositivo e fiscalizador dos interesses dos cidadãos. A vinculação desse colegiado ao executivo impossibilita a viabilidade e a legitimação das ações e expõe a pouca valorização do gestor municipal, confirmada pela ausência de dotação orçamentária para o gerenciamento do conselho, negando-lhe, portanto, autonomia.

No tocante à representação, o estudo de Martiniano (2010) evidencia a predominância do segmento governo no Conselho, com 56% de seus membros, enquanto a representação da sociedade civil tem apenas 28% dos conselheiros. A autora chama ainda a atenção de que tal composição vai de encontro ao prescrito na LOM, assim como na CF de 1988, quando se referem ao princípio da paridade. Além disso, destaca que a escolha pelo gestor municipal do segmento de pessoas de "notório saber na área de Educação" (ibid., p. 156), prevista na legislação, em geral recai sobre pessoa de sua confiança ou alguém de sua equipe técnica, reforçando o peso do segmento governo. Esta composição é aceita com naturalidade por vários conselheiros, o que revela que "a definição de controle social está associada à ideia de controle do Estado sobre a sociedade" (ibid., p. 157), deixando em segundo plano a concepção de compartilhamento da gestão. Porém, a autora mostra que outros conselheiros têm outra compreensão deste processo e se reconhecem "como interlocutores legítimos a exercer politicamente os espaços legalmente constituídos" (ibid.).

Essa situação reflete as diferenças de concepções sobre a natureza e o funcionamento do Conselho por parte dos conselheiros, indicando o longo caminho ainda a ser percorrido para que este se apresente como órgão efetivamente de Estado e não de governo.

Por seu turno, em sua dissertação de mestrado, Moura (2010a)[3] investigou os CMEs dos catorze municípios que compõem a microrregião de Guarabira, estado da Paraíba, partindo de pressupostos teórico-conceituais e jurídico-legais que reconhecem os CMEs como órgãos públicos, integrantes do poder Executivo, devendo favorecer a intermediação entre Estado e sociedade, viabilizando, pela participação política, o controle social da gestão educacional nos respectivos municípios.

Os municípios desta microrregião apresentam um quadro de elevado nível de pobreza e desigualdade e, segundo, o autor, trata-se de uma região de concentração de poder político em oligarquias locais que, em alguns casos, governam essas localidades desde a sua fundação.

3. Ver também MOURA 2010b.

Na pesquisa realizada por Moura (2010a; 2010b), alguns elementos chamam a atenção:

— dos catorze municípios da região, apenas um elaborou e instituiu o Plano Municipal de Educação (PME) e assim mesmo com pouca participação da comunidade. Este município não tem sistema municipal de ensino, o CME funciona eventualmente, e o PME foi elaborado por técnicos da Secretaria de Educação;
— há expectativas no sentido de que os conselhos se auto-organizem sem a estrutura adequada;
— em relação ao CME e ao sistema municipal de ensino, os poderes Executivo e Legislativo aprovam leis incompletas, sem envolvimento da sociedade civil e em processos burocrático-formais;
— a regulamentação dos CMEs acontece sob o controle das Secretarias de Educação e apenas cumprindo exigências formais;
— os CMEs são criados antes do sistema municipal de ensino, o que deixa os municípios subordinados às normas dos sistemas estaduais de educação. Com exceção dos municípios de Guarabira, Pilõezinhos e Logradouro, os demais só instituíram seus CMEs, por influência do Ministério da Educação (MEC), a partir de 2005.

O autor faz um estudo das funções exercidas pelos CMEs e constata que predominam as funções tradicionais: consultiva e deliberativa, permanecendo em último lugar a função fiscalizadora. Mostra, ainda que na microrregião em questão todos os CMEs estão regulamentados e onze já foram instalados. Contudo, em relação às condições de funcionamento, apenas dois estão funcionando regularmente, nove funcionam eventualmente e dois não foram instalados, conforme Quadro 3 abaixo, construído por aquele autor:

QUADRO 3
Situação funcional e condições de funcionamento dos CMEs na microrregião de Guarabira, estado da Paraíba — 2010

Município	CME Regulamentado	CME Instalado	Condições de Funcionamento		
			FR	FE	SF
Alagoinha	X	-----	X	-----	-----
Araçaji	X	X	X	X	-----
Belém	X	X	X	X	-----
Caiçara	X	-----	X	-----	-----
Cuitegi	X	X	X	X	-----
Duas Estradas	X	X	X	-----	-----

QUADRO 3
Situação funcional e condições de funcionamento dos CMEs na microrregião de Guarabira, estado da Paraíba — 2010

Guarabira	X	X	X	X	-----
Lagoa de Dentro	X	X	X	X	-----
Logradouro	X	X	X	X	-----
Mulungu	X	-----	X	-----	-----
Pilõezinhos	X	X	X	X	-----
Pirpirituba	X	X	X	X	-----
Serra da Raiz	X	X	X	X	-----
Sertãozinho	X	X	X	-----	-----

Fonte: MOURA 2010a, com dados trabalhados por este autor
NOTAS: FR: Funcionando regularmente
FE: Funcionando eventualmente
SF: Sem funcionamento
--: Não tem ou não se aplica

Quanto à forma de escolha e nomeação dos conselheiros, ela se dá por indicação do chefe do Executivo, e as entidades da sociedade civil encaminham, por escrito ou via oral, suas escolhas. No âmbito desses Conselhos, a presidência é escolhida entre os próprios conselheiros e seguem percursos variados. A eleição por aclamação predomina em 73% dos CMEs em questão. Ainda de acordo com Moura (2010a), a opção pela aclamação parece ser uma saída para minimizar o peso da Secretaria de Educação nesta escolha.

O autor verificou também que nos onze CMEs enfocados com algum grau de funcionamento apenas três conselheiros receberam as portarias do Executivo com a nomeação, o que para ele significa facilitar a rotatividade dos membros do CME, enfraquecendo as ações deste órgão colegiado.

Outro fator que concorre para o enfraquecimento deste órgão diz respeito às condições materiais necessárias a seu pleno funcionamento. Entre os onze conselhos em funcionamento, a pesquisa identificou apenas três estabelecidos em sede própria. Assim mesmo, nos municípios de Guarabira e Belém os respectivos Conselhos compartilham o mesmo espaço com outros órgãos, e apenas no município de Duas Estradas há uma sede exclusiva para o CME.

Em linhas gerais, os resultados da pesquisa indicam que o

> Poder Executivo municipal, por não oferecer a estrutura mínima de funcionamento aos CME, negando-lhes autonomia, é responsável por inviabilizar a atuação destes órgãos, restringindo a participação dos conselheiros, tanto representantes do governo como da sociedade civil, e impedindo o efetivo controle social da gestão educacional, sendo, com capacidade de intervenção reduzida, regulados pelas secretarias municipais de educação (MOURA 2010a, p. 8).

A pesquisa desenvolvida traz importantes subsídios para discutir as questões de democracia, participação e controle, contribuindo para aprofundar o debate sobre os percalços que precisam ser superados no exercício da gestão democrática dos CMEs no estado da Paraíba.

CMEs em Pernambuco

É importante destacar a presença do Recife na movimentação que resultou na criação da Undime, cuja gênese se encontra na criação do Coletivo de Dirigentes Metropolitanos de Educação do Recife, em 1986. Essa organização dos secretários municipais de Educação da região Metropolitana do Recife tinha como objetivo inserir no debate nacional a questão da municipalização do ensino. Segundo Azevedo (2001, p. 142),

> foi em Pernambuco que a entidade começou a ser gestada, a partir de uma reunião de secretários de educação realizada em agosto de 1985, quase todos pertencentes à região metropolitana do Recife [...]. Fruto dessa articulação, nasceu o 1º Encontro de Dirigentes Metropolitanos de Educação realizado em Recife, em março de 1986, e, posteriormente, o 1º Fórum Nacional dos Dirigentes Municipais de Educação, marcando assim a passagem do regional para o nacional do movimento pela educação municipal.

Emergia, nesse contexto, a presença do município no debate educacional do país, com o discurso da defesa de um ensino de cunho popular e democrático. A criação da Undime, em outubro de 1986, se constitui num marco importante das novas relações que se estabelecem no panorama educacional do país com a participação de um novo ator com capacidade para interferir na formulação e na execução das políticas educacionais.

Por outro lado, vale destacar que os municípios da região Metropolitana do Recife que se uniram para constituir o Coletivo de Dirigentes Metropolitanos de Educação do Recife, em especial os secretários de Educação, continuaram atuando de forma conjunta, visando sobretudo à liberação de recursos para os seus municípios, situados no espectro de oposição ao governo federal.

Entre esses municípios, Recife, capital do estado de Pernambuco, foi um dos primeiros a redefinir o CME, criado pela Lei nº 10.383, de 1º de setembro de 1971 (RECIFE 1971). De acordo com o artigo 2º desta lei, o CME deveria ser composto de sete membros nomeados pelo prefeito do Município entre pessoas de notório saber e experiência em matéria de educação. Em seu parágrafo único, a lei dispõe que "Na escolha dos membros do Conselho Municipal de educação, o Prefeito do Município levará em consideração a necessidade de nêle *[sic]* serem devidamente representados os diversos graus de ensino existentes no Município e o ensino oficial e particular".

Posteriormente, várias alterações foram feitas no conteúdo da Lei nº 10.383/1971 (RECIFE 1971). Em 5 de fevereiro de 1973, o prefeito Augusto Lucena sanciona a Lei nº 10.926 (RECIFE 1973), que altera o valor das gratificações dos conselheiros, posteriormente reformulada no tocante ao critério de escolha dos membros do CME, isto pela via da Lei nº 11.826, de 11 de novembro de 1975 (RECIFE 1975), sancionada pelo prefeito Antonio Farias. A partir daí outras mudanças relativas ao funcionamento institucional dos CMEs do Recife se seguiram, como a do prefeito Gustavo Krause, regulamentada pela Lei nº 14.105, de 20 de dezembro de 1979 (RECIFE 1979), e em especial pela Lei nº 16.190, de 31 de maio de 1996 (RECIFE 1996), sancionada pelo prefeito Jarbas Vasconcelos, que veio a prever, entre outros aspectos, a renovação de todo o Conselho, conforme o artigo 9º em seu § 2º. Mais recentemente, por intermédio da Lei nº 17.325, de 27 de julho de 2007 (RECIFE 2007), o então prefeito João Paulo Lima e Silva estabelece, no artigo 1º, que o CME do Recife consistirá no "órgão normativo, deliberativo e consultivo do Sistema de Ensino do Recife, sendo-lhe assegurados caráter público, constituição paritária e democrática e autonomia no exercício de suas competências".

Considerando o debate nacional que veio se avultando ao final da década de 1990, a Prefeitura da cidade do Recife, por meio de sua Secretaria de Educação, estabeleceu o processo de discussão e elaboração da lei que veio a instituir o Sistema de Ensino do Recife — Lei nº 16.768, de 4 de maio de 2002 (RECIFE 2002).

Em seu artigo 1º reza esta Lei: "Fica criado o sistema de ensino do Recife — SMER, cujos órgãos terão, na forma desta lei, naturezas consultiva e normativa que, em colaboração com os sistemas federal e estadual de ensino, têm funções de planejar, organizar, implantar e executar políticas e planos educacionais, em consonância com as diretrizes e planos nacionais e estaduais de educação". Ainda de acordo com esta Lei, o sistema municipal de ensino passou a ser assim composto:

I. a Secretaria Municipal de Educação;
II. o Conselho Municipal de Educação;
III. as escolas públicas municipais de ensino fundamental;
IV. as instituições de educação infantil mantidas pelo poder público municipal e pela iniciativa privada;
V. as escolas públicas municipais de ensino médio.

Ao disciplinar a educação escolar nas unidades que compõem o Sistema de Ensino do Recife, a Lei nº 16.768/2002 tem como base os princípios estabelecidos na CF de 1988.

Como assinala Abranches (2009, p. 21), o fato de existir um sistema municipal de ensino torna necessária a elaboração de um PME que direcione as ações do poder público no sentido de organizar e fortalecer este sistema, como também colaborar com o governo na gestão e na fiscalização.

Abranches (2009) também assinala a necessidade de capacitação dos conselheiros para o exercício de suas atribuições. Com base nas entrevistas realizadas com membros do CME de Recife que exerceram suas funções no período de 2003 a 2007, esta autora assim posiciona o órgão colegiado em questão:

> Podemos caracterizar como um conselho com um nível de escolarização alto. Esta realidade, que parece ser um fator positivo para um órgão que tem como função discutir, fiscalizar, deliberar sobre planos, programas e projetos que constituem a política municipal do município, tem como dado complicador para alguns conselheiros um equilíbrio na qualificação quanto ao nível e compreensão sobre sua função no Conselho Municipal de Educação do Recife, principalmente entre os representantes da sociedade civil, existindo para alguns conselheiros e conselheiras o sentimento de que, mesmo reconhecendo ser importante a diversidade, de certo modo enfraquece o CME (ABRANCHES 2009, p. 106).

O estudo ainda discutiu as diferentes visões sobre representatividade e participação dos membros do CME nos espaços das Conferências Municipais de Educação (Comude) e do Conselho, considerados como instâncias da política municipal de educação e lócus de atuação das diferentes forças sociais. Abranches (2009, p. 176) constata nestes espaços "a emergência de diferentes significações para a participação e a representatividade, sendo estes elementos definidores da presença e atuação dos conselheiros e mesmo do próprio CME".

Considerando que o CME é uma das instâncias da política educacional, com caráter consultivo e deliberativo, a pesquisa em questão mostrou que os conselheiros tendem a reafirmar esta posição do órgão colegiado e, simultaneamente, requerer o aprofundamento de sua atuação, de forma mais eficiente, neste espaço de definição da política.

Ao concluir a investigação, Abranches (ibid., p. 180) reconhece "que tanto a participação como a representatividade dos conselheiros são elementos que estão em formação na mesma medida em que o próprio CMER busca sua identidade". Ao mesmo tempo, atribui este fato à complexidade inerente às instâncias colegiadas, que se constituem em espaços novos dos embates próprios da democracia e cuja identidade ainda não está consolidada.

Por sua vez, Andrade (2010a, p. 2)[4], ao refletir sobre os entraves ao processo decisório do CME do Recife, constata que este órgão "enfrenta fortes limitações quanto à sua intervenção na proposição e acompanhamento do planejamento educacional

4. Ver também ANDRADE 2007.

do Município, o que facilita o pacto com as propostas da Secretaria de Educação, identificando-o mais como órgão de governo do que de Estado".

Destaca também este autor (ANDRADE 2010b, p. 306), em artigo que focaliza a construção da cultura democrática no âmbito do Sistema de Ensino do Recife, "que a desarticulação entre as instâncias de participação constitui a principal causa da centralização do poder de decisão sob a égide da Secretaria de Educação". Neste sentido, identifica que a dificuldade de participação constitui um problema que ultrapassa os limites da escola e se estende aos órgãos centrais do sistema de ensino.

As análises de Andrade (2010b) referidas neste texto apontam para os limites da participação do CME do Recife nos processos de decisão que afetam seu sistema de educação, o que mostra as dificuldades que este órgão enfrenta para ser um protagonista de peso neste âmbito. Vale ressaltar que Melo (2005, p. 10) já evidenciava, com base em investigação concluída em 2005, que o CME não havia assegurado "a sua atuação na esfera pública da educação do município", assim como constatava "a fragilidade da sociedade para intervir no Conselho e, desta forma, participar da esfera Pública da Educação Municipal" (ibid.).

Contudo, é necessário atentar ao fato de que esses limites não estão circunscritos apenas à esfera de atuação do CME no contexto do sistema municipal de ensino. Investigando a relação do CME com a Comude, Andrade (2010, p. 154) constata que, muito embora seja de responsabilidade do CME a organização da Comude, sua preparação "reproduz a desarticulação que impera entre as instâncias que compõem o sistema de ensino". Mesmo reconhecendo a importância da Comude para a promoção de melhorias na educação pública no município do Recife, ao favorecer o diálogo entre os sujeitos envolvidos com a educação municipal, o autor constata uma "grave desarticulação quanto a seu planejamento, execução e, sobretudo, sistematização de seus resultados" (ibid., p. 170), além disso, "tanto o CME quanto a Secretaria Municipal de Educação não desenvolvem suas funções baseando-se nas proposições da Comude" (ibid.). Este estudo revela as dificuldades encontradas pelo CME do Recife para ter um papel interveniente na definição das políticas municipais de educação.

Considerando que os Conselhos constituem arenas de embates e disputas, em que, em princípio, emergem, de forma democrática, decisões políticas e administrativas, Guimarães (2007), ao pesquisar os Conselhos Municipais da região Metropolitana do Recife, reconhece que

> os conselhos ampliam a esfera pública e produzem novos padrões de interações entre Estado e sociedade civil. Os resultados ainda não nos permitem aquilatar o quanto se avançou na área na direção de uma governança democrática. Contudo, os dados sugerem que o setor educacional incorporou, ainda que de maneira tímida (mui-

tos conselhos são apenas consultivos), mecanismos institucionais que apontam para uma governança democrática das cidades (p. 13).

Considerações finais

A universalização da educação básica de qualidade social, a valorização e a formação dos profissionais da educação e a democratização da política e da gestão da educação permanecem como alvos das políticas públicas de educação no Brasil, e o nível de sua efetivação para garantir o pleno direito à educação para todos exige comprometimento político e ações estratégicas das municipalidades.

Neste sentido, a institucionalização dos sistemas municipais de ensino, como afirmação de projetos políticos e de autonomia e responsabilização dos sujeitos e instâncias locais, requer a implantação e o desenvolvimento de estruturas organizativas de caráter normativo e executivo que expressem e representem as forças sociais em presença. O CME insere-se neste contexto como instância articuladora e mediadora das questões educacionais da sociedade local junto ao poder público municipal.

O CME é um órgão de representação política, com funções normativas, consultivas, mobilizadoras e fiscalizadoras. Exerce, portanto, um papel estratégico na efetivação da gestão democrática do sistema ou da rede de ensino, contribuindo para a consolidação da autonomia dos municípios na formulação e na implementação de sua política educacional.

Sendo um órgão de ampla representatividade, o CME deve garantir a efetiva participação da sociedade, criar oportunidades para o aprimoramento técnico do conjunto dos conselheiros em atenção a suas atribuições, bem como assegurar a escolha democrática dos membros que representam os diversos segmentos (pais, alunos, professores, associações de moradores, sindicatos, SMEs e demais órgãos vinculados à educação municipal, dos setores público e privado).

A função normativa do CME exige sensibilidade política e capacidade técnica do conselheiro para o exercício do acompanhamento, da definição de normas e da avaliação do funcionamento das instituições do sistema de ensino. Requisitos similares são exigidos dos conselheiros para o exercício da função consultiva do CME, quando devem emitir julgamentos em relação ao PME, aos programas, projetos e ações do Executivo e das escolas, bem como posicionamentos sobre um variado leque de questões educacionais que lhes forem submetidas pelo sistema municipal de ensino, pelos poderes Executivo, Legislativo e Judiciário e por outros órgãos e instâncias, nos termos da lei.

A função deliberativa do CME requer dos conselheiros o respeito e o incentivo às formas democráticas da gestão na relação entre os pares e com a comunidade, entre outros requisitos. No exercício da função fiscalizadora, o conselheiro procede ao acompanhamento da transferência e ao controle da aplicação de recursos para a educação do município, examina o cumprimento do plano municipal de educação e o desempenho do sistema municipal de ensino.

Por sua vez, não há obrigatoriedade de criação do CME, entretanto, como destaca a Undime (2008, p. 134):

> [...] é de suma importância para a Educação Municipal, por constituir um elo de interlocução entre a sociedade e o poder público, participando da formulação, implantação, supervisão e avaliação das políticas educacionais do município, da defesa do direito de todos à educação com qualidade social, e mobilizando os poderes públicos municipais quanto às suas responsabilidades no atendimento das demandas dos diversos segmentos, em conformidade com as políticas públicas de educação.

Resultam das análises e avaliações dos CMEs informações positivas a respeito de sua comprovada expansão em território nacional, bem como um crescente avanço no sentido de sua consolidação em significativo número de municípios. Este quadro favorável, contudo, não afasta os desafios que os sistemas municipais de ensino e os CMEs devem ultrapassar, alargando os espaços de deliberação e decisão na busca da democratização da gestão educacional e escolar local.

No Nordeste e nos municípios focalizados neste estudo existem vários desafios para a consolidação da gestão democrática local da educação e a universalização da educação básica, a ser enfrentados de forma compartilhada pelo Conselho e pela Secretaria de Educação. São desafios atinentes à universalização da educação básica, à valorização e à profissionalização dos educadores e à gestão democrática da educação e da escola.

Os estudos sobre os CMEs nos estados abordados neste texto reafirmam que o principal desafio é o de se constituírem como órgãos de Estado e não de governo. Certamente há um longo caminho a ser percorrido para que este *status* se efetive. Todavia, uma ampla possibilidade para os CMEs se desenha no cenário nacional com o novo PNE 2011-2020 e com a realização da Conferência Nacional de Educação (Conae), em 2014, quando o protagonismo destes órgãos no espaço local será uma das exigências para que os objetivos da educação nacional para a próxima década sejam efetivamente alcançados.

Referências

ABRANCHES, Ana de Fátima Pereira de Sousa. *O Conselho Municipal de Educação do Recife e a política educacional:* um estudo sobre participação e representatividade. Tese (Doutorado em Educação). Recife, Universidade Federal de Pernambuco, 2009.

ALMEIDA, Marina, BARROS, Rubem. Os desafios dos conselhos: nova presidente da Uncme vê evolução na organização dos órgãos no âmbito municipal. *Escola Pública*, São Paulo, nº 16 (2010). Entrevista com Maria Ieda Nogueira. Disponível em: <http://revistaescolapublica.uol.com.br/textos/16/artigo246379-1.asp>. Acesso em: 14 maio 2012.

ANDRADE, Edson Francisco. A opção do município pela criação de seu sistema de ensino: o discurso e as práticas cotidianas. In: REUNIÃO ANUAL DA ASSOCIAÇÃO NACIONAL DE PESQUISA E PÓS-GRADUAÇÃO EM EDUCAÇÃO, 33, 2010, Caxambu. *Anais*... Rio de Janeiro, ANPEd, 2010a, p. 1-16.

_____. Instâncias de participação na gestão do sistema municipal de ensino: possibilidades e perplexidades no processo de democratização. *Educar em Revista*, Curitiba, nº 37 (2010b) 293-308.

_____. Instâncias de participação na gestão do sistema municipal de ensino: possibilidades e perplexidades no processo de democratização. In: SEMINÁRIO REGIONAL DE POLÍTICA E ADMINISTRAÇÃO DA EDUCAÇÃO DO NORDESTE, 5, 2008, Natal. *Anais*... Natal, ANPAE, 2008.

_____. *O papel do Conselho Escolar na democratização da gestão educacional no município do Recife*. Dissertação (Mestrado). Recife, Centro de Educação, Universidade Federal de Pernambuco, 2007.

AZEVEDO, Neroaldo Pontes. A Undime e os desafios da educação municipal. *Estudos Avançados*, São Paulo, v. 15, nº 42 (maio-ago. 2001) 141-152.

BORDIGNON, Genuíno. *Conselhos escolares*: uma estratégia de gestão democrática da educação pública. Programa de Fortalecimento dos Conselhos Escolares. Brasília, MEC/SEB, 2004.

BRASIL. Constituição (1988). Constituição da República Federativa do Brasil. *Diário Oficial [da] República Federativa do Brasil*. Brasília, 5 out. 1988.

_____. Decreto nº 19.850, de 11 de abril de 1931. Cria o Conselho Nacional de Educação. *Diário Oficial [da] República Federativa do Brasil*, Rio de Janeiro, 15 abr. 1931.

BRASIL, IBGE (Instituto Brasileiro de Geografia e Estatística). Diretoria de Pesquisas. Coordenação de População e Indicadores Sociais da Pesquisa de Informações Básicas Municipais. *Perfil dos municípios brasileiros 2009*. Rio de Janeiro, IBGE, 2010.

BRASIL. Lei nº 9.394, de 20 de dezembro de 1996. Estabelece as Diretrizes e Bases da Educação Nacional. *Diário Oficial [da] República Federativa do Brasil*, Brasília, 23 dez. 1996.

_____. Lei nº 4.024, de 20 de dezembro de 1961. Fixa as diretrizes e bases da educação nacional. *Diário Oficial [da] República Federativa do Brasil*, Brasília, 27 dez. 1961.

CAMPINA GRANDE (Município). Lei nº 1.108, de 3 de janeiro de 1984. Consolida a legislação relativa à estrutura administrativa da Prefeitura Municipal de Campina Grande. *Diário Oficial de Campina Grande*, Campina Grande, 3 jan. 1984a.

_____. Decreto nº 1.240, de 30 de julho de 1984. Regulamenta e estrutura o Conselho Municipal de Educação. *Diário Oficial de Campina Grande*, Campina Grande, 30 jul. 1984b.

_____. Decreto nº 3.235, de 19 de dezembro de 2006. Aprova o Regulamento Interno do Conselho Municipal de Educação. *Diário Oficial de Campina Grande*, Campina Grande, 19 dez. 2006.

_____. Lei nº 3.771, de 14 de dezembro de 1999. Institui o Sistema Municipal de Ensino e dá outras providências. *Diário Oficial de Campina Grande*, Campina Grande, 14 dez. 1999.

COELHO, Rita de Cássia, ARAÚJO, Maurício Rodrigues. *Programa Nacional de Capacitação de Conselheiros Municipais de Educação*: perfil dos conselhos municipais de educação. Brasília, MEC/SEB, 2004.

ELIAS SOBRINHO, Severino. *Papel do Conselho Estadual de Educação da Paraíba como órgão normativo do sistema de ensino no período de 1962-2002*. Dissertação (Mestrado em Educação). João Pessoa, Faculdade de Educação, Universidade Federal da Paraíba, 2007.

FERREIRA, Nathielli. Municípios da PB não têm Conselho de Educação: apenas 20 municípios paraibanos possuem Conselhos Municipais de Educação e deste total apenas cinco funcionam a contento. *Jornal da Paraíba*, João Pessoa, 10 nov. 2011. Disponível em: <http://jornaldaparaiba.com.br/noticia/69714_municipios-da-pb-nao-tem-conselho-de-educacao>. Acesso em: 15 jun. 2012.

GUIMARÃES, Carlos Sant'Anna. Participação sociopolítica e governança democrática: o papel dos Conselhos Municipais de Educação na gestão e implementação da política educacional. In: REUNIÃO ANUAL DA ASSOCIAÇÃO NACIONAL DE PESQUISA E PÓS-GRADUAÇÃO EM EDUCAÇÃO, 30, 2007, Caxambu. *Anais*... Rio de Janeiro, ANPEd, 2007, p. 1-19.

LIMA, Maria Nayde Santos. *Mapeamento dos Conselhos Municipais de Educação*. Recife, Fundação Joaquim Nabuco, 1997 (Trabalho para Discussão, 70).

MARTINIANO, Márcia Santos. *Gestão democrática na educação*: a experiência de participação no Conselho Municipal de Educação em Campina Grande-PB (2009-2010). Dissertação (Mestrado em Educação). João Pessoa, Faculdade de Educação, Universidade Federal da Paraíba, 2010.

MARTINIANO, Márcia Santos, PEQUENO, M. G. A trajetória do Conselho Municipal de Educação de Campina Grande-PB (1992-2008). In: ENCONTRO DE PESQUISA EDUCACIONAL DO NORTE E NORDESTE (EPENN), 19, 2009, João Pessoa. *Anais*... João Pessoa, UFPB, 2009, p. 1-16.

MELO, Celiane de Morais. *A participação da sociedade civil no Conselho Municipal de Educação da cidade do Recife no período de 2001 a 2004*. Dissertação (Mestrado em Educação). Recife, Centro de Educação, Universidade Federal de Pernambuco, 2005.

MOURA, Assis Souza de. *Democracia, participação e controle social nos Conselhos Municipais de Educação*. Dissertação (Mestrado em Educação). João Pessoa, Faculdade de Educação, Universidade Federal da Paraíba, 2010a.

_____. *Perfil dos Conselhos Municipais de Educação na microrregião de Guarabira, Paraíba*. Guarabira, Unilec, 2010b.

PARAÍBA (estado). Lei 7.653, de 6 de setembro de 2004. Dispõe sobre o Conselho Estadual de Educação e dá outras providências. *Diário Oficial do estado da Paraíba*, João Pessoa, 7 set. 2004.

PATROCÍNIO, Maria Dapaz Pereira. *Conselho de Acompanhamento do FUNDEF*: instrumento de controle social ou legitimação do poder estatal? (um estudo de caso). Dissertação

(Mestrado em Educação). João Pessoa, Faculdade de Educação, Universidade Federal da Paraíba, 2007.

RECIFE (município). Lei 14.105, de 20 de dezembro de 1979. Dá nova redação aos artigos 2º e 3º da Lei 10.383, de 1º de setembro de 1971, alterados pela Lei 11.826, de 11 de novembro de 1975. *Diário Oficial do Município de Recife*, Recife, 20 dez. 1979.

_____. Lei nº 11.826, de 11 de novembro de 1975. Altera o critério de escolha dos membros do Conselho Municipal de Educação, cria um cargo de Secretário Executivo daquele órgão e dá outras providências. *Diário Oficial do Município de Recife*, Recife, 11 nov. 1975.

_____. Lei nº 16.768, de 4 de maio de 2002. Cria o Sistema Municipal de Ensino de Recife (SMER). *Diário Oficial do Município de Recife*, Recife, 4 maio 2002.

_____. Lei nº 10.383, de 1º de setembro de 1971. Cria o Conselho Municipal de Cultura do Recife e dá outras providências. *Diário Oficial do Município de Recife*, Recife, 1º set. 2001.

_____. Lei nº 10.926, de 5 de fevereiro de 1973. Cria o Conselho Municipal de Cultura do Recife e dá outras providências. *Diário Oficial do Município de Recife*, Recife, 1º set. 2001.

_____. Lei 16.190, de 31 de maio de 1996. Dá nova regulamentação ao Conselho Municipal de Educação, de acordo com o artigo nº 135 da Lei Orgânica Municipal e dá outras providências. *Diário Oficial do Município de Recife*, Recife, 31 maio 1996.

_____. Lei 17.325, de 27 de julho de 2007. Dispõe sobre o Conselho Municipal de Educação do Recife, referido no art. 135 da Lei orgânica do município, define as suas competências, estrutura seus órgãos e sua composição, revoga a Lei Municipal nº 16.190, de 3 de maio de 1996. *Diário Oficial do Município de Recife*, Recife, 27 jul. 2007.

RODRIGUES, Melânia Mendonça. Mudança ou conservação? Uma discussão acerca do Sistema Municipal de Ensino de Campina Grande-PB. In: SIMPÓSIO BRASILEIRO, 24; CONGRESSO INTERAMERICANO DE POLÍTICA E ADMINISTRAÇÃO DA EDUCAÇÃO, 3, 2009, Vitória, *Anais*... Vitória, ANPAE; UFES, 2009, p. 1-14. 1 CD-ROM.

SILVA, Maria Euzimar Berenice Rego. *Caminhos de descentralização e da participação em educação*: o exercício do poder local. Dissertação (Mestrado em Ciências Sociais). Natal, Universidade Federal do Rio Grande do Norte, 2002.

UNDIME. União dos Dirigentes Municipais de Educação. Orientações ao dirigente municipal de educação: fundamentos, políticas e práticas. Brasília, 2008.

CMEs no estado da Bahia: os desafios para a compreensão do alcance das práticas democráticas na educação municipal

Maria Couto Cunha
Rosemeire Baraúna Meira de Araújo
Jean Mário Araújo Costa
Marta Lícia Teles Brito de Jesus[1]

Introdução

No Brasil, os princípios de uma democracia liberal inspirada no ideal republicano fundamentaram as primeiras promessas de democratização do ensino, associando-as à noção de descentralização. Esta noção impulsionou a constituição e a organização dos sistemas públicos de ensino e a materialização de processos democráticos.

Democratizar o ensino, numa perspectiva de promoção de espaços e práticas que permitam a participação de todos nas deliberações coletivas, nos termos propostos por Bobbio (1990), integra os princípios que motivaram a constituição dos sistemas estaduais de educação e, em seguida, justificaram a necessidade de estruturação dos sistemas municipais de ensino e de seus respectivos Conselhos Municipais de Educação (CMEs). Esse movimento gerou expectativas de que a educação municipal seria uma alternativa para efetivar ideais de igualdade nas condições de acesso à instrução escolar, maior participação e transparência na gestão pública e aplicação mais racional dos recursos destinados à educação.

1. Esta equipe de autores contou com a colaboração da mestranda Michele Cemin, do Programa de Pesquisa e Pós-Graduação em Educação da Universidade Federal da Bahia (Ufba), para a sistematização dos dados.

É nesse quadro de expectativas que se combinam interesses heterogêneos, muitas vezes opostos, que cooperam para o delineamento da educação na rede pública brasileira, a qual tem sido objeto de investigação em seus múltiplos fenômenos. Neste trabalho, o objetivo principal consiste em analisar a formação e o funcionamento dos CMEs tendo como fonte primária as produções acadêmicas desenvolvidas no estado da Bahia (BA) a partir da abertura democrática até o ano de 2010 e utilizando também dados estatísticos recolhidos em fontes secundárias, com o propósito de apreender os efeitos desses órgãos no ensino público para a consolidação de práticas democráticas em prol da garantia do direito à educação.

A descentralização da educação no contexto brasileiro: particularizando esse processo no estado da Bahia

No cenário da educação nacional, o Manifesto dos Pioneiros da Educação Nova, na década de 1930, se constitui no primeiro documento que apresenta uma discussão sobre sistema educacional no Brasil. Nesse documento, produzido por um grupo de educadores brasileiros, consta a identificação da deficitária estrutura educacional do país em face do desenvolvimento de um novo eixo econômico. Inicia-se dessa forma o primeiro esforço de estruturação de um sistema nacional de educação voltado à população e desvinculado do domínio da Igreja católica. No entanto, o conturbado curso histórico marcado pela oscilação entre períodos de centralização e desconcentração política, com as ditaduras instauradas entre as décadas de 1940 e 1980, conduziu a educação por caminhos diversos, e algumas ideias difundidas pelos Pioneiros ainda constituem um desafio na atualidade. Todavia, mesmo nos períodos de centralização do poder político identifica-se a defesa da gestão em nível local e a descentralização administrativa como forma de distribuição de competências entre os entes federados.

A descentralização, por meio da constituição de sistemas de ensino, começa a se efetivar somente com a implementação da Lei de Diretrizes e Bases da Educação (LDB), nº 4.024/1961 (Brasil 1961), mesmo assim contemplando apenas a criação de sistemas de ensino e de conselhos de educação relativos à União, aos estados e ao Distrito Federal, excluindo os municípios de tal possibilidade.

As políticas e tendências descentralizadoras se intensificaram no Brasil em meados da década de 1980, durante a transição política ocorrida no país que, a despeito das sucessivas crises, introduziu a perspectiva democrática como pano de fundo no panorama político nacional. Este é um período em que a população começa a participar de debates que objetivam a efetivação de uma educação de qualidade. Ao abordar brevemente a trajetória histórica do processo de descentralização do ensino no Brasil, pode-se apontar a Constituição Federal (CF) de 1988 (BRASIL 1988) e a LDB nº 9.394/1996 (BRASIL 1996) como marcos legais que possibilitaram a concretização do processo de descentralização através da organização de sistemas municipais de ensino.

A partir daí, o novo quadro normativo determina a existência de quatro instâncias políticas com sistemas de ensino autônomos entre si e responsáveis por campos específicos de atuação: União, estados, Distrito Federal e municípios.

Porém, de acordo com Cury (2000), apesar de a Constituição estabelecer a titularidade dos municípios, isso não ocorre por si só, muito provavelmente em decorrência de não termos desenvolvido em nosso país uma cultura com característica descentralizadora e de incentivo à participação. Para Saviani (1999), a criação dos sistemas municipais de ensino só foi possível mediante a aprovação da LDB 9.394/1996, uma vez que somente o princípio constitucional não era suficiente para a implantação dos sistemas municipais de ensino, já que não estendeu a estes de forma explícita a competência para legislar em matéria de educação. Portanto, não tendo autonomia para definir normas competentes sobre sua rede de ensino, os municípios estariam constitucionalmente impedidos de instituir sistemas de ensino próprios.

No estado da Bahia, a instituição dos sistemas municipais de ensino está intrinsecamente ligada ao processo de descentralização da educação via municipalização do ensino ocorrido na década de 1990, que teve como referência a reforma do Estado[2]. Esse fenômeno, por sua vez, ocasionou mudanças nas responsabilidades dos entes federados, imprimindo um papel significativo às instâncias municipais, quando princípios como os de descentralização/municipalização, de democratização e autonomia têm justificado novos arranjos no reordenamento das estruturas e funcionamento dos serviços públicos.

A partir desses pressupostos foi implementado na Bahia um processo de modernização da estrutura estatal com a finalidade de redefinição de suas funções, configurando um novo modelo de gestão para as políticas públicas. Cabral Neto e Oliveira (2006) destacam algumas ações na administração estadual realizadas nesse período tendo em vista a viabilização dessa proposta: reestruturação da administração estadual com a Lei nº 7.435, de 30 de dezembro de 1998 (BAHIA 1998); criação

2. Em 1995 foi instituído o Ministério da Administração Federal e Reforma do Estado (Mare), que elaborou o Plano Diretor da Reforma do Aparelho do Estado (Pdrae), aprovado no final de 1995, com a finalidade de disseminar premissas de uma reforma administrativa amparada na administração gerencial. Entre os pressupostos dessa reforma nacional identificam-se: tentativa de delimitação do tamanho do estado; recuperação da capacidade financeira e administrativa de implementar as decisões políticas tomadas pelo governo (governança); aumento da capacidade política do governo de intermediar interesses, garantir legitimidade e governar; redefinição do papel regulador do Estado (PEREIRA 1998).

da Fundação Luiz Eduardo Magalhães (Flem)[3]; expansão do Serviço de Atendimento ao Cidadão (SAC)[4]; criação do Programa Estadual de Incentivos às Organizações Sociais, por meio da Lei nº 7.027, de 29 de janeiro de 1997 (BAHIA 1997); e implantação de programas de privatização, concessões de serviços públicos e terceirizações, entre elas a transferência de serviços públicos para a iniciativa privada.

Diante da constatação da persistência de uma crise no sistema de ensino baiano, espelhada em elevados índices de analfabetismo, repetência e evasão escolar, na baixa qualidade do ensino público, nas deficiências no atendimento ao aluno e nas dificuldades ligadas à precária qualificação docente, a educação passa a ser ressaltada no discurso oficial como prioridade da ação do governo (CABRAL NETO, OLIVEIRA 2006).

Pautadas por essa perspectiva, as ações governamentais no setor educacional estariam orientadas por diretrizes estratégicas de gestão, de modo que a educação passaria a ser administrada a partir de "critérios profissionais e modernos de gestão, voltados para a eficiência, com a alocação de recursos sendo feita a partir de prioridades e critérios definidos tecnicamente, sem discriminações ou ingerências de qualquer espécie" (BAHIA 1999, p. 31). Nesse sentido, uma das principais medidas efetivadas no setor educacional traduziu-se na transferência das funções de administração e de manutenção do ensino fundamental da esfera estadual para os municípios.

Deve-se salientar que antes da promulgação da CF de 1988 e até após sua aprovação o estado da Bahia não contava com condições políticas efetivas para promover um processo de descentralização.

Em 1997, o estado da Bahia institui o Programa de Integração das Redes de Ensino Estadual e Municipal (Inter-Redes), tendo como propósito divulgado à época o estabelecimento de "uma prática de parceria e de reverter ações das diversas esferas do poder público que sempre tenderam a se caracterizar pela negação de um processo de colaboração mútua" (SILVA, MEIRELLES 1999, p. 46). Este programa foi de suma importância para a maciça adesão dos municípios ao processo de municipalização.

Em 1998 foi instituído o Programa Ação Parceria Educacional através do Decreto nº 7.254, de 20 de março de 1998 (BAHIA 1998), respaldando os convênios de municipalização entre o estado da Bahia e os municípios. Este programa teve como objetivo proclamado assegurar a universalidade do ensino fundamental obrigatório e gratuito. Para isso, segundo o referido Decreto, além da necessidade da melhoria da qualidade do ensino fundamental, seria necessário aperfeiçoar os mecanismos de

3. Instituição integrante do chamado "terceiro setor", criada para fim específico de interesse público como instância de modernização e desenvolvimento da administração pública atuando para governos, estados, municípios, instituições.

4. Atendimento de serviços públicos num mesmo local, por meio de tecnologias de comunicação e informação, pautado pela concepção de modernização, eficiência e eficácia processual na prestação dos serviços.

distribuição de responsabilidades entre estado e municípios, reconhecendo as vantagens do processo de descentralização da gestão educacional.

O Quadro 1 demonstra o nível de adesão ao Programa, ou seja, o número de municípios que assinaram o convênio, assim como o quantitativo de alunos transferidos na 1ª e na 2ª fases da municipalização do ensino.

QUADRO 1
Demonstrativo de adesão dos municípios ao processo de municipalização na Bahia — 1998-2004

Fases/Período	Nº de Municípios	Nº de alunos 1ª a 4ª série	Nº de alunos 5ª a 8ª série	Total
1ª (1998/2002)	350	200.932	99.320	300.252
2ª (2003/2004)	111*	118.046	8.520	126.566
TOTAL	---	318.978	107.840	426.818

Fonte: BAHIA, SEE 2008
* Na 2ª fase existem 92 municípios que também participaram da 1ª fase

Os dados apresentados demonstram uma adesão acentuada dos municípios ao processo de municipalização do ensino na Bahia. De um total de 417 municípios baianos, 350 aderiram a esta política, aproximadamente 84% de sua totalidade, na 1ª fase, possibilitando a transferência de 40% das unidades escolares estaduais para os municípios e um total de 426.818 alunos, o equivalente a 31,6% da totalidade de sua matrícula de 1.347.163 alunos, referente a 1997, ano anterior ao início da municipalização do ensino na Bahia.

Nesse contexto, o incentivo à municipalização do ensino fundamental esteve assentado principalmente no forte apelo financeiro advindo do Fundo de Manutenção e Desenvolvimento do Ensino Fundamental e Valorização dos Profissionais do Magistério (Fundef). A mudança no tipo de financiamento promovido pelo referido fundo propiciou o repasse de encargos administrativos e financeiros da educação para os governos municipais, sem uma atenção necessária às relações de cooperação entre os entes federados, visando ao fortalecimento da capacidade técnica e financeira da gestão municipal (Costa, Cunha 2010) Outra novidade nesse período foi a criação da Superintendência de Articulação Estado-município (Supam) na estrutura organizacional da Secretaria Estadual de Educação (SEE), que se destacou pela importância que adquiriu na condução da política de municipalização do ensino no estado da Bahia. Sua finalidade era orientar os municípios na organização e no desenvolvimento dos sistemas de ensino.

Dando continuidade a essa agenda, em 1999 o governo do estado inicia o Programa Educar para Vencer, constituído de ações estratégicas e projetos, entre eles o voltado para a Capacitação Gerencial das Unidades Municipais de Educação, cuja meta era o fortalecimento das Secretarias Municipais de Educação (SMEs) no que se refere ao desenvolvimento e à organização de sistemas municipais de ensino com maiores eficiência, eficácia e efetividade.

Assim, pode-se afirmar que as ações implementadas na gestão da educação do estado da Bahia na década de 1990 foram perfeitamente coerentes com a inserção de novos princípios de organização da gestão pública, mediante a introdução de métodos gerenciais mais racionais na condução dos serviços prestados. O conjunto de ações implementadas, que se traduz em programas e projetos, reflete o movimento desencadeado nesse estado da Federação para materializar a descentralização do ensino, obtendo grande êxito na elevação do número de matrículas na rede municipal de ensino.

Nesse âmbito, as propostas de descentralização do ensino ganham uma nova perspectiva, a da constituição de sistemas de ensino próprios, com a possibilidade de criação de novos mecanismos de gestão, buscando viabilizar a participação da sociedade no controle de sua execução. É nesse contexto que se intensifica o processo de criação de sistemas municipais de ensino e de CMEs.

Em 2006 a Bahia elegeu um novo governo[5], cuja composição do grupo que o sustenta politicamente é contrário ao grupo que governou o estado durante décadas. Nesse contexto foi criado, no ano seguinte, pela SEE da Bahia o Programa Todos pela Escola, que estabelece um pacto que atualmente conta com a adesão de 329 municípios[6], tendo como meta a alfabetização de estudantes até os 8 anos de idade. Segundo seus idealizadores, o Programa tem como premissa a garantia da oferta e a melhoria da qualidade da educação.

Com dados recentes, disponibilizados pela SEE, tomando como base a série histórica 2007-2010, ainda que com menor intensidade em relação ao período anterior, constata-se a continuidade do processo de municipalização, pois se observa a transferência, neste período, de 41.117 matrículas para a rede municipal, conforme demonstrado no quadro seguinte.

QUADRO 2
Evolução da municipalização das matrículas do ensino fundamental na Bahia — 2007-2010

Ano	Matrícula existente 1ª a 4ª série	Matrícula municipalizada	Matrícula existente 5ª a 8ª série	Matrícula municipalizada 5ª a 8ª série
2007	107.780	4.280	514.403	-
2008	79.774	5.032	388.624	304
2009	53.103	20.145	380.567	6.212
2010	23.965	1.561	230.317	3.583

Fonte: BAHIA, SEE 2011

5. Esse governo foi reeleito em 2010.

6. Disponível em: <http://educar.sec.ba.gov.br/todospelaescola/>.

A continuidade do processo de municipalização da educação em governos de diferentes orientações pode configurar o reconhecimento da necessidade do fortalecimento do poder local para atender às demandas educacionais sob sua responsabilidade. Além disso, esse movimento pode ser atribuído ao caráter econômico-financeiro proposto pela política de fundos na educação básica a partir da década de 1990. Tais medidas descentralizadoras, da forma como estão sendo implementadas, vem sendo questionadas quando se analisa a capacidade política, técnica e financeira de alguns municípios baianos para atender com qualidade as novas demandas apresentadas. Além disso, não se pode desconsiderar a persistência de práticas com orientações assistencialistas e patrimonialistas no âmbito das próprias municipalidades, que reduzem os espaços de decisão coletiva, característicos da perspectiva democrática.

Nesse último governo, desenvolveu-se também o Programa de Apoio à Educação Municipal (Proam), cujo objetivo se expressa no fortalecimento dos sistemas municipais de ensino, incluindo entre suas ações o fomento à criação de CMEs e a formação de conselheiros. Dados do Sistema de Informações dos Conselhos Municipais de Educação (Sicme), sistema desenvolvido pelo Ministério da Educação (MEC) para auxiliar a proposição de políticas relativas ao CME, revelam o estágio de criação desses conselhos no estado em 2006.

QUADRO 3
Situação dos municípios na Bahia quanto à criação de CMEs, de sistemas municipais de ensino e aprovação de planos municipais de educação — 2004-2007

Estado	Nº de municípios existentes	Municípios cadastrados no SICME		Municípios com ato de criação do Conselho Municipal de Educação		Municípios com ato de aprovação do Plano Municipal de Educação		Municípios com ato de criação do Sistema Municipal de Ensino	
		Nº	%	Nº	%	Nº	%	Nº	%
Bahia	417	236	57	227	96	171	72	107	45

Fonte: BORDIGNON, PEREIRA 2008

A análise dos dados apurados em 2006 indica que o movimento de descentralização por meio da implantação de CMEs e sistemas municipais de ensino, mesmo após uma década da promulgação da LDB, ainda dava indícios dos desafios para sua efetivação, tendo em vista que menos da metade dos 304 municípios cadastrados no sistema não possuía sistema próprio. Segundo dados do Instituto Brasileiro de Geografia e Estatística (IBGE) (BRASIL, IBGE 2009), no ano de 2009, na Bahia, 267 municípios possuíam sistemas de ensino próprios, enquanto 143 estavam vinculados ao Sistema Estadual de Educação e sete não informaram a situação.

A criação e a disseminação dos CMEs no estado da Bahia

Apesar da sobrepujança da perspectiva descentralizadora, capitaneada pelo baiano Anísio Teixeira na década de 1940, somente em 1987 surge o primeiro CME da Bahia, em Salvador (MEIRA 1998, 2000; 2001; 2004).

Como órgão integrante da administração pública, o CME se apresenta como desafio para os setores populares por estes assumirem até então um papel reivindicatório nas relações com o governo. Essa participação agora exige postura e prática propositivas, inovadoras, com competência técnica e metodológica, articulada com outras políticas e grupos de interesse diferentes (ROCHA 2001).

Os estudos de Meira (1998, 2000; 2001; 2004) demonstram que até 1995 apenas quatro municípios baianos tinham recebido delegação de competência do Conselho Estadual de Educação (CEE) da Bahia: Salvador, Vitória da Conquista, Simões Filho e Catu. Esse quadro se amplia em 1996 ao serem incorporados Barreiras, Paripiranga, Guanambi e Camaçari.

A constituição dos CMEs na Bahia, além de tardia, foi relegada a segundo plano em virtude da exigência governamental de implantação dos conselhos do Fundo de Manutenção e Desenvolvimento do Ensino Fundamental e de Valorização do Magistério (Fundef), imprescindíveis para a descentralização dos recursos do Fundo. Além disso, o desconhecimento das instâncias locais sobre os procedimentos necessários para a implantação do CME motivou e fortaleceu a organização de consultorias de caráter público, mas também da iniciativa privada, para o assessoramento da gestão da educação, onerando o poder público municipal.

Para o presente trabalho tivemos dificuldades em coletar dados sobre a situação atual dos sistemas municipais de ensino e CMEs dos 417 municípios baianos. Diante dessa limitação, esclarecemos que as reflexões seguintes apresentadas estão ancoradas na sistematização das informações de 187 municípios disponibilizadas no *site* do CEE da Bahia sobre o ano de criação dos sistemas de ensino e dos CMEs.

QUADRO 4
Distribuição dos municípios cadastrados no CEE da Bahia por situação de criação dos seus sistemas municipais de ensino e CMEs e por período de criação — 1990-2010

Especificações	Número	%
Não têm sistema criado, mas têm CMEs criados até o ano 2000	32	17,1
Não têm sistema criado, mas criaram o CME de 2001 a 2005	6	3,2
Não têm sistema criado, mas criaram o CME depois de 2006	18	9,6
Criaram o sistema e o CME até o ano de 2000	18	9,6
Criaram o sistema antes de 2000, mas criaram o CME depois de 2000	11	5,9
Criaram o sistema de 2001 a 2005 e criaram o CME neste período	30	16
Criaram o sistema de 2001 a 2005 e o CME depois deste período	8	4,4

QUADRO 4 Distribuição dos municípios cadastrados no CEE da Bahia por situação de criação dos seus sistemas municipais de ensino e CMEs e por período de criação — 1990-2010		
Criaram o sistema de 2006 em diante, com CME criado até 2002	18	9,6
Criaram o sistema de 2006 em diante e o CME neste período	46	24,6
Total	187	100,0

Fonte: BAHIA, SEE, CEE 2012

Por esses dados pode-se perceber a heterogeneidade de situações experimentadas pelos municípios baianos no que se refere a períodos de iniciativas de institucionalização de sistemas municipais de ensino e de CMEs. Uma parte considerável de municípios já possui Conselhos Municipais de Ensino até 2000, no entanto não dispunha de sistemas municipais de ensino criados (quase 30%). Menos de 10% dos municípios haviam criado seus sistemas de ensino e respectivos CMEs até o ano 2000, quando se verifica um movimento mais intenso de criação de sistemas e CMEs, principalmente a partir do ano de 2006. Rocha (2001) destaca que a existência dos Conselhos não é recente no Brasil, contudo a participação sempre esteve restrita a setores tecnocráticos, beneméritos ou de personalidades notáveis, com estreitas relações com os interesses das elites nacionais.

Sem desconhecermos que os resultados relativos à participação e à autonomia das instâncias de controle social podem variar de acordo com o grau de articulação social e política local, resultados de estudos específicos em municípios baianos têm mostrado que a tendência predominante é a grande dificuldade na constituição desses Conselhos de acordo com os moldes predeterminados. No geral, as municipalidades procuram garantir a existência formal desses órgãos como um meio de cumprir a norma legal, revestindo-os com as especificidades próprias das estruturas de poder de cada localidade.

Os CMEs na Bahia: o que revelam os estudos

A divergência de objetivos e os diferentes contextos nos quais se desenvolveram os estudos sobre os CMEs na realidade baiana não permitem estabelecer um diálogo mais estreito entre as conclusões dos trabalhos analisados, tampouco nos permitem conhecer um número maior de CMEs no estado, visto que foram encontrados estudos sobre quinze municípios. Dito isto, discutiremos os elementos que se sobressaem em cada contexto, formando uma tessitura que apresente indícios factíveis de uma compreensão sobre esta realidade, organizada por tópicos. Apresentamos no Quadro 5 uma síntese com as características gerais dos trabalhos.

QUADRO 5 Caracterização dos estudos consultados sobre CMEs do estado da Bahia — 1996-2010			
Autor	Tipo de texto	Objetivo	Municípios Estudados
MEIRA 1998 MEIRA 2001 MEIRA 2004 MEIRA 2000	Dissertação de Mestrado Periódico Livro Periódico	Analisar a atuação do CME para o efetivo cumprimento do direito à educação escolar.	Camaçari Catu Feira de Santana Guanambi Paripiranga Salvador Serrinha Simões Filho Vitória da Conquista
TRABUCO 2006	Dissertação de Mestrado	Investigar o processo de democratização das relações de poder no interior da gestão da educação e da escola, a partir da municipalização e da descentralização dos recursos no município de Itaberaba/BA entre 2001 e 2004.	Itaberaba
RAIC 2009	Artigo	Analisar o regime de colaboração entre sistemas municipais de ensino no município de Jequié, tendo em vista a construção de um sistema articulado nacional.	Jequié
LIMA, RAIC, SANTOS 2009	Relato de experiência	Relatar a experiência sobre a participação dos conselheiros no Conselho Municipal de Educação de Jequié-BA entre 2006 e 2008.	Jequié
NASCIMENTO 2007	Dissertação	Analisar a participação dos conselheiros do CME no âmbito do sistema municipal de ensino de Santaluz no período de 2002 a 2006.	Santa Luz
FURTADO 2010	Dissertação	Analisar a integração dos órgãos que compõem a educação no município de Barreiras, tendo em vista a organização de seu sistema de ensino.	Barreiras
COELHO 2006	Dissertação	Analisar a participação dos movimentos sociais nos conselhos de educação dos municípios de Pintadas e Valente e sua interferência na gestão democrática.	Pintadas Valente
ROCHA 2001	Dissertação	Estudar a participação da sociedade civil nos CMEs da Bahia tendo em vista a construção de formas democráticas de gestão.	Catu Paripiranga Salvador Vitória da Conquista

Fonte: Os autores

O processo de criação e implantação dos CMEs nas produções acadêmicas analisadas

Como já observado, o registro de CME mais antigo no estado é o do município de Salvador em 1987. A condição de capital do estado não facilitou o processo de delimitação de competências entre os entes federados, estado e município, em matéria da oferta da educação básica, tendo em vista a tendência de o governo estadual gerir a rede municipal de escolas como se fosse o prolongamento de seu sistema de ensino. De acordo com Rocha (2001, p. 192), "O processo de descentralização em Salvador começa a se institucionalizar a partir dos anos de 1980 com a incorporação de diversos mecanismos de participação da sociedade civil no âmbito das políticas governamentais". Assim, o autor observa que em face da concentração de poder por um grupo político hegemônico a municipalização das políticas e dos serviços sociais básicos e da autonomia municipal se tornou uma agenda de reivindicação da população, como forma de rompimento com o autoritarismo.

A perspectiva da mobilização política para criação e implementação dos CMEs também é explorada por Coelho (2006), que pesquisou a realidade dos municípios de Valente e Pintadas, revelando as contradições e tensões nesse processo. Entre elas o embate entre poder público e sociedade civil sobre um possível despreparo técnico dos conselheiros oriundos da sociedade civil ou mesmo sobre qual seria o papel do CME.

Compreende-se a dificuldade em separar estas duas perspectivas ao se tratar de órgão com funções normativa, fiscalizadora e deliberativa acerca das diversas matérias da educação municipal. Contudo, há de se considerar que o discurso amparado no tecnocratismo tem dificultado o acesso e a permanência de representações da sociedade civil nesses espaços de discussão. Dados que comprovam essa problemática foram apresentados e discutidos na dissertação de Rocha (2001).

O artigo produzido por Raic (2009) abordando a realidade do município de Jequié nos revela outra questão importante. O CME foi criado em 1992 e só em 1998 surge o sistema municipal de ensino. Esta distância é explicada pela descontinuidade dos governos. Além disso, é mencionada por ela a imaturidade do município para assumir as responsabilidades da autonomia para gerir a educação e os desafios para o recém-criado sistema de ensino diante das inseguranças, inquietações e inexperiência.

Em Santaluz, Nascimento (2007) revela uma situação similar. O CME foi criado em 1995, contudo a eleição e a posse dos conselheiros somente ocorreram três anos depois. A criação do sistema ocorreu ainda mais tarde, em 2003.

Para Furtado (2010), os anos 1990 foram o marco para a instituição dos Conselhos de Educação. Antes são percebidas evidências de algum nível de organização da educação. Isto em função da existência de uma rede de ensino que se vinculava à Secretaria da Educação do estado em uma relação de subordinação, com pouca capacidade de decisão ou autonomia, a ela reservadas a execução e parte da manutenção do ensino.

Nos estudos consultados há pouca evidência sobre o processo de criação dos CMEs. Em sua maioria, apresentam-nos os atos de criação, as funções, a composição, mas não relatam a configuração política e quais os elementos da cultura local podem ter contribuído para essa formação dos CMEs. Assim, sinalizamos que essa tarefa ainda deve ser realizada por pesquisadores interessados nesse assunto.

Aspectos relativos à implementação dos CMEs nos municípios investigados

Se a criação dos CMEs enfrentou conflitos políticos e administrativos em algumas realidades, sua implementação revelou outros obstáculos. As pesquisas de Meira (1998; 2000; 2001; 2004) sobre a atuação de nove CMEs no que concerne ao direito à educação se defrontou com as seguintes condições: conselheiros nomeados sem conhecer suas funções; regimento interno em contradição com a lei de criação do Conselho; número insuficiente de pessoal; falta de conhecimento técnico para elaborar resoluções.

A realidade apresentada no município de Jequié também demonstra convergência com o quadro apresentado nos municípios investigados por Meira (1998, 2000; 2001; 2004), além de revelar outros elementos, entre os quais se destacam a dependência administrativo-financeira do CME em relação à Secretaria Municipal de Educação (SME), o uso político-partidário do espaço desse Conselho como mecanismo de oposição ao governo local, o despreparo e o desconhecimento dos conselheiros sobre suas atribuições e o descumprimento pelo poder público das deliberações e normatizações do CME. Na opinião dos autores, esses problemas impedem o CME de Jequié de se colocar como um órgão de Estado capaz de acompanhar, fiscalizar e assumir uma postura propositiva sobre as políticas educacionais do município (LIMA, RAIC, SANTOS 2009).

Com referência à representação, Rocha (2001) revela a variedade do número de membros entre os diferentes Conselhos. O CME de Salvador foi instituído com apenas cinco membros. Em 1991 a composição do Conselho foi alterada para vinte membros e incorporou a composição dos Conselhos Regionais de ensino, posteriormente criados pela lei orgânica municipal. A representação ficou na proporção de 25% para o poder Legislativo, 25% para o poder Executivo municipal e 50% para as entidades representativas.

Um aspecto relevante é a ausência de representantes de alunos e pais na composição dos Conselhos investigados. Destaca-se também o caráter elitista dessas composições, destinadas "aos iluminados da educação" ou aos interesses sindicais. Rocha (2001, p. 267) conclui, portanto, que "o corporativismo das entidades da sociedade civil, o autoritarismo do Estado e o conservadorismo do setor educacional são obstáculos à expansão da participação popular e cidadã na educação e na universalização do direito à educação".

Ainda sobre a questão da representação, no caso do Conselho do município de Santaluz, a autora constatou que a grande maioria dos representantes eram professores, o que, para ela, pode favorecer o corporativismo. Essa constatação também se revelou em outros estudos, cujos pesquisadores estenderam as preocupações para as formas de atuação de grupos corporativos como sindicatos, representantes da rede privada de ensino e membros das gestões atuais dos diferentes governos. Por outro lado, de acordo com Coelho (2006), os conselheiros em Pintadas relatam que foram escolhidos em processos variados, dentro de suas organizações, o que resultou em perfis de conselheiros que se definem pela hegemonia de uma ou outra força interna na condução do órgão.

Além de poucas iniciativas próprias dos sistemas municipais de ensino, a ação mais abrangente de formação de conselheiros municipais de educação na Bahia se resume na Formação Continuada em Conselheiros Municipais de Educação, modalidade a distância, do Programa Nacional Escola de Gestores da Educação Básica, oferecida em 2010 aos municípios pela Universidade Federal da Bahia (Ufba). Contudo, as especificidades da educação a distância impossibilitaram um alcance maior de conselheiros capacitados. Nesse sentido, as pesquisas não revelaram os processos de formação dos conselheiros, o que pode demonstrar o pouco impacto dessas ações na realidade baiana, tendo em vista as iniciativas desenvolvidas nesse período com o propósito de fortalecer esses órgãos.

A efetividade das ações e os desafios à democratização da educação

No que concerne à capacidade de intervenção nas matérias relativas às políticas educacionais adotadas pelo município de Itaberaba, estudado por Trabuco (2006), identificamos diversos exemplos para mostrar que o CME em questão discute diversas questões importantes para a educação, mas não demonstra ter força para implementar suas recomendações na prática. Com referência ao processo de tomada de decisões, a autora afirma que os sujeitos não participam de decisões ligadas à gestão do sistema educacional do município, mormente nas questões relativas à utilização dos recursos públicos.

Nascimento (2007), ao analisar a participação social do CME de Santaluz, considera que o Conselho apresenta problemas de participação e que isto leva à necessidade de maior compreensão da importância do papel que este órgão representa no cenário municipal. O CME analisado não desenvolve a contento suas funções deliberativa e fiscalizadora, sobretudo quanto à aplicação dos recursos financeiros. As questões abordadas também se fizeram presente nos município de Jequié, conforme relato de experiência narrado por alguns conselheiros.

O município de Barreiras, investigado por Furtado (2010), também apresenta elementos que corroboram as realidades descritas e apontam para a desarticulação entre os interesses de órgãos que compõem um mesmo sistema. A autora identifica uma reduzida autonomia no processo de tomada de decisão dos Conselhos, pela falta de comunicação e interação entre os órgãos; tensões e conflitos são mencionados com frequência pelos participantes da pesquisa; muitas vezes os órgãos figuram apenas para cumprir exigências burocráticas e mecânicas; e há permanência da hierarquização e isolamento entre a atuação dos órgãos que compõem o sistema.

A democratização da gestão educacional via implantação dos CMEs

Os estudos de Trabuco (2006) no município de Itaberaba revelam que não há uma relação imediata entre municipalização, descentralização e democratização da gestão educacional, registrando ainda que não pode afirmar que há um movimento de democratização nas decisões locais na área educacional (p. 200). Ela afirma ainda que a descentralização de recursos do poder central para o município e também para as escolas com as unidades executoras ocorre, mas não há uma democratização da gestão, com a descentralização do poder. Para ela, no Conselho "as discussões giraram em torno da estruturação do sistema municipal de educação e organização das escolas, não sendo discutidas as improbidades citadas no relatório da CGU referentes ao exercício 2001-2004" (p. 204).

Todavia, é possível considerar que existem certas manifestações de enfrentamento pelos conselheiros no sentido de garantir um espaço mais efetivo na organização desse sistema, assim como certo avanço dos processos democráticos rumo à consolidação do sistema de ensino local. Na perspectiva político-administrativo-pedagógica ainda persiste a insuficiência de sistematização quanto ao lugar de cada órgão junto ao sistema de ensino, sobretudo em relação às funções coletivas que envolvam o planejamento das ações educacionais. Faltam diálogo e trabalho coletivo entre os órgãos. As questões referentes ao planejamento das ações educacionais expressam fragilidades, indicando dificuldades de articulação para a construção do PME. Prevalece uma perspectiva de participação tutelada e não como mecanismo de representação e participação política (RAIC 2009; FURTADO 2010).

O relato de experiência acerca do Conselho de Jequié demonstra que muitos dos conselheiros indicados por atos do poder Executivo permanecem por dois, três ou até mais mandatos, diminuindo a participação e a circulação de um maior número de representantes. Rocha (2001) chamou a atenção para a pouca participação dos pais dos alunos, que alegam desconhecimento para elaborar pareceres. Sobre a cultura da participação este autor também constatou em seu trabalho a tímida participação da sociedade civil, verificando que a maior parte das proposições advém do estado e do município.

Os estudos de Coelho (2006) demonstram que tanto em Pintadas como em Valente a pauta que define os assuntos a ser discutidos provém das respectivas SMEs, postergando assim os pontos relativos a uma agenda própria dos CMEs. Por outro lado, Rocha (2001) em seu estudo faz um balanço positivo em relação à condição dos municípios posterior às mudanças provocadas pela CF de 1988, mormente no que concerne à autonomia para alocar recursos em conformidade com os anseios e as demandas locais.

Segundo Coelho (2006, p. 98), "levando-se em conta os parâmetros democráticos em resposta aos anseios da população, o Conselho é um espaço legítimo e pode funcionar naquilo que se propõe: espaço de encontro e negociação". Os trabalhos são convergentes nessa crença de que apesar das dificuldades enfrentadas os CMEs promoveram mudanças significativas na educação municipal, configurando-se como espaço para a manifestação da sociedade civil, em suas múltiplas representações. Espaço onde podem expressar seus anseios e proposições para a melhoria da educação municipal, ainda que muitas vezes estes se limitem a um discurso que tensiona as relações entre os órgãos do poder público, mas que conduz a reflexões, na perspectiva de promover avanços nas práticas democráticas.

Algumas impressões à guisa de conclusão

A análise realizada, malgrado seus limites em virtude da heterogeneidade de objetivos e da escassez de estudos, permite apontar características que marcaram o conjunto de pesquisas sobre os CMEs no estado da Bahia.

Os esforços empreendidos para a análise da situação dos CMEs na conjuntura baiana revelaram aspectos relevantes para a produção do conhecimento sobre essa temática. Uma das questões que sobressaem é a quantidade de municípios investigados durante os anos que sucederam à abertura democrática. Dos 417 municípios baianos, apenas quinze foram estudados tendo como foco principal as questões relativas ao CME, o que revela o pouco investimento da comunidade acadêmica baiana no assunto.

Outra constatação foi a ênfase nos estudos de casos particulares e a ausência de estudos generalistas, o que dificulta um mapeamento sobre os CMEs na Bahia e suscita a necessidade de pesquisas futuras que tenham como foco conhecer esta realidade, no que tange à implantação e ao funcionamento dos Conselhos no estado.

A dificuldade de obter dados atualizados e disponíveis sobre o tema, mesmo havendo um número significativo de importantes instituições relacionadas à questão, tais como União dos Conselhos Municipais de Educação (Uncme), União Nacional dos Dirigentes Municipais de Educação (Undime), CEE e SEEs, nos chama a atenção para a importância de coletar, sistematizar e publicizar essas informações. As dificuldades de obtenção de dados levam à necessidade de que existam fontes de financiamento para criação e alimentação de bancos de dados com informações confiáveis sobre os CMEs, bem como outros aspectos ligados a um melhor conhecimento da gestão da educação nos municípios da Bahia, visto que dificilmente um pesquisador isoladamente poderá realizar tal empreendimento.

Apesar disso, as questões acima tratadas não invalidaram o potencial da análise proposta. Esperamos ter contribuído para estabelecer um diálogo sobre a necessidade de desenvolver novos estudos sobre a realidade dos CMEs na Bahia, tomando como ponto de partida esse balanço inicial sobre a contribuição da produção acadêmica existente sobre o assunto pelas questões instigantes que ela apresenta e que ainda precisam ser exploradas.

Referências

BAHIA (estado). Decreto Estadual nº 7.254, de 20 de março de 1998. Institui o Programa de Ação Parceria Educacional estado-município, para atendimento ao Ensino Fundamental. *Diário Oficial do Estado,* Salvador, 21 mar. 1998.

_____. Lei nº 7.027, de 29 de janeiro de 1997. Institui o Programa Estadual de Incentivo às Organizações Sociais e dá outras providências. *Diário Oficial do Estado,* Salvador, 30 jan. 1997.

_____. Lei nº 7.435, de 30 de dezembro de 1998. Dispõe sobre a organização e estrutura da Administração Pública do Poder Executivo Estadual e dá outras providências. *Diário Oficial do Estado,* Salvador, 31 dez. 1998.

_____. Secretaria do Planejamento. *Plano plurianual*: PPA 2000-2003. Salvador, SEPLAN, 1999. Disponível em: <http://www.seplan.ba.gov.br/i_plano_2000_sumario.htm>. Acesso em: 11 fev. 2009.

_____. Secretaria Estadual de Educação. *Conselho Estadual de Educação da Bahia*. Disponível em: <www.cee.ba.gov.br>. Acesso em: 30 mar. 2012.

_____. *Secretaria Estadual de Educação*. Disponível em <http://www.sec.ba.go.br>. Acesso em: 2 jun. 2008.

_____. Secretaria Estadual de Educação. *Municipalização*. Disponível em: <http://www.educacao.escolas.ba.gov.br/node/59>. Acesso em: 15 dez. 2011.

BOBBIO, Norberto. *Estado, governo e sociedade*: uma teoria geral da política. 3. ed. São Paulo, Paz e Terra, 1990.

BORDIGNON, Genuíno, PEREIRA, Álvaro de Pádua. *Perfil dos Conselhos Municipais de Educação 2007*. Brasília, MEC/SEB, 2008.

BRASIL. Constituição (1988). Constituição da República Federativa do Brasil. *Diário Oficial [da] República Federativa do Brasil*. Brasília, 5 out. 1988.

BRASIL, IBGE (Instituto Brasileiro de Geografia e Estatística). *Municípios, total e por forma de organização do sistema municipal de ensino, segundo as grandes regiões e as Unidades da Federação: 2009*. Disponível em: <http://www.ibge.gov.br/home/estatistica/economia/perfilmunic/default.shtm>. Acesso em: 3 fev. 2012.

BRASIL. Lei nº 4.024, de 20 de dezembro de 1961. Fixa as Diretrizes e Bases da Educação Nacional. *Diário Oficial [da] República Federativa do Brasil*, Brasília, 27 dez. 1961.

______. Lei nº 9.394, de 20 de dezembro de 1996. Estabelece as Diretrizes e Bases da Educação Nacional. *Diário Oficial [da] República Federativa do Brasil*, Brasília, 23 dez. 1996.

BRASIL, Ministério da Educação. *Sistema de informações dos Conselhos Municipais de Educação*. Brasília, 2006. Disponível em: <http://sicme.mec.gov.br/>. Acesso em: 10 jan. 2012.

CABRAL NETO, Antonio, OLIVEIRA, Maria Neuza de. Descentralização/municipalização do ensino no estado da Bahia: aspectos político institucionais e administrativos. In: CABRAL NETO, Antonio, NASCIMENTO, Ilma V. do, LIMA, Rosângela Novaes (orgs.). *Política pública de educação no Brasil*: compartilhando saberes e reflexões. Porto Alegre, Sulina, 2006, p. 15-51.

COELHO, Jorge Tadeu Pinheiro. *Conselhos Municipais de Educação: resistência e mudanças (um estudo de caso dos municípios de Pintadas e Valente/BA)*. Dissertação (Mestrado em Educação). Salvador, Faculdade de Educação, Universidade do Estado da Bahia, 2006.

COSTA, Jean Mário Araújo, CUNHA, Maria Couto. A municipalização do ensino fundamental na Bahia: relações intergovernamentais e atendimento educacional. In: SEMINÁRIO POLÍTICAS SOCIAIS E CIDADANIA, 3, 2010, Salvador. *Anais*... Salvador, Ed. UCSal, 2010, p. 1-9.

CURY, Carlos Roberto Jamil. A educação como desafio na ordem jurídica. In: LOPES, Eliana Marta Teixeira, FARIA FILHO, Luciano Mendes, VEIGA, Cynthia Greive (orgs.). *500 anos de educação no Brasil*. Belo Horizonte, Autêntica, 2000, p. 567-584.

FURTADO, Rosa Maria Silva. *Uma análise das relações de interação e articulação no Sistema Municipal de Ensino de Barreiras-BA*. Dissertação (Mestrado em Educação). Salvador, Faculdade de Educação, Universidade do Estado da Bahia, 2010.

LIMA, Ubirajara Couto, RAIC, Daniele Farias Freire, SANTOS, Nancyara Souza. O desafio da participação cidadã num Conselho Municipal de Educação no interior da Bahia: das tensões às ações. *Cadernos ANPAE*, Niterói, v. 8 (2009) 71.

MEIRA, Nelson Wanderley Ribeiro. *Conselhos Municipais de Educação e a descentralização de gestão educacional na Bahia*. Dissertação (Mestrado em Educação). Salvador, Universidade Federal da Bahia, 1998.

______. Conselhos Municipais de Educação e a descentralização da gestão educacional na Bahia. *Gestão em Rede*, Curitiba, nº 32 (out. 2001) 17-21.

______. *Municipalização:* os Conselhos Municipais de Educação. Rio de Janeiro, DP&A, 2004.

______. Os Conselhos Municipais de Educação na Bahia: descentralização da gestão educacional? *Revista da FAEEBA* — Educação e Contemporaneidade, Salvador, v. 9, nº 13 (jan.-jun. 2000) 121-137.

NASCIMENTO, Maria Amélia Silva. *Conselho Municipal de Educação:* uma análise de sua participação no sistema municipal de ensino de Santaluz — Bahia. Dissertação (Mestrado em Educação). Salvador, Faculdade de Educação, Universidade do Estado da Bahia, 2007.

PEREIRA, Luiz Carlos Bresser. A reforma do Estado nos anos 90: lógica e mecanismos de controle. *Lua Nova: Revista de Cultura e Política*, Brasília, nº 45 (1998) 49-96.

RAIC, Daniele Farias Freire. Sistemas de ensino e os desafios postos ao regime de colaboração: algumas reflexões. In: SIMPÓSIO BRASILEIRO, 24; CONGRESSO INTERAMERICANO DE POLÍTICA E ADMINISTRAÇÃO DA EDUCAÇÃO, 3, 2009. Vitória. *Anais*...Vitória, Anpae-Ufes, 2009. v. 1, p. 1-17. 1 CD-ROM.

ROCHA, José Cláudio. *A participação popular nos Conselhos Municipais de Educação na Bahia*. Dissertação (Mestrado em Educação). Salvador, Universidade Federal da Bahia, 2001.

SAVIANI, Demerval. Sistemas de ensino e planos de educação: o âmbito dos municípios. *Educação & Sociedade*, Campinas, v. 20, nº 69 (dez. 1999) 119-136.

SILVA, Maria Salete, MEIRELLES, José Carlos Dantas. *A educação da Bahia*. Brasília, UNICEF/MEC/Fundescola/Banco Mundial/Undime, 1999.

TRABUCO, Andreia Geisa P. *A gestão da educação municipal após os processos de municipalização e descentralização*. Dissertação (Mestrado em Educação). Salvador, Universidade Federal da Bahia, 2006.

CMEs em Brasília e nos estados do Mato Grosso do Sul e do Pará: desafios e possibilidades a consolidar

Candido Alberto Gomes
Wellington Ferreira de Jesus
Carlos Ângelo de Meneses Sousa
Cléria de Freitas Capanema

Introdução

A consolidação do regime democrático e do Estado de direito tem como marca significativa a participação da sociedade nos processos decisórios, na fiscalização e no controle social. O pêndulo deslocou-se para a descentralização, como outras vezes na história da gestão pública no Brasil (Gomes et al. 2007). Assim ocorreu também nas regiões Norte e Centro-Oeste, em suas Constituições estaduais, leis orgânicas municipais (LOMs), legislação e normas educacionais. Todavia, é provável que se tornassem pouco mais que letras ao vento se o Fundo de Manutenção e Desenvolvimento do Ensino Fundamental e de Valorização do Magistério (Fundef) não tivesse modificado as rotas do financiamento, com incentivos e sanções. Ao ser posto em prática, resultou na descentralização, ponto de convergência tanto da nova ordem constitucional quanto de projetos internacionais, como o Projeto Nordeste e, depois, o Fundo de Fortalecimento da Escola (Fundescola), que defendiam a aproximação entre o cidadão e o gestor de serviços públicos (Carnoy 2002).

Com os secretários municipais de educação se transformando em relevantes atores para implantar a Lei de Diretrizes e Bases (LDB), Lei Darcy Ribeiro (Brasil 1996), e o novo Fundo participando de capacitações e encontros, os municípios do Norte e do

Centro-Oeste alteraram de certo modo a paisagem educacional. Com as distâncias de municípios tão extensos quanto países e a relativa fragilidade político-administrativa, as redes municipais (quando podiam assim ser denominadas) se ocupavam principalmente da área rural (para os estados a carne, para os municípios os ossos), com frequência oferecendo educação mais pobre para os mais pobres. Como resultado, no Pará as matrículas estaduais no ensino fundamental regular passaram, em 1997, de 55,3% do total para 17,7% em 2010, enquanto as municipais, ainda com maior presença na área rural, como no resto da região, subiram de 39,1% para 75,5% no mesmo período. Mato Grosso do Sul, no mesmo período, viu as matrículas estaduais caírem de 51,0% para 36,3%, ao passo que as municipais cresceram de 38,2% para 55,0% (BRASIL, MEC, INEP 1998; 2011), com a presença maior do município no meio rural, conforme a tendência do Centro-Oeste.

Ademais, com a retração dos estados na educação infantil, os municípios avançaram no rumo da educação infantil, em especial a partir do Fundo de Manutenção e Desenvolvimento da Educação Básica e de Valorização dos Profissionais da Educação (Fundeb). Quanto à qualidade, pelo menos um estudo de caso evidenciou que, apesar do aumento de recursos, permaneceu quase tudo como dantes (ou até pior) no quartel de Abrantes. Quanto ao Distrito Federal (DF), a vedação da Carta Magna (BRASIL 1988) no sentido de dividir-se em municípios manteve as linhas gerais da estrutura, correspondente à de um estado.

Ao mencionar o DF, não é demais lembrar que a preocupação com os Conselhos Municipais de Educação (CMEs) remonta ao início do século XX, quando afloravam as propostas renovadoras que desembocaram no Manifesto dos Pioneiros de 1932. Anísio Teixeira, quando diretor de Instrução Pública da Bahia em 1924-1928, realizou uma reforma educacional que manteve a autonomia dos CMEs, conforme o artigo 71 da Lei de Ensino do estado da Bahia, que reconhecia a competência dos municípios para "'criar, manter, transferir e suprimir escolas de instrucção primária', dentro de sua circumscripção territorial" (TEIXEIRA 2000, p. 35). No final do mesmo século, depois de o pêndulo ser movido durante o *interregno* do governo militar, não é fácil concretizar a gestão democrática se o Estado democrático é adolescente. Com prudência, Arelaro (2008) afirmou que conselhos de educação

> [...] já existiam no Brasil [havia] mais de quarenta anos, e eles ainda são muito frágeis, mesmo os organizados em nível nacional. O Conselho Nacional de Educação é um bom exemplo desta fragilidade e da pouca independência do Poder Executivo. Quando estes Conselhos possuem conselheiros que resolvem ser eficientes, exercendo suas funções de fiscalização do uso dos recursos públicos, constatando desvios dos governos municipais e/ou estaduais, praticamente não têm a quem apelar, pelas limitações de seu poder de "mandar fazer" (ARELARO 2007, p. 13).

O Conselho do DF se relaciona a Anísio e à primeira LDB, pelo Plano Educacional de Brasília, que, como a nova capital, pretendia "passar o país a limpo" e exemplificar na prática a educação para crianças e adolescentes (GOMES 2010; PEREIRA et al. 2011). Em obediência à Lei nº 4.024, de 20 de dezembro de 1961 (BRASIL 1961), o Conselho de Educação do DF foi instituído pelo Decreto nº 171, de 7 de março de 1962 (cf. CAPANEMA, LIMA 2010), da então Prefeitura do DF, e instalado no dia 28 de junho de 1962, como órgão de deliberação coletiva, normativo e orientador das atividades do Sistema de Ensino do DF. Em sua raiz foi, portanto, um Conselho Municipal que baixou atos fundamentais para a organização e o funcionamento do sistema de ensino da nova Unidade Federativa (UF). A Lei nº 4.545, de 10 de dezembro de 1964 (BRASIL 1964), reestruturou a administração do DF e, em consequência, o Decreto nº 482, de 14 de janeiro de 1966, ratificou, com algumas modificações, a constituição e as competências do colegiado (cf. CAPANEMA, LIMA 2010). Com isso, o Conselho teve papel de alta relevância no estudo e no estabelecimento de normas para aplicação das Leis nº 5.692, de 11 de agosto de 1971 (BRASIL 1971) (que modificou em grande parte a primeira LDB), e a Lei nº 9.394, de 20 de dezembro de 1996 (BRASIL 1996). Ao longo deste percurso histórico, o órgão conviveu com várias formas de ordenamento e de relações com a União, desde os prefeitos e governadores nomeados, tendo como órgão legislativo a Comissão do DF do Senado, até a sua autonomia, com a Lei Orgânica e poderes Legislativo e Executivo diretamente eleitos. Estes diferentes estilos de convivência com a União, segundo uma de suas primeiras presidentes, "foram tarefas carregadas de aprendizado, nem sempre sem tensões e sofrimento", imerso que esteve o órgão em diversas reformas educacionais, que incluíam administração, inovações curriculares, "novos conceitos e novas práticas" (CAPANEMA, LIMA 2010, p. 8).

Este colegiado foi objeto de pesquisa de Faria (2006), que analisou os CMEs como espaços de debate legal e político, com mecanismos de participação e controle social, nos quais interesses públicos e privados interagem no sentido da deliberação, da implantação e da fiscalização das políticas locais. Foi objeto de questionamento da autora a forma como se dá a participação e o controle social dos CMEs na condução das políticas em âmbito local. O trabalho relata um estudo de caso do DF e a relação com outras UFs. Assinala que, após a redemocratização e tendo por referência a Lei Orgânica do DF (DISTRITO FEDERAL 1993), no artigo 244, em 1998 o Conselho foi novamente reestruturado tendo a participação de seis membros indicados pelo Executivo e seis membros indicados por organizações da sociedade civil, tais como o Sindicato dos Professores do DF, o Sindicatos dos Auxiliares de Administração Escolar do DF, a União Metropolitana dos Estudantes Secundaristas de Brasília, a Federação dos Estudantes Universitários de Brasília, o Sindicato das Mantenedoras de Ensino do DF e entidades representativas de pais e alunos. O Conselho do DF é composto por dezoito conselheiros, com mandatos renovados a cada dois anos. Uma contradição é apontada pela autora: a nomeação de vagas para os cargos natos é realizada pelo Executivo, à diferença da maioria dos Conselhos municipais e estaduais, o que limita as características de mobilização e representatividade plural, bem como a participação social.

Cabe ao Conselho de Educação do DF a função de estatuir normas e diretrizes para a organização e a orientação do Sistema de Ensino do DF, destacando-se, entre outros aspectos, a orientação para a regulação de matrículas, critérios de avaliação do rendimento escolar, funcionamento dos cursos noturnos, educação de jovens e adultos e educação especial. Além disto, o colegiado define as normas para a organização didática, administrativa e disciplinar das instituições de ensino públicas e privadas do DF. Desta forma, destaca-se que a atuação deliberativa é decorrência da função normativa, ou seja, o Conselho delibera sobre os assuntos que geram dúvidas de interpretação ou quando não existem critérios estabelecidos. A autora destaca o fato de que para ser colocados em prática os pareceres e deliberações do Conselho do DF necessitam da homologação do Executivo. Contudo, em seu entendimento, ela afirma que não há comprometimento do controle social, pois o Executivo não pode deliberar em assuntos de competência do Conselho sem ouvi-lo. Um dos aspectos destacados pela pesquisadora reside no fato de que há uma limitação quanto à mobilização social, no que tange à participação política da sociedade na gestão e no controle das políticas educacionais. Na medida em que, embora abertas à participação da sociedade, não funciona a contento um mecanismo de disseminar as informações e deliberações, bem como uma estratégia de comunicação das decisões tomadas, resulta disso que a participação fica restrita aos interessados em acompanhar o funcionamento do Conselho. Ela também observa que entre 1998 e 2001 ampliou-se a sua participação a partir de pareceres e decisões. Ressaltou também que, mesmo com as limitações antes observadas, o colegiado se consolidava gradativamente como fórum legítimo de participação plural e deliberação coletiva.

CMEs na região Norte: desafio a consolidar

A região Norte do Brasil tem a dimensão territorial de 3.869.637 km^2, compreendendo 42,3% do território brasileiro. Constituída por sete estados, a saber, Acre, Amapá, Pará, Amazonas, Pará, Rondônia, Roraima e Tocantins é, ao mesmo tempo, objeto de disputa de interesses nacionais e internacionais. Durante muito tempo denominada "pulmão do mundo", a região Amazônica passa a ser uma espécie de "sistema circulatório" em que não apenas a água, mas as riquezas minerais e vegetais, bem como a vida silvestre despertam tanto o interesse científico quanto o das "grandes corporações" pela região. O Norte é também "terra de contrastes", contando com uma população de 15 milhões de habitantes (a segunda menor do Brasil) e a menor densidade demográfica do país. Nessa "terra de contrastes" conflitam as riquezas da região com a situação (histórica) de pobreza, abandono e exclusão da maioria da população, com a concentração de riqueza, o latifúndio, o desmatamento, os garimpos e a mineração, além da exploração econômica da região. O lado idílico do "bom selvagem" parece ter norteado apenas os romancistas brasileiros do século XVIII. As sociedades tribais são tidas (e divulgadas pela mídia dominante) como obstáculos ao desenvolvimento da região.

Por vezes, o discurso do desenvolvimento sustentável, por parte de empresas, camufla a destruição da floresta e do homem que nela vive. Projetos que trazem o discurso da segurança nacional, desde a década de 1970, tentam limitar o espaço de terra dos povos indígenas. Nesse universo de contrastes do, outrora, "inferno verde" e hoje "inferno das chamas" emerge a perspectiva de superação dessas contradições, tendo por referência a organização popular.

Embora não se trate especificamente de um estudo sobre os CMEs, Olival, Spexoto e Rodrigues (2007) abordam os Conselhos Municipais da região, avaliando o perfil dos Conselhos de desenvolvimento rural sustentável e de seus conselheiros, identificando possíveis diferenças entre os representantes da sociedade civil e do poder público. Para isso foram aplicados questionários contendo questões abertas e fechadas a cem conselheiros de doze dos dezesseis municípios que formam o território Portal da Amazônia. Os resultados indicam que os conselheiros eram formados por uma elite local, principalmente em relação à cultura política, havendo fortes diferenças entre os representantes da sociedade civil e do poder público, o que pode indicar uma correlação de forças desigual nestes espaços de deliberação. Os resultados revelam ainda que grande parte dos Conselhos possuía perfil consultivo e não desempenhava seu papel de auxílio na formulação de planos de desenvolvimento, havendo pouca participação da população nas deliberações dos Conselhos. Como conclusões, a pesquisa aponta a necessidade de implementar estratégias destinadas ao maior envolvimento da população e a prover a capacitação dos conselheiros. Em contraponto, a pesquisa conclui que, apesar de se constituírem em uma das mais importantes inovações institucionais na política brasileira, a multiplicidade de conselhos de gestão municipal não garante em si um aprimoramento da democracia brasileira.

Outra pesquisa, especificamente sobre o município de Santa Izabel do Pará, objetivou estudar a gestão democrática e investigar instrumentos e mecanismos para implementar a descentralização educacional (HINVAITT, MIRANDA 2002). A escolha do ente federativo se deveu à forte centralização educacional, com poucos mecanismos de participação da comunidade. Segundo as pesquisadoras, é relevante destacar que a gestão democrática é um processo, e como tal suas referências não são estanques nem imutáveis, implicando valores e a construção de conceitos vinculados à dinâmica social. Neste sentido indicam como propostas para o município estudado a criação de um Conselho e escolha direta dos diretores de estabelecimentos. Para tanto, tiveram como base as experiências do Conselho Municipal de Belém e da 1ª Conferência Municipal de Educação, em 1998, a qual deliberou sobre o processo de escolha para a direção das escolas.

A pesquisa de campo entrevistou os técnicos, as diretoras e a secretária de Educação de Santa Izabel sobre seus pontos de vista a respeito da gestão democrática, incluindo relatos de experiências. Concluindo, as autoras consideraram o Conselho Municipal de Educação como importante instrumento para democratizar a gestão do ensino público, independentemente da instituição de sistema de ensino próprio. Entretanto, tomada a decisão de assumir a autonomia que a legislação lhe confere, instituindo o sistema municipal de ensino, caberá ao município estabelecer normas complementares para o seu sistema. Salientam ainda que a descentralização da gestão, enquanto comprometimento e poder do Estado com a sociedade, representada pela instituição dos CMEs, concorre para solucionar crônicos problemas educacionais dos municípios, compartilhando no âmbito do colegiado responsabilidades na gestão, assim rompendo com a tradição autoritária.

Outro trabalho de relevância é o de Farias (2009) sobre o CME de Ananindeua (PA). Constituiu-se de uma pesquisa junto às fontes documentais, tais como atas, legislação, pareceres, e do Regimento Interno, além de entrevistas semiestruturadas, objetivando, em primeiro lugar, analisar como a participação da sociedade civil organizada, por meio de seus diferentes representantes, vinha sendo construída no CME para elaborar uma política educacional com base nos princípios de democracia participativa. Outros objetivos foram a análise da participação da sociedade civil organizada por meio do CME, bem como a atuação do Conselho e suas relações com os demais elementos do sistema municipal de ensino para construir tal política.

Ananindeua compreende uma área de 485 km^2, com uma população de 482 mil habitantes (2007), integrando a região Metropolitana de Belém. O crescimento desordenado havia provocado o aumento significativo das "invasões", que desestruturavam o sistema de saneamento básico do município, como em tantos locais do país. A pesquisa informa que o Índice de Desenvolvimento Humano (IDH) era de 0,78, enquanto o de Desenvolvimento Infantil (IDI) chegava a 0, 63. Com relação à educação, ainda com dados de 2007, os dados originados do Instituto Nacional de Pesquisas Educacionais (INEP) revelavam analfabetismo de 4,8% na população de 10 a 15 anos e de 5,4% da população de 15 anos ou mais. O número de escolas municipais de educação básica era de 52, que somando às escolas estaduais e privadas chegava ao total de 183. O município possuía ainda algumas instituições de ensino superior particular. A taxa de escolarização líquida no ensino fundamental era de 90,7%. A rede municipal alcançava o Índice de Desenvolvimento da Educação Básica (IDEB) nos anos iniciais do ensino fundamental de 4,0 e 3,4 nos anos finais.

A gestão democrática no município era um processo em construção. Quanto ao CME, a autora destacou que foi instituído em 1997 pela Lei nº 1.271 (cf. MILEÓ 2007), como órgão de Estado, com as funções normativa, consultiva, deliberativa, mobilizadora, fiscalizadora e propositiva, na qualidade de mediador entre a sociedade civil e o poder público municipal na discussão para formular e controlar as políticas educacionais municipais. Embora criado em 1997, apenas no ano 2005, com a Lei nº 2.153 (cf. MILEÓ 2007), que instituiu o Sistema Municipal de Ensino, foi que o Conselho passou a funcionar de forma sistemática, uma vez implantado no local denominado Casa dos Conselhos.

A efetiva participação social era o maior desafio, na medida em que os conflitos, tensões, correlações de forças, disputas de poder se processavam de modo contundente. Entretanto, conforme a autora, esses antagonismos apresentavam também um caráter "positivo", pois possibilitavam a construção da política educacional por meio da diversidade de ideias e de posições políticas. Nesse sentido, o Colegiado se constituía do total de quinze membros efetivos, sendo cinco representantes do poder público municipal e dez representantes de organizações da sociedade civil, direta ou indiretamente relacionadas com a educação infantil e o ensino fundamental. Desse modo, o CME não era paritário, apresentando o dobro do número de assentos do Executivo, o que o situava acima da média nacional.

Outro aspecto que chamava a atenção no sentido da participação, ainda por consolidar, concerne à representação das categorias da sociedade civil organizada. Algumas, mais organizadas, participavam mais ativamente, enquanto outras tinham menor atuação. Segundo a autora, um dos impedimentos de maior significação para a participação social no CME, bem como na gestão democrática, residia na falta da formação teórica, pedagógica e política em alguns casos. Conquanto os documentos que regiam a composição do CME ressaltassem a participação social, envolvendo as pessoas integrantes do contexto educacional, como as unidades escolares, com cada segmento inserido, além de atores sociais de diferentes instâncias e instituições de caráter coletivo, a realidade observada não condizia com a essência dos referidos documentos.

Em suas considerações finais, a autora propôs a garantia em lei da representação social, ainda que, como em Ananindeua, tal dispositivo não fosse garantia suficiente para uma atuação qualificada da sociedade. Nesse sentido, destacou a necessidade de outros fatores ou condicionantes internos e externos suscetíveis de favorecer (ou mesmo dificultar) a participação social em órgãos colegiados como os CMEs. Considerou também a necessidade de estruturas físicas, pedagógicas e financeiras, entre outras, isto é, condições reais para efetiva participação social e democratização da gestão.

Em outro trabalho sobre o CME de Ananindeua, Farias (2007; 2008) frisou os esforços dos conselheiros na Conferência Municipal de Educação, cuja última versão ocorrera em 2006, visando, entre outros objetivos, a avaliar as ações implementadas pelo Conselho em face do Plano Municipal de Educação (PME), debatendo e encaminhando soluções, incluindo a participação de setores sociais não legalmente representados naquele Colegiado. Apesar disso, notou que algumas categorias não atuavam consistentemente, alegando desde falta de capacidade para discutir os temas até carência de tempo.

Ainda outra pesquisa sobre o Pará é a dissertação de Miléo (2007), patenteando, assim, o estratégico papel desempenhado pelos programas de pós-graduação no sentido de interpretar e propor soluções para a realidade social. O trabalho em foco refletiu sobre a ressignificação do poder local, entendido como força mobilizadora, bem como sobre sua relação com a gestão educacional de Altamira. A autora indagou se existiam ou não relações entre as medidas institucionais e as práticas efetivadas pela Secretaria de Educação e se, com isso, o poder local efetivamente se favorecia. Dessa maneira, o processo educativo contribuiria (ou não) para formar e inserir "agentes sociais" no processo de democratização da sociedade. Para tanto, a pesquisa teve como alvo a gestão política e educacional do Programa Rede Vencer, anteriormente denominado Escola Campeã, uma parceria entre a Secretaria Municipal de Educação (SME) e o Instituto Ayrton Senna. O referido Programa foi implementado em municípios com altos índices de evasão e repetência, caso de Altamira, com duração de quatro anos, visando ao suporte e ao apoio às SMEs no sentido da eficiência e eficácia das escolas públicas de educação básica. O trabalho avaliou as estratégias da Secretaria no sentido do protagonismo e da participação dos segmentos que compõem a população municipal. A metodologia utilizada para o desenvolvimento da pesquisa teve por referência "elementos de análise do discurso e a metodologia das redes sociais", buscando identificar percepções e posicionamentos contraditórios em relação ao princípio de governança democrática e de descentralização e autonomia, além da participação social nos processos de deliberações e partilha do poder.

A autora discutiu a tradição histórica de centralização política em Altamira, fortalecida pela localização estratégica, "coração da Amazônia", pela amplitude territorial do município (161.144 km^2, o maior município do mundo), pelos projetos de ocupação e construção das rodovias Belém-Brasília e, no contexto da ditadura militar (1964-1985), Transamazônica, pelas disputas em torno da posse da terra e pelas desigualdades sociais, entre outros aspectos. O trabalho, fundamentado com base em entrevistas semiestruturadas com numerosos atores locais, constatou que, contraditoriamente ao discurso, as práticas da SME evidenciavam um "caráter centralizante" na forma de gerenciamento da política educacional, nesse sentido ignorando a participação da comunidade escolar e da sociedade organizada. Era sintomático que o CME, apesar de criado pela Lei nº 657, de 18 de dezembro de 1995 (cf. MILEÓ 2007), não mais funcionava. Ele desenvolvera até 2000 atividades de assessoramento, elaboração de política educacional, fiscalização de recursos públicos destinados à educação municipal, mas foi então destituído. Era composto por doze membros indicados pelo poder Executivo e pela sociedade civil organizada, representantes de sindicatos e de entidades de estudantes e pais. A dissolução foi determinada pelo chefe do Executivo, pois, em seu entendimento, "não havia a obrigatoriedade de existência" do referido Conselho, bem como porque o município não constituíra o "seu próprio sistema de ensino" (MILEÓ 2007, p. 77-78). Embora educadores e representantes da sociedade civil tivessem se organizado e exigido a reorganização do CME, pouco puderam fazer, sugerindo o caráter centralizador e os entraves à gestão democrática.

Concluiu, assim, a autora que a gestão educacional em Altamira alicerçava-se no modelo "racional-burocrático" (MILEÓ 2007, p. 122), fundamentado no controle dos resultados e no desempenho de docentes e discentes. Esse modelo tendia a favorecer a concentração de poderes e decisões no âmbito tanto da Secretaria de Educação quanto da Prefeitura. Como resultado, se distanciavam e se alijavam os sujeitos que se encontravam nas escolas, como os membros da sociedade. Consequentemente, o processo educativo, tanto na dimensão curricular quanto na administrativa, ainda não proporcionava a formação sociopolítica, nem contribuía para criar canais de participação e democratização, fomentando o exercício do poder local em Altamira.

Passando à capital estadual, Elias (2007a; 2007b; 2008) apresentou trabalho sobre o CME de Belém. A pesquisa, que também resultou em dissertação, refletiu sobre o papel que os conselhos haviam adquirido como alternativa para ampliar a participação da sociedade civil, bem como compreender os limites e possibilidades deste espaço para efetivar e ampliar os direitos de cidadania.

Para isto a autora, fundamentada em Gramsci, em especial nas concepções de sociedade civil e Estado, procurou sistematizar as experiências do CME, instituído numa gestão "progressista", e ao longo de sua construção e sua consolidação se envolveu em um processo gradual de debates, embates e disputas entre a sociedade civil e o poder público que demandaram muitos desafios, entraves e possibilidades. Apesar disso, estabeleceram-se ações alternativas à política educacional federal da época. Procedendo à análise histórica dos Conselhos de educação no país, concluiu que os CMEs, com os movimentos, sindicatos, fóruns e instâncias da sociedade civil, foram um campo institucional de negociação, assim de partilha de poder entre governos instituídos e a sociedade civil e, como resultado, de controle social. Com relação ao Colegiado de Belém, foi criado por lei de 1971, no contexto em que se destacaram o Programa Escola Cabana e o I Fórum de Educação de Belém. Todavia, em 1994 nova lei municipal dispôs sobre o Sistema Municipal de Ensino, alterando a composição do Conselho, que passou a ter representação paritária do poder público e da sociedade civil, e procedendo a outras mudanças. A análise das fontes documentais, compostas de Atas do Conselho, no período entre 1995, final de 1996 e primeiros meses de 1997, revelou, conforme a autora, a elaboração de uma diversidade de proposições e ações, sem de fato defini-las e executá-las quanto à organização e ao funcionamento do órgão. Além disso, evidenciaram-se, ainda nos termos da autora, a falta de disponibilidade dos conselheiros em relação às demandas do órgão, a pouca clareza sobre as funções do Colegiado em face do Sistema Municipal de Ensino e a falta de conhecimentos adequados quanto a legislação e políticas educacionais.

Com relação à efetiva participação da sociedade no Conselho, a autora concluiu que a "maneira utilizada para escolha das entidades que comporiam a representação no conselho não envolveu uma discussão com a sociedade civil, o que resultou na tomada de decisão por um grupo restrito de técnicos e assessores no gabinete da Secretaria Municipal de Educação" (ELIAS 2007b, p. 122), o que leva a considerar que as decisões a ser tomadas via Conselho ainda ficaram sob o domínio e a direção do poder público. Outro aspecto considerado pela autora reside no fato de que na composição do Conselho a escolha das entidades com representação, "por ter sido arbitrária" (ibid.), deixou muitos segmentos da sociedade envolvidos com a educação básica sem representação no CME de Belém, como universidades, diretores escolares e movimentos sociais, entre outros.

Nesse sentido, enfatiza que o papel assumido pelo CME de Belém no período analisado foi de "lugar de espaço público de negociação, de discussão, de contestação e debate de ideias, anunciando a possibilidade de se constituir em mecanismo capaz de defender os interesses e necessidades dos diversos atores que compõem a sociedade e garantir a continuidade de planos e projetos gestados no âmbito da esfera social" (ELIAS 2007b, p. 129). Daí emergia a necessidade de refletir sobre a dimensão política da representatividade social, pela necessidade de avaliar quer sua legitimidade e a direção dada às discussões, quer os limites da representação delegada. Ao final, a autora considera que no processo de construção, efetivação e consolidação do CME de Belém do Pará ocorreram grandes mobilizações e profundos debates; no entanto, muito ainda há a fazer nesse sentido. Declarou que as questões em torno da educação resultam de práticas sociais, de construções, portanto inconclusas, sempre abertas a novas análises, leituras e interpretações.

Em outro trabalho, Elias (2007a) salientou, entre outros aspectos, a reorganização político-administrativa na nova ordem constitucional, compreendendo a autonomia das UFs, a democratização da gestão pública e a descentralização do Estado como importantes princípios e diretrizes das políticas públicas educacionais em âmbito nacional. Por isso, os CMEs contavam com possibilidades e desafios no sentido de imprimirem uma nova sociabilidade democrática. Eles não constituíam os únicos canais de interlocução da sociedade com o governo e não substituíam outros mecanismos legítimos a se fazer presentes nos espaços públicos, no entanto a participação institucional acenava com a possibilidade tanto de acesso a informações necessárias à ação social quanto de ampliação de sua hegemonia para outros setores da sociedade e do poder público, somente possível se as organizações e os movimentos sociais representassem interesses sociais amplos. Desse modo, avanços conquistados na perspectiva da democratização da educação pública sugeriam que o processo democrático tem como pressuposto sujeitos sociais que se organizam para reivindicar o direito a ter direitos. Isto é está diretamente relacionado ao processo de democratização, e estas conquistas não serão obtidas apenas com a permissão das elites dominantes, nem pela delegação de governos considerados democráticos, nem ao menos por órgãos colegiados como os Conselhos, mas por meio da mobilização, da luta e do fortalecimento de organizações sociais populares.

CMEs em Mato Grosso do Sul

O estado do Mato Grosso do Sul apresenta uma população de 2.404.256 habitantes e está entre as unidades da Federação que apresentam as maiores taxas de urbanização do país (85,6%), segundo os dados do IBGE (BRASIL, IBGE 2010). Este deslocamento, embora presente em outros estados, tem repercussões importantes na oferta dos serviços públicos. A área de localização da escola é um aspecto importante da demanda por educação. Uma ilustração deste quadro é o fato de que em 2010, no Brasil, 73,7% das crianças de até 5 anos de idade residiam em áreas urbanas. Todavia, no caso de Mato Grosso do Sul, Rondônia, Tocantins e São Paulo a proporção de matrículas na educação infantil foi superior ao índice nacional, atingindo 82,9%.

Segundo Freitas e Carvalho (2008) e Carvalho e Freitas (2007), dos 77 municípios sul-mato-grossenses, apenas 29 (37%) tinham criado seus Conselhos em 2008, e destes apenas dez foram instituídos antes de 2000. As pesquisadoras investigaram os CMEs nos aspectos de sua organização, do funcionamento e da atuação em três municípios do estado: Amambai, Dourados e Laguna Carapã. Objetivaram saber se os CMEs desempenhavam um papel estratégico na organização e na gestão da educação básica, bem como se suas composições, competências e atuações contribuíam para a efetivação do direito da população à educação escolar. Para tanto, utilizaram dados estatísticos, fontes documentais e informações coletadas com a aplicação de questionários.

A leitura de alguns dados estatísticos na referida pesquisa evidenciou que "o acesso à Educação Básica, no conjunto dos municípios, está longe de ser universalizado" (FREITAS, CARVALHO 2008, p. 502). Quanto à análise das informações coletadas com a aplicação de questionários, as autoras constataram que os CMEs continuam a ser concebidos especialmente como órgãos técnico-administrativos e aí concentram sua atuação, assim fragilizando sobejamente a dimensão política. Com relação à qualidade de ensino, verificou-se, a partir do conteúdo dos dispositivos legais e das respostas ao questionário, que "[...] a atuação dos CME observados se dá nos limites dos impactos sobre ela das suas iniciativas centradas na promoção da normatividade, da legalidade, dos controles burocráticos e da orientação técnica" (FREITAS, CARVALHO 2008, p. 513). Outro aspecto observado foi a ausência do acompanhamento e da avaliação da qualidade da educação por parte dos CMEs, evidenciando a falta de atenção destes à qualificação da educação municipal, bem como a carência do tema como objeto de estudos, debates, audiências públicas.

Nas considerações finais, as pesquisadoras asseveraram que o papel político na organização e na gestão da educação básica dos CMEs ficou fragilizado devido ao acento dado a seu caráter de órgão normativo-burocrático do sistema. Argumentaram que isso se deu, em parte, devido à forma como os municípios lidaram com os trâmites formais para a criação de seus sistemas de ensino e, sobretudo, ao fato de não assumirem o "[...] desafio de se constituírem e consolidarem como espaços privilegiados de mediação entre o Estado e a sociedade" (ibid.). Perceberam que os CMEs "[...] não pareceram estratégicos para a democratização da gestão da educação municipal" (ibid.), pois não efetivaram mecanismos de participação da sociedade, tendo em vista a qualificação do ensino e a efetivação do direito à educação básica. Assim, tendem a um "[...] esgotamento do seu papel político e à crescente fragilização da sua atuação no enfrentamento dos desafios educacionais locais" (ibid.). Por outro lado, destacaram que ficou patente que as funções dos CMEs tenderão a cumprir suas finalidades, na medida e na proporção em que "[...] lograrem maior diligência, autonomia, inventividade e providência ante os desafios locais" (ibid.). Arrematam suas ponderações mencionando que os CMEs precisam conquistar condições políticas, técnicas, pedagógicas e financeiras a fim de poderem efetivamente cumprir seu papel.

Conclusão: Roma não se fez em um dia

O provérbio acima pode ter um viés conservador e conformista quanto à lentidão das mudanças, que parece se repetir noutro dito latino: "Apressa-te lentamente", ou num lema do evolucionismo: "A natureza não dá saltos". A cautela revelada em face das revoluções, como das mudanças súbitas e profundas, não deve iludir o século XXI. A esta altura é inviável imaginar o rio da História, segundo Heráclito, como um rio típico da Planície Amazônica. Ao contrário, seria um rio pleno de obstáculos e corredeiras, mais que o Alto Negro. Todavia, cumpre reconhecer que certos processos histórico-sociais não atendem às expectativas ansiosas. Assim, o amadurecimento da consciência de direitos e deveres, a consolidação do Estado democrático de direito, a renovação dos poderes que alocam a despesa pública, a rede piramidal que une os entes federados em fluxos anacrônicos, as sombras não dissipadas do coronelismo, as moedas de troca e o jogo das barganhas ainda permanecem. Guardadas as proporções, são problemas partilhados entre países de vários níveis de "desenvolvimento". O mundo contemporâneo, tão pobre de utopias, parece concretizar mais as distopias, como *1984* (ORWELL 1984), em que as mais finas tecnologias servem ao poder cruento e à morte.

Não se trata de perspectiva pessimista, mas do alerta no sentido de que a História é por nós escrita, seguindo ou o caminho estreito e difícil ou o caminho largo, fácil só em seu princípio. Eis por que a qualidade, a democratização, a eficiência, a probidade e a própria humanidade na educação são difíceis de atingir. Porém, há anos soou a hora em que a facilidade da expansão do acesso se esgotou, e as mudanças educacionais demandam travessias difíceis, para romper com certo passado histórico. Olhar para trás pode nos transformar em estátuas de sal.

Referências

ARELARO, Lisete Regina G. FUNDEF: uma avaliação preliminar dos dez anos de sua implantação. In: REUNIÃO ANUAL DA ASSOCIAÇÃO NACIONAL DE PESQUISA E PÓS-GRADUAÇÃO EM EDUCAÇÃO, 30, 2009, Caxambu. *Anais*... Rio de Janeiro, ANPEd, 2007, p. 1-15.

BRASIL. Constituição (1988). Emenda Constitucional nº 14, de 12 de setembro de 1996. Modifica os arts. 34, 208, 211 e 212 da Constituição Federal e dá nova redação ao art. 60 do Ato das Disposições Constitucionais Transitórias. *Diário Oficial [da] República Federativa do Brasil*, Brasília, 13 set. 1996a.

_____. Lei nº 9.394, de 20 de dezembro de 1996. Estabelece as Diretrizes e Bases da Educação Nacional. *Diário Oficial [da] República Federativa do Brasil*, Brasília, 23 dez. 1996b.

BRASIL, IBGE (Instituto Brasileiro de Geografia e Estatística). *Indicadores sociais municipais:* uma análise dos resultados do universo do censo demográfico 2010. Rio de Janeiro, IBGE, 2010.

BRASIL. Lei nº 4.024, de 20 de dezembro de 1961. Fixa as Diretrizes e Bases da Educação Nacional. *Diário Oficial [da] República Federativa do Brasil*, Brasília, 27 dez. 1961.

_____. Lei nº 5.692, de 11 de agosto de 1971. Fixa Diretrizes e Bases para o ensino de 1º e 2º graus, e dá outras providências. *Diário Oficial [da] República Federativa do Brasil*, Brasília, 12 ago. 1971.

_____. Lei nº 4.545, de 10 de dezembro de 1964. Dispõe sobre a reestruturação administrativa do Distrito Federal e dá outras providências. *Diário Oficial [da] República Federativa do Brasil*, Brasília, 14 dez. 1964.

BRASIL, MEC (Ministério da Educação), INEP (Instituto Nacional de Estudos e Pesquisas Educacionais Anísio Teixeira). *Sinopse estatística da educação básica*: censo escolar 97. Brasília, MEC/INEP, 1998.

_____. *Sinopse estatística da educação básica 2010*: versão corrigida em 09-08-2011. Brasília, MEC/INEP, 2011.

CAPANEMA, Clélia de Freitas, LIMA, José Durval de Araújo. *Histórico: Conselho de Educação do Distrito Federal*: um contributo à preservação da memória. Brasília, 2010. Distrito Federal, Conselho de Educação do DF. Disponível em: <http://www.conselhodeeducacao-df.com.br/index.php?option=com_content&view=article&id=3&Itemid=3>. Acesso em: 4 maio 2012.

CARNOY, Martin. *Mundialização e reforma na educação*: o que os planejadores devem saber. Brasília, UNESCO, 2002.

CARVALHO, Flávia Roberta Corrêa de, FREITAS, Dirce Nei Teixeira de. Conselhos Municipais de Educação e a efetivação do direito à educação. In: ENCONTRO DE INICIAÇÃO CIENTÍFICA UFGD/UEMS, 1, 2007, Dourados. *Anais*... Dourados, UFGD/UEMS, 2007, p. 1-19. 1 CD-ROM.

DISTRITO FEDERAL. *Lei Orgânica do Distrito Federal, de 08 de junho de 1993*. Brasília, Câmara Legislativa do DF, 1993. Disponível em: <http://www.cl.df.gov.br/cldf/legislacao/lei-organica-1>. Acesso em: 5 maio 2012.

ELIAS, Lina Gláucia Dantas. Conselho municipal de educação: reflexões acerca da participação e democratização da educação. In: COLÓQUIO DE POLÍTICAS EDUCACIONAIS, 2007, Belém do Pará. *Anais*... Belém do Pará, 2007a.

_____. *O Conselho Municipal de Educação:* a participação da sociedade civil e os desafios da representação democrática nas deliberações das políticas educacionais para o município de Belém-PA. Dissertação (Mestrado em Educação). Belém do Pará, Instituto de Educação, Universidade Federal do Pará, 2008.

_____. Reflexões acerca da participação democrática no conselho municipal de educação. In: ENCONTRO DE PESQUISA EDUCACIONAL DO NORTE E NORDESTE (EPENN), 18, 2007, Maceió. *Anais*... Maceió, UFAL, 2007b.

FARIA, Cristina Elsner de. *Participação e controle social:* a experiência do conselho de educação do Distrito Federal. Dissertação (Mestrado em Ciência Política). Brasília, Instituto de Ciência Política, Universidade de Brasília, 2006.

FARIAS, Maria Celeste Gomes de. *O CME do município de Ananindeua na construção da política educacional:* a busca pela participação social. Dissertação (Mestrado em Educação). Belém do Pará, Instituto de Ciências da Educação, Universidade Federal do Pará, 2009.

______. O papel do Conselho Municipal de Educação de Ananindeua na constituição do sistema municipal de ensino. In: ENCONTRO DE PESQUISA EDUCACIONAL DO NORTE E NORDESTE (EPENN), 18, 2007, Maceió. *Anais*... Maceió, UFAL, 2007.

______. Participação social como processo educativo no conselho municipal de educação. In: ENCONTRO NACIONAL DE DIDÁTICA E PRÁTICA DE ENSINO, 14, 2008, Porto Alegre, *Anais*... Porto Alegre, 2008.

FREITAS, Dirce Nei Teixeira de, CARVALHO, Flávia Roberta Corrêa de. Conselhos Municipais de Educação e qualificação da educação básica. *Revista Brasileira de Política e Administração da Educação*, Porto Alegre. v. 24, nº 3 (set.-dez. 2008) 497-516.

GOMES, Candido Alberto. *Darcy Ribeiro*. Recife, Fundação Joaquim Nabuco/Massangana, 2010. Disponível em: <http://www.dominiopublico.gov.br/download/texto/me4696.pDistrito Federal>. Acesso em: 4 mar. 2012.

GOMES, Candido Alberto, CARNIELLI, Beatrice Laura, JESUS, Wellington Ferreira de, LEAL, Helder Bueno. O financiamento da educação brasileira: uma revisão da literatura. *Revista Brasileira de Política e Administração da Educação*, Porto Alegre, v. 23, nº 1 (jan.-abr. 2007) 29-52.

HINVAITT, Cláudia Motta, MIRANDA, Shírley Raquel Jaques. *Conselho Municipal de Educação:* um caminho da gestão democrática a ser perseguido. Monografia (Curso de Pedagogia). Belém do Pará, Centro de Ciências Humanas, Universidade da Amazônia, 2002.

MILÉO, Irlanda do Socorro de Oliveira. *Poder local e a gestão da educação municipal no contexto de Altamira-Pará*. Dissertação (Mestrado em Educação). Pará, Centro de Educação, Universidade Federal do Pará, 2007.

OLIVAL, Alexandre de Azevedo, SPEXOTO, Andrezza Alves, RODRIGUES, José Alesando. Participação e cultura política: os conselhos municipais de desenvolvimento rural sustentável no território Portal da Amazônia. *RER*, Rio de Janeiro, v. 45, nº 4 (out.-dez. 2007) 1013-1035.

ORWELL, George. *Nineteen Eighty-Four*. Oxford, Clarendon, 1984.

PEREIRA, Eva Waisros, COUTINHO, Laura Maria, RODRIGUES, Maria Alexandra, HENRIQUES, Cinira Maria Nóbrega, SOUZA, Francisco Heitor de Magalhães, ROCHA, Lúcia Maria da Franca. (orgs.). *Nas asas de Brasília*: memórias de uma utopia educativa. Brasília, Ed.UnB, 2011.

TEIXEIRA, Anísio Spinola. *O ensino no estado da Bahia — 1924 a 1928*. Salvador, Colégio Apoio/Fundação Anísio Teixeira, 2000.

CMEs no estado do Espírito Santo: a participação regulada

Eliza Bartolozzi Ferreira
Andreza Alves Ferreira

Introdução

No desenvolvimento da sociedade capitalista brasileira, a educação é um campo de permanente tensão no qual se disputam seu conteúdo e objetivos emaranhados pela dupla função de formação para o mercado de trabalho e para a cidadania. No contexto das profundas transformações do capitalismo processadas no último quartel do século XX, a educação vem sofrendo significativas alterações/ adaptações institucionais, fazendo emergir dilemas questionadores do significado de seu papel social. Por muito tempo a educação escolar foi concebida como uma instituição para a democracia e para a formação cidadã; a ela cabia a responsabilidade de encontrar o equilíbrio mais adequado entre o indivíduo e a sociedade. Nestes últimos vinte anos, sob o princípio de uma sociedade democrática, a luta pelo direito à educação é travada por diversos atores sociais possuidores de diferentes imagens e ideais de escola que vão desde uma perspectiva de justiça igualitária e solidária até um ideal de justiça individualista e concorrencial[1].

Nesse campo abrangente e complexo, os estudos e as pesquisas em políticas educacionais voltam-se para a análise do papel dos múl-

1. Ver com mais detalhes em ESTEVÃO 2004.

tiplos atores que fazem a ação pública, não deixando de considerar o lugar do Estado e sua atual condição de governabilidade. Essa tendência vem na esteira das novas formas de regulação social, sendo a descentralização administrativa e financeira o principal marco da gestão das políticas públicas. Essa descentralização, especificamente no campo da educação, resultou em transferência de responsabilidade dos órgãos centrais para o local, o que fez desenvolver uma maior autonomia dos estabelecimentos escolares e maiores responsabilidades de seus trabalhadores. Mas o que chama a atenção é a direção dessas responsabilidades, que substitui o controle hierárquico pelo autocontrole, a obrigação dos meios para a obrigação pelos resultados e a regulamentação pela avaliação.

Por meio da regulação procura-se um equilíbrio entre o Estado, os interesses da sociedade civil e os agentes econômicos, multiplicados em decorrência dos processos de desestatização. Considere-se que a regulação não se restringe apenas a leis e regulamentos. No Brasil, para fortalecer o novo marco regulatório, criaram-se várias agências reguladoras nos âmbitos federal e estadual, baseadas no princípio da autonomia e da manutenção de relações equilibradas com o governo, os usuários e as concessionárias dos serviços públicos.

Ademais, a trajetória descentralizadora firmada com a promulgação da Constituição Federal (CF) de 1988 (BRASIL 1988), como reação aos vinte anos de concentração do poder político nas mãos dos militares, alçou o fortalecimento da Federação por meio de mecanismos fiscais em benefício dos estados e dos municípios. Assim, explica-se a criação de órgãos colegiados como estratégia de transferência e divisão de responsabilidades entre a sociedade política e a sociedade civil.

A rigor, a sociedade civil é a esfera das relações políticas, econômicas e culturais que indivíduos ou grupos de indivíduos estabelecem entre si. Em outras palavras, a sociedade civil é o campo de conflitos no qual a classe dominante busca aliados para manter a direção política. Quando fortalecida, a sociedade civil faz o Estado (no sentido estrito) cumprir com os direitos sociais; faz o Estado intermediar o consenso. No modo como houve o aprofundamento da mercantilização das relações sociais, o caráter político da sociedade civil passa a ser subsumido aos interesses setoriais do mercado. Aliás, a dicotomização da ação econômica faz parecer que esta se centra somente no mercado.

O debate sobre os Conselhos Municipais de Educação (CMEs) não pode se esquivar da reflexão sobre a complexidade que envolve a democracia e a participação social na sociedade contemporânea, após a experiência da onda neoliberal. A sociedade brasileira não é mais a mesma. Nos limites deste texto, pretende-se apresentar o quadro de descentralização da educação no estado do Espírito Santo (ES) e a formação dos CMEs. Importa ressaltar o limite desta análise, haja vista os poucos estudos sobre a matéria, indicando a necessidade de um esforço no sentido de os programas de pós-graduação fomentarem pesquisas na direção de investigar os processos de descentralização das políticas educacionais.

Este texto é constituído de três partes, além desta pequena introdução e de considerações finais. A primeira parte trata de analisar o caráter da descentralização no estado do Espírito Santo antes e depois da promulgação da CF de 1988 (BRASIL 1988). A segunda parte centra-se na discussão das duas pesquisas realizadas no estado do Espírito Santo sobre CMEs. A terceira parte do texto tem por objetivo mapear os Conselhos Municipais neste estado e traçar considerações sobre o seu funcionamento. A análise aqui empreendida conclui que a existência de CMEs representa um avanço ao mesmo tempo que sofre de sérios limites na condução de um trabalho efetivamente participativo e organicamente articulado às necessidades do fortalecimento da nação brasileira.

Considerações sobre a descentralização da educação no estado do Espírito Santo

A CF de 1988 é o marco formal que consagrou o princípio de participação da sociedade civil, dando início ao processo de democratização da sociedade e de criação dos espaços públicos. A organização estatal brasileira sofreu um forte impulso descentralizador, sendo transferidas responsabilidades inéditas aos municípios quanto à formulação e à implementação de políticas públicas. A autonomia política e administrativa alcançada pelos municípios trouxe uma maior complexidade na relação entre os entes federativos, que passa a se apresentar na forma de um conjunto superposto de arenas de negociação, coordenação e produção de políticas e serviços públicos, ramificados horizontal, vertical e setorialmente em cada nível de governo. Muitas vezes se instaura a competição, outras vezes a cooperação no relacionamento entre os entes federativos.

No que diz respeito à educação, a autonomia dos municípios apresentará nuances distintas de acordo com as relações estabelecidas entre os entes da Federação, ou seja, conforme o jogo federativo brasileiro. Apesar dessa autonomia advogada pela Carta Magna, os finais dos anos de 1990 serão marcados pela atuação centralizada e verticalizada da União no processo de definição das políticas educacionais, principalmente no que se refere à divisão das responsabilidades e competências das esferas em relação às etapas da educação básica. Essa ação de cunho indutor visou não somente a este ordenamento, mas claramente denotou uma forma de a União reduzir seus custos com a educação básica. Para tanto, utilizou-se de artifícios que os governos subnacionais se viram praticamente obrigados a aceitar.

Dessa forma, podemos afirmar que o processo de descentralização ensejado nos anos 1990 esteve muito mais próximo de uma desconcentração coordenada, empreendida de cima para baixo, do que propriamente de uma descentralização no sentido de possibilitar aos entes federativos maior autonomia.

Entre os marcos legais estabelecidos pela CF destacamos o artigo 211, que diz como a União, os estados, o Distrito Federal (DF) e os municípios organizarão seus sistemas de ensino, definindo como competência desses últimos a atuação no ensino fundamental e pré-escolar (BRASIL 1988). Assim, atendendo a esses preceitos, a Lei de Diretrizes e Bases da Educação (LDB) (BRASIL 1996a), estabelece no artigo 11, parágrafo único, que os municípios incumbir-se-ão de constituir seus sistemas de ensino, podendo ainda "[...] optar por se integrar ao Sistema Estadual de Educação ou compor com ele um sistema único de educação básica".

Conforme analisam Abrucio e Couto (1996), o processo das políticas sociais empreendido nos anos 1990 se deu de forma bastante heterogênea, tendo em vista que o país vive grandes desigualdades regionais e é dividido em vários municípios pequenos. A grande maioria desses municípios caracteriza-se por baixa densidade econômica, são dependentes de transferências fiscais e sem tradição administrativa e burocrática. Nestas condições, programas de descentralização desenhados de forma a minimizar os custos financeiros e administrativos de gestão passam a ter peso importante na decisão das administrações locais.

A partir do cenário descrito, diferentes orientações têm sido formuladas pelos governos estaduais, pelas secretarias de educação ou pelos conselhos estaduais de educação no que diz respeito ao processo de municipalização[2] do ensino, constituição de seus sistemas de ensino e criação dos CMEs (TEIXEIRA 2004, p. 701).

Os governos do estado do Espírito Santo, já na década de 1970, alçaram algumas ações no sentido de criar e estruturar junto às prefeituras seus órgãos municipais de educação. A essa época, a participação do estado nas matrículas da zona rural correspondia a 90%, a dos municípios era de 9,8% e a da rede privada 0,2%. Os municípios foram progressivamente assumindo o ensino de 1º grau, mediante assistência técnica e financeira do estado (FERREIRA, COSTA 2003, p. 28).

Essas ações estiveram amparadas pela Lei nº 5.692/1971 (BRASIL 1971), em seu artigo 58, Parágrafo único, que determinava o estabelecimento de responsabilidades diferenciadas para os estados e municípios, visando à "progressiva passagem para a responsabilidade municipal de encargos e serviços de educação, especialmente de 1º grau, que, pela sua natureza, possam ser realizados mais satisfatoriamente pelas administrações locais".

2. Ver FERREIRA, COSTA 2003 e OLIVEIRA 1999.

No ano de 1975 foi instituído pelo Ministério da Educação e Cultura (MEC) o Programa de Apoio ao Desenvolvimento Urbano de municípios de Pequeno Porte (Programa Pró-Município), visando à criação, à estruturação, à ampliação e/ou reestruturação dos órgãos municipais de educação, cuja prioridade era atender os municípios das áreas rurais. Em consonância com essa política, o estado atuava com os mesmos objetivos junto aos demais municípios não priorizados pelo MEC.

Dessa forma, no final dos anos de 1970 e início dos anos de 1980 algumas prefeituras passaram a integrar em sua administração as escolas estaduais. Nesse período foi instituído na Secretaria Estadual de Educação (SEDU) o Departamento de Orientação aos Municípios e Entidades (DMP), por meio da Lei Estadual nº 3.043/1975 e do Decreto nº 917-N/1976 (cf. ESPÍRITO SANTO 1992), tendo como principal política o Projeto de Cooperação Técnica e Financeira aos Municípios para o Desenvolvimento do Ensino de 1º grau. No que tange ao financiamento, as prefeituras recebiam recursos do estado para construção, reforma e equipamento de prédios escolares, capacitação de professores e aquisição de material didático. Para efetivação desse processo, eram firmados convênios de duração, em geral, anual (FERREIRA, COSTA 2003, p. 28-29).

De acordo com Balarini (1999, p. 220), o governo do estado do Espírito Santo, em 1990, desencadeou um processo sistematizado de municipalização, criando, por meio da Lei nº 4.475/1990 (ESPÍRITO SANTO 1990), o Programa de Municipalização na Oferta do Ensino Pré-escolar e Fundamental (Promune). Em consequência dessa lei, afirma Balarini (1999), foram estabelecidos convênios "com praticamente todas as prefeituras", e esses convênios eram de duas espécies: um de integração, em que não se cogitava transferir encargos ao município, mas integrar coisas. Dessa forma, o gerenciamento da rede escolar ficava a cargo do órgão municipal de educação. A outra espécie de convênio era o de municipalização, em que as unidades de ensino eram totalmente transferidas para os municípios que assim o desejaram, bem como seus encargos. Contudo, conforme avalia a autora, esse processo não se efetivava, pois o estado permanecia como mantenedor das escolas de forma a permitir que os municípios devolvessem as escolas para o estado.

Apesar disto, o estado deu um passo no sentido de induzir a criação e a organização dos órgãos municipais de educação e de seus órgãos normatizadores. Destaca-se que para a efetivação do convênio que era estabelecido entre as partes nesse processo exigia-se, conforme cláusula 4ª, Das obrigações dos partícipes, letra "m", itens 1, 2 e 3:

1. criação do Órgão Municipal de Educação (onde não houver);
2. criação, implantação e funcionamento do Conselho Municipal de Educação (onde isto não tenha ainda ocorrido), de acordo com a legislação vigente e nos mesmos moldes do Conselho Estadual de Educação e Conselhos

de Escola. A CRIAÇÃO DO CONSELHO MUNICIPAL DE EDUCAÇÃO (CME) será imprescindível para urgenciar a total aplicação deste CONVÊNIO;
3. elaboração, aprovação e adoção de um Regimento Interno do Conselho Municipal de Educação... (ESPÍRITO SANTO 1992).

Além disso, consta como uma das metas do Promune (ESPÍRITO SANTO 1992, p. 8) a criação e o funcionamento de 42 CMEs. Nesse documento, esses Conselhos são definidos como "órgãos formuladores de políticas normativas, deliberativos e fiscalizadores no âmbito do Município". Isso explica por que, em grande medida, a maioria desses CMEs foi criada no final dos anos de 1990, como veremos nos dados da próxima seção. Trata-se de uma ação deliberada por parte do governo estadual no sentido de transferir para os municípios a responsabilidade pelo ensino fundamental.

Essa ação efetivar-se-á no biênio 1997/1998, com a implantação pelo governo federal de uma política de financiamento de transferência de recursos por meio de um Fundo[3] chamado Fundo de Manutenção e Desenvolvimento do Ensino Fundamental e de Valorização do Magistério (Fundef). Esse modelo de financiamento, conforme analisa Cury (2002, p. 175), foi instituído com o objetivo de assegurar a manutenção e o desenvolvimento do ensino fundamental e, ao mesmo tempo, manter esse nível de ensino como foco das políticas educacionais com o envolvimento das três esferas federadas, com a prioridade dessa etapa atribuída aos municípios. Em dezembro de 2005 houve a substituição pelo Fundo de Manutenção e Desenvolvimento da Educação Básica e Valorização dos Profissionais da Educação Básica (Fundeb)[4].

Pode-se afirmar que a LDB é omissa em relação à necessidade de elaboração de políticas e planos locais de educação, mas a lei ressalta a integração entre os sistemas

---

3. O Fundef, também chamado de Fundão do ensino, foi regulamentado pela Lei nº 9.424, em dezembro de 1996 (BRASIL, 1997), e prevê que no mínimo 15% (60% de 25%) de todos os impostos devem ser aplicados no ensino fundamental pelos estados e municípios. Esses recursos, uma vez reunidos num fundo de âmbito estadual, devem ser repassados ao governo estadual e às prefeituras segundo estes critérios: 1) número de matrículas no ensino fundamental — de acordo com a Emenda Constitucional (EC) 14/1996 (BRASIL 1996b) — ou ensino fundamental regular presencial, segundo a Lei 9.424/1996 (BRASIL 1997), no ano anterior; 2) estimativas de matrículas para o ano seguinte; 3) custos diferenciados do aluno (1ª a 4ª, 5ª a 8ª, escola rural, educação especial). Cabe lembrar que os critérios 2 e 3 não constam da EC 14/1996, mas apenas da Lei 9.424/1996.

4. Aprovado a partir da EC 53/2006 (BRASIL, 2006), o Fundeb — Lei 11.494/2007 (BRASIL, 2007) — tem como objetivo o financiamento da educação básica (educação infantil, inclusive creche, ensino fundamental, ensino médio, educação de jovens e adultos). Este Fundo é composto por uma cesta de 20% de impostos provenientes de estados e municípios e de uma parcela de complementação da União. Segundo projeto de criação, este atenderá a 47,2 milhões de alunos da educação básica. Sua vigência está prevista para 2006 a 2019.

locais, estaduais e a União mediante um regime de colaboração. Por sua vez, a LDB atribui apenas à União e aos estados a possibilidade de elaborar políticas e planos educacionais, em seus artigos 9 (inciso I) e 10 (inciso III) (BRASIL 1996).

No estado do Espírito Santo, Ballarini (1999, p. 220) considera que o processo vivido em 1997/1998 é de municipalização, e não de cooperação entre estado e municípios. Assinala que o estado, neste período, transferiu mais matrículas do que previa para os municípios; de acordo com os cálculos, estes últimos deveriam absorver 38.750 matrículas para que houvesse equilíbrio em relação à implantação do fundo, "ou seja, que nem estado nem município perdessem nem ganhassem dinheiro". Assim, o estado efetivou a municipalização de 55.000 alunos. Avalia que o limite colocado foi exatamente o cálculo feito pelos envolvidos da capacidade de financiamento dentro dos parâmetros estabelecidos pelo Fundef.

Prova disso é o decréscimo da rede estadual na oferta de matrículas no ensino fundamental entre os anos 1991 e 2002. Em 1991, a rede estadual de ensino possuía 57,24% do total das matrículas e a rede municipal 30,4%; em 2002 esse quadro praticamente é invertido — a rede estadual cai para 40,51% e a rede municipal aumenta sua participação para 50,25% do total das matrículas ofertadas para esse nível de ensino. Em 2011, a participação da rede municipal aumenta significativamente para cerca de 67% das matrículas do estado, conforme mostra a tabela abaixo:

TABELA 1
Matrícula da educação infantil, do ensino fundamental e do ensino médio das redes estadual e municipal do estado do Espírito Santo — 2011

Rede escolar	Creche	Pré-escola	Total	1ª a 4ª/ Anos iniciais	5ª a 8ª/ Anos finais	Total	Ensino médio	Total geral
Estadual	0	0	0	45.747	79.807	125.554	112.592	238.146
Municipal	53.979	79.922	133.901	212 138	136.896	349.034	129	483.064
Total	53.979	79.922	133.901	257 885	216.703	474.588	112.721	721.210

FONTE: ESPÍRITO SANTO (2012)

Outro fator importante a ser levado em conta no processo de municipalização e no que se denominou descentralização da educação refere-se à capacidade de fortalecimento dos marcos democráticos diante das relações estabelecidas entre as esferas nacional e subnacionais. Para Duarte (2002), o fortalecimento de marcos democráticos mais substantivos de descentralização em nível local acha-se condicionado pelo grau de congruência entre a capacidade real de decidir e a capacidade de implementar do poder público local. Portanto, torna-se necessário que as relações entre os municípios e os cidadãos potencializem formas de controle público sobre as ações desenvolvidas. Por sua vez, os municípios devem reduzir sua dependência em relação à adoção de programas e projetos elaborados pelo governo central por meio do incentivo de formação técnica interna. Ademais, é importante diversificar as formas de atendimento e operação dos serviços educacionais para atendimento mais efetivo aos problemas locais.

No decorrer da história da descentralização da educação no estado do Espírito Santo, essa experiência tem como desencadeador nas políticas educacionais a constituição dos CMEs. Para além de suas funções meramente burocráticas, os Conselhos têm como desafio a articulação e a mobilização de questões que vão da gestão democrática da educação à garantia dos direitos da população à escola e à educação (FERREIRA 2006; 2007).

Nesse sentido, conforme analisa Ferreira (2006; 2007), há duas interpretações referentes à criação dos Conselhos municipais, apontando para direções opostas. Uma entende a criação dos CMEs como parte da estratégia da transferência da responsabilidade pela gestão administrativa do ensino fundamental e da educação infantil. Aponta-se, a partir dessa linha de argumentação, que há por trás de um discurso de descentralização e democratização da gestão uma estratégia da responsabilização dos municípios pela escolarização mínima de sua população. Enquanto isso, a União teria seu orçamento "livre" para o pagamento de juros da dívida externa e outros compromissos.

Outro argumento utilizado por essa perspectiva sustenta-se na ideia de que o modelo da política educacional tem uma aparência descentralizadora, porém esconde uma engenharia em que estados e municípios ficam "amarrados" pela estrutura traçada no âmbito federal. Assim, os CMEs, nessa etapa de implementação dos sistemas de ensino, têm uma tendência a cumprir funções muito mais normativas e propícias à burocratização e à legitimação das ações do Executivo.

A segunda interpretação entende como positiva a presença da sociedade civil na composição dos Conselhos, apontando para uma nova concepção de gestão e para a afirmação das novas identidades dos atores sociais antes excluídos e como um espaço potencial de exercício da cidadania e do controle da coisa pública.

Essa interpretação é estimulada no seio da luta pela participação popular na gestão pública desde a década de 1970 e inscrita posteriormente na CF 1988 (BRASIL 1988). No conjunto de transformações vividas na década de 1990, no âmbito das reformas do Estado, a forma de gestão descentralizada por meio de Conselhos passa a ser a tônica dos planos e projetos governamentais.

Resta analisar se a constituição dos CMEs materializa a participação de segmentos sociais comprometidos com o desenvolvimento da democratização quantitativa e qualitativa da educação. No estado do Espírito Santo foram encontradas duas pesquisas realizadas no âmbito dos programas de pós-graduação da Universidade

Federal do Espírito Santo (Ufes) que revelam a dinâmica dos CMEs em duas importantes localidades do estado, a capital, Vitória, e no outro município mais populoso do estado, a cidade de Serra.

Os CMEs no estado do Espírito Santo

Dos 78 municípios do estado do Espírito Santo cinco ainda não possuem Conselho Municipal de Educação constituído, e a maioria foi criada no final da década de 1990. Por sua vez, somente 22 municípios possuem sistema de educação (PIRCHINER 2012). Isto é, a grande maioria dos municípios segue as normatizações da rede estadual e, provavelmente, deixa o Conselho Municipal de Educação com reduzida capacidade de atuação, podendo assim submeter-se à burocratização estatal, o que dificulta sua autonomia e limita a possibilidade de diálogo.

Essa situação de autonomia limitada foi comprovada no levantamento realizado pela União dos Conselhos Municipais de Educação do Estado do Espírito Santo (Ucme/ES) acerca do funcionamento dos CMEs no estado, em que se constatou que, além da reduzida atuação dos Conselhos nos municípios onde não há sistema de ensino, em todos eles a presidência é ocupada pelo secretário municipal de Educação. Em geral, é o secretário de educação que define a pauta das ações dos Conselhos, que costumeiramente servem para referendar as decisões já tomadas pelo governo.

Contrapondo o que ocorreu na maioria dos municípios do estado, em Vitória o Sistema Municipal de Ensino foi criado por meio da Lei nº 4.747, de 8 de julho de 1998 (ESPÍRITO SANTO 1998), e, em seguida, seu órgão normatizador: CME. Na pesquisa de mestrado desenvolvida por Natal (2011), a autora aponta que tal fato ocorreu em razão da divergência entre as normas estabelecidas pelo Conselho Estadual de Educação (CEE) e os interesses do município, além do disposto em sua Lei Orgânica (LO). Natal (2011) afirma também que esse movimento foi motivado pelo interesse do governo da época em estabelecer as regras para a organização do ensino fundamental, contrariando o que fora estabelecido pelo CEE, principalmente no que se referia ao quantitativo de alunos por turma e à distribuição da carga horária das aulas.

Em levantamento feito sobre a realidade dos CMEs no estado do Espírito Santo, observou-se que a representatividade dos segmentos sociais na organização desses Conselhos é relativamente variada, pois existem aqueles mais "enxutos", com previsão de cinco, seis, sete ou oito membros titulares, enquanto outros municípios contam com vinte, 24 e até 29 membros titulares. Geralmente, os segmentos de professores, pais, alunos, sindicatos de professores da rede pública e privada e setores do Executivo e do Legislativo ocupam a representação nos Conselhos. Tendo em vista o reduzido acúmulo de pesquisa sobre essa realidade no estado, não podemos afirmar que um maior número de participantes demonstra uma prática democrática mais efetiva e vice-versa.

CMEs de Vitória e Serra: estudos de caso

Após levantamento no Banco da Coordenação de Aperfeiçoamento de Pessoal de Nível Superior (Capes) sobre pesquisas desenvolvidas sobre CMEs no estado do Espírito Santo, foram encontradas duas realizadas no âmbito dos programas de pós-graduação da Ufes: i) pesquisa de Natal (2011) referente à dissertação de mestrado sob o título *O Conselho Municipal de Vitória/ES como espaço de produção das políticas educacionais: a constituição de uma esfera pública?*; ii) pesquisa também concernente à dissertação de mestrado de Ferreira (2006), intitulada *Participação, sociedade civil e a capacidade de influenciar políticas sociais: o caso do Conselho Municipal de Educação da Serra/ES-CMEs*, adaptada para publicação em Anais de evento científico (FERREIRA 2007).

Os trabalhos de Ferreira (2006; 2007) e de Natal (2011) tiveram como base metodológica a pesquisa qualitativa por meio de estudo de caso, priorizando em suas análises e coletas de dados[5] o uso de técnicas como observação[6], aplicação de questionário e entrevista, além de análise documental.

A pesquisa de Ferreira (2006; 2007) teve como problema investigativo a análise da participação da sociedade civil nos conselhos gestores de políticas públicas a partir de um estudo de caso: o CME de Serra. A ênfase do estudo centrou-se na influência exercida pelo Conselho na elaboração das políticas educacionais do município, e ao mesmo tempo buscou a direção dessa influência. O objetivo geral foi identificar o poder de deliberação sobre a política educacional do município e se essa influência é o resultado da participação mais ampla da sociedade e de uma publicização do debate acerca da política educacional. Dessa forma, a pesquisa analisou, a partir da história social, política e econômica do município, a relação entre movimentos sociais dos anos de 1970/1980 e a organização, a mobilização e o funcionamento do CME.

A pesquisa de Natal (2011) objetivou compreender o papel do CME de Vitória[7] na gestão pública da educação de Vitória a partir da criação do sistema de ensino.

5. Os dados mencionados foram coletados por meio de entrevista com a coordenadora da Uncme-ES, que realizou levantamento junto a todos os CMEs do estado por meio das coordenações regionais com o objetivo de verificar se estes funcionam de forma efetiva.

6. Conforme descrito em sua dissertação, participou, durante um ano, de todas as sessões plenárias do CMEs, as quais foram registradas em caderno de campo com roteiro previamente elaborado a partir dos objetivos da pesquisa.

7. Originalmente denominado Comev pelo autor.

Sendo assim, analisou o impacto da ampliação da participação social na gestão da educação, a partir das correlações de forças apresentadas pelos grupos da sociedade civil organizada e dos governos que se sucederam durante os anos 1998 a 2010.

A metodologia adotada possibilitou compreender a dinâmica de funcionamento dos Conselhos não só no que diz respeito ao modo como operam do ponto de vista burocrático, mas desvelar como o Conselho é também um espaço de disputa de interesses. Certamente esses interesses influenciam a definição das pautas e deliberações das matérias em discussão, cuja evidência é declarada nos momentos de votação. Sobretudo, foi observado que esses interesses são negociados pelos representantes das entidades junto ao governo ou pelos sindicatos, que, notadamente, apresentam agendas específicas, mas por vezes divergentes.

Nas duas pesquisas aqui analisadas, no que se refere à composição dos Conselhos, ambos não apresentam muita diferença em relação à quantidade de membros, mas uma relativa variação em relação às entidades que os compõem. No CME há, por exemplo, representação da Federação das Associações de Moradores da Serra (Fams), que historicamente atuou de forma proativa enquanto movimento social, encontrando-se, atualmente, em uma fase de atuação considerada *institucionalizada*[8]. Todavia, ainda é possível perceber a movimentação ativa de alguns de seus atores. Apesar disso, o representante que ocupava o assento à época da pesquisa também fazia parte do quadro de servidores da Secretaria Municipal de Educação em cargo de comissão.

Uma situação análoga ocorre no Comev por meio da entidade denominada Conselho Popular de Vitória (CPV), cuja natureza em muito se assemelha à Fams. Este assento foi ocupado na maior parte dos anos por um representante que também pertencia ao quadro do magistério público do município. As autoras apontam que o fato de estes sujeitos estarem nestes espaços compromete o nível de representação da entidade no Conselho. Concluem que essa situação pode ser explicada por dois fatores: o primeiro refere-se à baixa comunicação estabelecida entre o representante e a entidade que representa, associada à incompreensão de seu papel no Conselho; o outro relaciona-se às pressões que este representante sofre em algumas situações. Destacam a partir da análise feita que há pouco controle por parte de algumas entidades sobre as decisões tomadas por seus representantes. O que não ocorre por parte do poder público, pois este se articula, tem conhecimento prévio da matéria a ser votada e monitora as deliberações de seus representantes, além de exercer influência sobre outras entidades.

8. Ver Relatório Completo Agenda 21 da Serra — tema Movimentos Sociais (disponível em: <http://www.serra.es.gov.br>; acesso em: 30 mar. 2012), assim como, no que se refere aos movimentos sociais, Doimo 1995.

Outra entidade com assento no CME é a Associação de Empresários da Serra (Ases), que cumpre, dentro de seus objetivos, a defesa dos interesses do empresariado local, visando a fomentar sua atuação em âmbito local/regional. Essa entidade tem assento no CME de Serra porque requereu, fazendo que a lei do Conselho sofresse alteração. Apesar da notada contribuição desta entidade nos debates realizados no Conselho, Ferreira (2006; 2007) conclui que este é um exemplo da heterogeneidade dos interesses que comportam os segmentos da sociedade civil que possuem assento nos Conselhos, cujo objetivo é ocupar espaços de articulação política, o que lhes confere maior prestígio social e, consequentemente, maior poder para influenciar as decisões acerca das políticas pensadas para a cidade. Dessa maneira, apesar de na maioria das vezes demonstrarem articulação com o poder público, podem apresentar um discurso de conciliação dos interesses antagônicos em disputa.

Ferreira (2006; 2007) afirma ser de destaque a participação do Ministério Público por meio da Promotoria da Educação, apesar de não possuir assento enquanto entidade no CME. Foi possível observar na pesquisa de Ferreira (2006; 2007) um discurso em que a política de educação é vista como fundamental para a formação cidadã da população serrana. Esse discurso materializou-se em ações como a busca pela garantia do estabelecido na lei e por processos de mediação junto à Secretaria de Educação e aos Conselhos Tutelares, em situações, geralmente conflituosas, muito recorrentes nas unidades de ensino do município de Serra.

Pode-se afirmar que os dois trabalhos se aproximam em vários pontos de análise. Ambos se situam na perspectiva de análise sobre os CMEs em que há uma maior preocupação com a qualidade da participação e o impacto dela sobre a gestão pública (NATAL 2011), contrariando a maioria dos estudos sobre CMEs realizados até os anos 2000, que tendiam a um otimismo eufórico.

Destaca-se nos estudos a referência ao contexto em que emergem essas formas de participação institucionalizadas, como no caso dos CMEs, mais precisamente a partir dos anos de 1990, quando os conceitos de sociedade civil e de participação são apropriados pelo ideário neoliberal adotado no país, arquitetado em nível internacional, por força de uma nova fase de acumulação capitalista (BEHRING 2003).

Nesse contexto, disseminou-se a ideia de um Estado em crise e ineficiente, conforme ressaltado por Mota (2005). Essa representação do Estado veio corroborar a trágica história brasileira de um Estado não provedor das políticas sociais, aumentando o descrédito nesta instituição por parte da população de um modo geral. Por outro lado, trabalhou-se no sentido de legitimar ações de entidades da sociedade civil, dotando-as não só de recursos públicos, mas de credibilidade porque mais eficientes e eficazes, ao contrário da máquina estatal (MONTAÑO 2002). Segundo essa ideia a sociedade civil passou a ser o reino das virtudes e o Estado, a incorporação do mal

(NOGUEIRA 2004). Bem resumido por Behring (2001): o nosso país identifica-se pela restrição da democracia representativa em "tempos aparentemente democráticos".

Nesse contexto de afastamento do Estado como provedor das políticas sociais básicas e redução de seus gastos, a participação foi apropriada segundo uma lógica gerencialista, de caráter instrumental, para aumentar a eficiência com os gastos públicos e como forma de responsabilização da sociedade civil (TATAGIBA 2003; VASCONCELOS 2003).

Essa reflexão é de fundamental importância na análise sobre a participação em Conselhos Gestores, já que os movimentos sociais ensejados nos anos 1970/1980 advogavam esta abertura do Estado e a possibilidade de intervir nas decisões referentes aos gastos dos recursos públicos e de seu controle e ainda como forma de consolidação da democracia. Todavia, há uma dissintonia entre o discurso oficial e as práticas efetivadas de participação. Nesse sentido, os estudos empíricos foram imprescindíveis para ampliar o conhecimento sobre a dinâmica e os contextos de participação, assim como sobre o aprofundamento e a inovação teórica sobre o tema.

Diante do exposto, constatou-se que, ancoradas em referenciais críticos como os de Karl Marx, Antonio Gramsci e Hannah Arendt, as autoras dos estudos sobre os CMEs no estado do Espírito Santo apontaram seus limites e as possibilidades de ampliação da participação e de sua influência nas decisões da política educacional sem cair na armadilha de uma relação dicotômica entre Estado e sociedade. A seguir passamos a descrever, de forma resumida, as conclusões que suas pesquisas possibilitaram.

Os CMEs são espaços de lutas de classes e de interesses. Não se constituem, portanto, em uma arena desprovida de disputas de poder, particularistas e/ou corporativistas, sejam elas provenientes dos representantes da sociedade civil ou do governo. O fato de se constituírem, em sua maioria, como órgãos vinculados aos governos tende a aproximá-los de uma prática que reforça a responsabilização do Estado em vez de fortalecer o controle social.

O representante do governo (no caso, da Secretaria de Educação) é geralmente quem faz a ligação junto ao CMEs, bem como detém o domínio da burocracia. Nesse sentido, ocupa a função de conselheiro (a serviço da sociedade), mas é sobretudo o guardião das regras que regem e controlam as ações e os interesses do Estado.

A trajetória do Comev e do CMEs aponta para uma potencial e real possibilidade de avanço na construção de formas mais democráticas de gestão das políticas sociais na medida em que amplia a participação de outros atores na arena discursiva, com tendência a fortalecer o questionamento da tradição centralista dos governos do país.

A constituição dos CMEs ainda apresenta limites como instrumento democrático e participativo, pois há uma supervalorização da competência técnica, além da existência de estratégias de controle por parte dos grupos de poder de influência sobre as pautas e debates e a falta de prioridade em relação à capacitação/formação dos conselheiros (NATAL 2011). Interessante destacar que Ferreira (2006; 2007) em suas conclusões considera que os CMEs vêm se constituindo em espaços de formação de uma "elite" técnica em nível local, porque são um espaço de formação. E que inclusive na maior parte das legislações o critério de escolha para ser conselheiro é possuir conhecimento na área.

Os CMEs apresentam baixa capacidade de exercer sua função deliberativa, pois acabam por não atuar de forma propositiva, tampouco definem uma pauta e deliberam acerca dela. Nesse sentido, as pesquisas apontaram três fatores que se interligam e acabam produzindo uma baixa participação política no CME: a participação limitada às entidades com assento no CME; a baixa representatividade destas entidades junto à sociedade em geral; a reduzida participação dos segmentos mais pobres e menos escolarizados da população.

Outro aspecto apontado por Ferreira (2006; 2007) que corrobora a dificuldade da participação das camadas populares e de outros segmentos da sociedade é a ideia de que pensar a educação enquanto uma área de conhecimento é tarefa para os especialistas da área, porque são conhecedores do assunto. Essa situação se agrava na medida em que se constata que, além da fragilidade entre as entidades e seus representantes, estas, por sua vez, também não estabelecem uma relação com as demais entidades que tendem a agregar os interesses coletivos, ou seja, das demandas sociais da cidade.

Conclusão

Os CMEs podem ser analisados como a presença de novos atores na gestão das políticas educacionais que, a princípio, remete a uma democratização da sociedade ao mesmo tempo em que problematiza a existência real de uma multiplicidade de centros de poder e o lugar do Estado. Nessa arena política, a tensão mais profunda pode se apresentar na ação privatizante do público, já que não existe uma linearidade entre o planejamento e a execução das políticas educacionais, sendo essa trajetória percorrida por interesses diversos e conflitantes. E, no limite, a regulação se dá pela hegemonia global.

As análises dos estudos de Behering (2001), Gohn (2003), Raichelis (1998), Santos (2000), Silva (2005) e Tatagiba (2002; 2003) sobre Conselhos apontam que, se por um lado há uma hegemonia do ideário da participação, por outro esta participação assume significados diversos, tendo em vista as várias concepções em torno da reforma do Estado e da hegemonia do ideário neoliberal. Entre as análises, pelo menos duas vertentes podem ser identificadas: uma de caráter instrumental, concebendo a participação como um meio eficaz para alcance de objetivos preestabelecidos (democracia gerencial); outra ampliada, que reconhece as desigualdades sociais e a presença de interesses e conflitos, ressaltando a dimensão política da participação.

A análise sobre os Conselhos Municipais no estado do Espírito Santo não pode prescindir dessas premissas sobre o contexto político e econômico, sobretudo porque a maioria dos Conselhos Municipais existentes no estado foi criada ao longo da década de 1990. Conforme já ressaltado, essa década caracteriza-se pelas reformas educacionais, com ênfase na gestão descentralizada e no perfil do Estado avaliador.

Por outro lado, vale inferir com base nas duas pesquisas aqui apresentadas que é reconhecido o papel do Conselho Municipal de Educação de Vitória na gestão pública e na democratização das relações sociais e políticas, "no entanto tem limites que são inerentes à própria trajetória de sua constituição, como, por exemplo, a supervalorização da sua condição técnica, as estratégias de controle por parte de grupos com maior poder de influência sobre as pautas e debates e a falta de prioridade em relação à capacitação/formação dos conselheiros" (NATAL 2011, p. 145).

Na pesquisa de Ferreira (2006; 2007) sobre o CME de Serra, não obstante a constatação dos avanços significativos na discussão democrática com a criação do Conselho Municipal de Educação, a autora chama a atenção para três fatores interligados que "acabam produzindo uma baixa participação política no CME: a participação limitada às entidades com assento no CME; a baixa representatividade destas entidades junto à sociedade em geral; e a reduzida participação dos segmentos mais pobres e menos escolarizados da população" (FERREIRA 2006, p. 175).

Como afirma Behring (2001), estamos diante de um quadro desfavorável às práticas democráticas no qual os Conselhos são atingidos, o que dificulta o pleno exercício de seu papel constitucional, legal e político. Ainda assim, acreditamos na perspectiva de que os Conselhos têm grandes potencialidades como arenas de conflitos e negociação, em que a política de educação será definida no jogo de interesses antagônicos. Mas de maneira alguma os Conselhos podem ser pensados como os únicos espaços de participação. Portanto, é fundamental a vinculação dos Conselhos com os demais movimentos da sociedade em prol da luta pela radicalização da democracia e da cidadania como ação estratégica de fortalecimento da participação política e da ampliação da esfera pública.

Referências

ABRUCIO, Fernando, COUTO, Cláudio. A redefinição do papel do estado em âmbito local. *São Paulo em Perspectiva*, São Paulo, v. 10, nº 3 (1998) 40-47.

BALLARINI, Marluza de Moura. A integração de ações de estado e município. In: CONSED. *Gestão educacional*: tendências e perspectivas. São Paulo, Cenpec, 1999, p. 220-223 (Série Seminários CONSED).

BEHRING, Elaine Rossetti. *Brasil em contra reforma*: desestruturação do Estado e perda de direitos. São Paulo, Cortez, 2003.

_____. Os Conselhos de Assistência Social e a construção da democracia. *Cadernos ABONG*, São Paulo, v. 30 (nov. 2001) 93-116.

BRASIL. Constituição (1988). Constituição da República Federativa do Brasil. *Diário Oficial [da] República Federativa do Brasil*. Brasília, 5 out. 1988.

_____. Lei nº 9.394, de 20 de dezembro de 1996. Estabelece as Diretrizes e Bases da Educação Nacional. *Diário Oficial [da] República Federativa do Brasil*, Brasília, 23 dez. 1996a.

_____. Emenda Constitucional nº 14, de 12 de setembro de 1996. Modifica os artigos 34, 208, 211 e 212 da Constituição Federal e dá nova redação ao artigo 60 do Ato das Disposições Constitucionais Transitórias. *Diário Oficial [da] República Federativa do Brasil*, Brasília, 13 set. 1996b.

_____. Emenda Constitucional nº 53, de 19 de dezembro de 2006. Dá nova redação aos arts. 7º, 23, 30, 206, 208, 211 e 212 da Constituição Federal e ao art. 60 do Ato das Disposições Constitucionais Transitórias. *Diário Oficial [da] República Federativa do Brasil*, Brasília, 9 mar. 2006.

_____. Lei nº 11.494, de 20 de junho de 2007. Regulamenta o Fundo de Manutenção e Desenvolvimento da Educação Básica e de Valorização dos Profissionais da Educação — FUNDEB, de que trata o art. 60 do Ato das Disposições Constitucionais Transitórias; altera a Lei no 10.195, de 14 de fevereiro de 2001; revoga dispositivos das Leis nº 9.424, de 24 de dezembro de 1996, 10.880, de 9 de junho de 2004, e 10.845, de 5 de março de 2004; e dá outras providências. *Diário Oficial [da] República Federativa do Brasil*, Brasília, 21 jun. 2007.

_____. Lei nº 5.692, de 11 de agosto de 1971. Fixa Diretrizes e Bases para o ensino de 1º e 2º graus, e dá outras providências. *Diário Oficial [da] República Federativa do Brasil*, Brasília, 12 ago. 1971.

_____. Lei nº 9.424, de 24 de dezembro de 1996. Dispõe sobre o Fundo de Manutenção e Desenvolvimento do Ensino Fundamental e de Valorização do Magistério, na forma prevista no art. 60, § 7º, do Ato das Disposições Constitucionais Transitórias, e dá outras providências. *Diário Oficial [da] República Federativa do Brasil*, Brasília, 1º jan. 1997.

CURY, Carlos Roberto Jamil. A educação básica no Brasil. *Educação & Sociedade*, Campinas, v. 23, nº 80 (set. 2002) 168-200.

DOIMO, Ana Maria. *A vez e a voz do popular*: movimentos sociais e participação política no Brasil pós-70. Rio de Janeiro, Relume Dumará/ANPOCS, 1995.

DUARTE, Marisa Ribeiro Teixeira. Sistemas públicos de educação básica e relações intergovernamentais. *Perspectiva*, Florianópolis, nº 2, v. 20 (jul.-dez. 2002) 303-327.

ESPÍRITO SANTO (estado). Lei nº 4.475, de 28 de novembro de 1990. Dispõe sobre a municipalização do Ensino Público no Espírito Santo e dá outras providências. *Diário Oficial [do] Estado do Espírito Santo*, Vitória, 3 dez. 1990.

_____. Secretaria de Estado da Educação do Espírito Santo. *Programa de Oferta do Ensino Pré-escolar e Fundamental — PROMUNE*. Vitória, SEDU, 1992.

_____. *Censo escolar*. Vitória, SEDU/GEIA, 2012.

ESTEVÃO, Carlos V. *Educação, justiça e democracia*: um estudo sobre as geografias da justiça em educação. São Paulo, Cortez, 2004.

FERREIRA, Andreza Alves. Participação, sociedade civil e a capacidade de influenciar políticas sociais: o caso do Conselho Municipal de Educação da Serra/ES-CMEs. In: SIMPÓSIO BRASILEIRO DE POLÍTICA E ADMINISTRAÇÃO DA EDUCAÇÃO, 23, CONGRESSO LUSO-BRASILEIRO, 5, COLÓQUIO IBERO-AMERICANO, 1, 2007, Porto Alegre. *Anais*... Niterói, ANPAE, 2007, p. 1-14. 1 CD-ROM.

_____. *Participação, sociedade civil e a capacidade de influenciar políticas sociais:* o caso do Conselho Municipal de Educação da Serra (CMES). Dissertação (Mestrado em Política Social). Vitória, Centro de Ciências Jurídicas e Econômicas, Universidade Federal do Espírito Santo, 2006.

FERREIRA, Andreza Alves, COSTA, Everaldo Francisco. *O processo de municipalização do ensino fundamental no estado do Espírito Santo*. Monografia (Especialização em Gestão Municipal de Políticas Públicas). Vitória, Instituto Saber & Cidadania, Faculdades Integradas de Vitória, 2003.

GONH, Maria da Glória. *Conselhos gestores e participação sociopolítica*. São Paulo, Cortez, 2003.

MONTAÑO, Carlos. *Terceiro setor e questão social*: crítica ao padrão emergente de intervenção social. 2. ed. São Paulo, Cortez, 2002.

MOTA, Ana Elizabete. *Cultura da crise e seguridade social*: um estudo sobre as tendências da previdência e da assistência social brasileira nos anos 80 e 90. 3. ed. São Paulo, Cortez, 2005.

NATAL, Cirlane Mara. *O Conselho Municipal de Vitória/ES como espaço de produção das políticas educacionais:* a constituição de uma esfera pública? Dissertação (Mestrado em Educação). Vitória, Centro de Educação, Universidade Federal do Espírito Santo, 2011.

NOGUEIRA, Marco Aurélio. *Um Estado para a sociedade civil*: temas éticos e políticos da gestão democrática. São Paulo, Cortez, 2004.

OLIVEIRA, Cleiton de et al. *Municipalização do ensino no Brasil*: algumas leituras. Belo Horizonte, Autêntica, 1999.

PIRCHINER, Teresa Margarida. *Organização e funcionamento dos Conselhos Municipais de Educação do estado do ES*. 2012. Serra, 23 mar. 2012 (entrevista concedida a Andreza Alves Ferreira pela coordenadora da UNCME/ES).

RAICHELIS, Raquel. *Esfera pública e Conselhos de Assistência Social*: caminhos da construção democrática. São Paulo, Cortez, 1998.

SANTOS, Mauro Rego Monteiro dos. *Conselhos municipais:* a participação cívica na gestão das políticas públicas. Dissertação (Mestrado em Planejamento Urbano). Rio de Janeiro, Instituto de Pós-graduação em Planejamento Urbano e Regional, Universidade Federal do Rio de Janeiro, 2000.

SERRA (Município). *Agenda 21*. Espírito Santo, 2007/2027. Disponível em: <http://www.serra.es.gov.br/portal_pms/ecp/comunidade.do?evento=portlet&pIdPlc=ecpTaxonomiaMenuPortal&app=agenda21&tax=5774&lang=pt_BR&pg=5150&taxp=0&>. Acesso em: 30 mar. 2012.

SILVA, Jeane Andréa Ferraz. *Sociedade civil e Conselhos de Assistência Social:* contradição entre o adensamento e o esvaziamento da participação. Dissertação (Mestrado em Serviço Social). Rio de Janeiro, Faculdade de Serviço Social, Universidade do Estado do Rio de Janeiro, 2005.

TATAGIBA, Luciana. Os conselhos gestores e a democratização das políticas públicas no Brasil. In: DAGNINO, Evelina (org.). *Sociedade civil e espaços públicos no Brasil*. São Paulo, Paz e Terra, 2002, p. 47-103.

______. *Participação, cultura política e modelos de gestão:* a democracia gerencial e suas ambivalências. Tese (Doutorado em Ciências Sociais). Campinas, Departamento de Ciência Política do Instituto de Filosofia e Ciências, Universidade de Campinas, 2003.

TEIXEIRA, Lúcia Helena G. Conselhos Municipais de Educação: autonomia e democratização do ensino. *Cadernos de Pesquisa*, São Paulo, v. 34, nº 123 (set./dez. 2004) 691-708.

VASCONCELOS, Maria Celi Chaves. Conselhos Municipais de Educação: criação e implantação em face das novas atribuições dos sistemas municipais de ensino. In: SOUZA, Donaldo Bello de, FARIA, Macedo Ciomar Lia (orgs.). *Desafios da educação municipal*. Rio de Janeiro, DP&A, 2003, p. 107-122.

VITÓRIA (município). Lei nº 4.747, de 27 de julho de 1998. Institui o Sistema Municipal de Ensino de Vitória, capital do Espírito Santo, e dá outras providências. *Diário Oficial [do] Estado do Espírito Santo*, Vitória, 30 jul. 1998.

CMEs no estado do Rio de Janeiro: sobre a autonomia concedida e a submissão herdada

Donaldo Bello de Souza
Maria Celi Chaves Vasconcelos

A constituição dos sistemas municipais de ensino no estado do Rio de Janeiro

O termo sistema educacional aparece pela primeira vez na Constituição Federal (CF) de 1934, quando estabelece, em seu artigo 150, que compete à União organizar e manter nos territórios sistemas educativos apropriados a eles, e no artigo 151 que "compete aos estados e ao Distrito Federal organizar e manter sistemas educativos nos territórios respectivos, respeitadas as diretrizes estabelecidas pela União" (BRASIL 1934).

A partir de então intenta-se estabelecer uma organização sistêmica da educação que, com a CF de 1988, veio a abarcar a formação dos sistemas municipais de ensino, conforme o disposto em seu artigo 211: "a União, os estados, o Distrito Federal e os municípios organizarão em regime de colaboração seus sistemas de ensino" (BRASIL 1988).

Com efeito, de acordo com Jamil Cury, em parecer do Conselho Nacional de Educação (CNE) (BRASIL, CNE, CEB 2000, p. 25), até a CF de 1988 havia o dispositivo que instituía os estados, o Distrito Federal e a União como sistemas de ensino. 'Os municípios não eram titulares de sistemas de ensino e só poderiam sê-lo por meio de uma delegação autorizativa por parte dos estados." A CF de 1988 dá aos municípios esta titularidade que vai ser regulamentada pela Lei de Diretrizes e Bases da Educação (LDB), nº 9.394/96, cujas diretrizes irão propiciar a organização dos sistemas municipais de ensino (BRASIL 1996).

Todavia, com base no texto da CF de 1988, alguns autores consideram que a organização de sistemas, particularmente, nos municípios, não teria sido, de fato, possibilitada pela legislação, já que "o conceito de sistema denota um conjunto de atividades que se cumprem tendo em vista determinada finalidade, o que implica que as referidas atividades são organizadas segundo normas que decorrem dos valores que estão na base da finalidade preconizada" (SAVIANI 1999, p. 121); e aos municípios não foi estendida a competência para legislar em matéria de educação, o que comprometeria, portanto, sua autonomia; consequentemente, "estariam constitucionalmente impedidos de instituir sistemas próprios, isto é, municipais, de educação ou de ensino" (ibid.). Saviani ainda acrescenta que após a Revolução de 1930 se verificou algum esforço, por meio do titular do recém-criado Ministério da Educação e Saúde Pública (Mesp), em organizar a educação nacional a partir da noção de sistema, cuja ideia assumirá novo vigor em 1932, com o Manifesto dos Pioneiros da Educação Nova, entendendo o plano de educação enquanto instrumento de sua "organicidade" (ibid., p. 133).

Já entre os anos 1948 e 1952 preocupava a alguns intelectuais a aplicação do conceito de sistema de educação à estrutura do ensino brasileiro, especialmente a organização da educação nos estados, tendo em vista que, ao se considerar a concepção clássica de sistema como "o conjunto de instituições educacionais organizadas sob a Constituição e as leis do estado", o que se via era, nas palavras de Abgar Renault[1] (RENAULT 1952, apud ABREU 1955, p. 61), referindo-se ao sistema educacional de Minas Gerais, o "sistema de educação está truncado ou, para dizer a total verdade, *ele não existe*, por falta de articulação entre a Universidade de Minas Gerais e os outros ramos e graus de ensino, não havendo, conseguintemente, uma política educacional".

Com relação ao estado do Rio de Janeiro (RJ) a situação não era diferente. Segundo Jaime Abreu, em sua "tentativa de interpretação e crítica" do sistema educacional fluminense, publicado, em 1955, pelo Instituto Nacional de Estudos Pedagógicos (Inep), na época dirigido por Anísio Teixeira, cada um dos sistemas de ensino do território fluminense, fosse estadual, municipal ou particular, apresentava "ausência completa de planejamento e de fixação de princípios gerais na obra edu-

1. Abgar Renault foi secretário de Educação do Estado de Minas Gerais (MG) em dois governos, quando se notabilizou por incentivar o ensino no meio rural. A obra citada refere-se a Abgar RENAULT, *A palavra e a ação*, Rio de Janeiro, Imprensa Oficial, 1952.

cacional comum, do mesmo passo que é patente a falta de coordenação entre os diferentes tipos de agências incumbidas de educação nos vários níveis e modalidades de ensino" (ABREU 1955, p. 63).

Abreu (ibid.) chamava a atenção ainda para o fato de que, nesse cenário, estado, municípios e particulares se lançavam "isoladamente" e "dispersivamente" à empresa complexa e importante que era a educação, sem haver o necessário planejamento comum que iria concatenar objetivos, conjugar esforços financeiros e técnicos e articular ações entre os tipos e os graus de ensino. Além disso, "a falta dessa coordenação indispensável" (ibid., p. 64) tinha como consequência a inexistência de "dados seguros quanto ao número de estabelecimentos de educação elementar mantidos pelas Municipalidades e pelos particulares, número de professores que neles servem, matrícula, promoções etc." (ibid.).

A par da discussão que atravessa boa parte do século XX sobre a existência, a pertinência e a adequação dos sistemas de ensino na configuração da educação brasileira, Cury, no relato do parecer do CNE/CEB nº 30/2000, anteriormente aludido, em resposta à União Nacional dos Conselhos Municipais de Educação (Uncme) a respeito do entendimento sobre o município enquanto sistema, afirma que os "Sistemas de ensino são o conjunto de campos de competências e atribuições voltadas para o desenvolvimento da educação escolar que se materializam em instituições, órgãos executivos e normativos, recursos e meios articulados pelo poder público competente, abertos ao regime de colaboração e respeitadas as normas gerais vigentes" (BRASIL, CNE, CEB 2000, p. 25), o que leva este autor a afirmar que os "municípios, pela Constituição de 1988, são sistemas de ensino" (ibid.)[2].

Dessa forma, intenta-se consolidar por meio da legislação a constituição dos sistemas municipais de ensino no país, muito embora persistam até os dias atuais inúmeras dúvidas em relação à aplicabilidade dos dispositivos legais pertinentes, especialmente no que se refere à abrangência das possibilidades de exercício da autonomia municipal em relação à educação local.

Nessa organização, ressaltados no parecer acima citado, destacam-se como parte importante dos sistemas municipais de ensino os órgãos normativos da educação municipal, que embora não sejam denominados na legislação são concebidos como

---

2. De modo subjacente ao conjunto de elementos materiais e não materiais constitutivos dos sistemas de ensino compreende-se sua formação como sobremaneira dependente do binômio educação-sociedade, já que consiste, fundamentalmente, em "um conjunto de realidades inter-relacionadas, mutuamente influenciáveis" (BONITATIBUS 1989, p. 23), integrantes de uma configuração mais ampla caracteristicamente a sociocultural, o que significa que se encontram, em última instância, dependentes dos contextos a partir dos quais se edificam e passam a interferir. Sobre a noção de sistema de ensino ver também: VALLE, MENEZES, VASCONCELOS 2010; ABREU 2002; GADOTTI 2000; 1997; SAVIANI 1999; 1996; MENESES et al. (1999).

Conselhos Municipais de Educação (CMEs), seguindo a lógica que intitula os órgãos normativos federal, estaduais e distritais.

O processo de criação e disseminação dos CMEs no estado do Rio de Janeiro

Os CMEs, concebidos como órgãos com funções decisórias e fiscalizadoras, para apreciar assuntos referentes a escolas, professores, currículos, programas, materiais pedagógicos e outros diversos temas educacionais alusivos ao ensino estão presentes no cenário brasileiro desde o Império. No caso da Província do Rio de Janeiro era denominado Conselho de Instrução Pública (CIP) (VASCONCELOS 2012).

Essa afirmação pode ser constatada nos relatórios enviados à Assembleia Legislativa Provincial do Rio de Janeiro durante a segunda metade do século XIX, os quais eram elaborados pelos presidentes da província com a participação dos diretores da instrução pública, com a finalidade de descrever, entre outros, o estado da instrução e dos diversos ramos do serviço público (APOLARO 2008).

De acordo com Apolaro (ibid.), o CIP tinha entre suas atribuições a de analisar requerimentos com o poder de indeferir ou não, conceder autorização para o magistério particular e títulos aos professores que os requeriam, fazer análise e aprovação de pareceres referentes a diversos assuntos, tais como criação de novas escolas públicas nas freguesias, pedidos de vitaliciedade, demissão e suspensão de professores, entre outros. No que se refere à sua composição, o CIP deveria ser formado por aqueles que atuavam diretamente na instrução pública da província.

A experiência do CIP, embora distante na perspectiva cronológica, é o que mais se aproxima da formatação dos atuais Conselhos de Educação de estados e municípios, em particular dos CMEs do estado do Rio de Janeiro, muito embora seja possível perceber que o antecedente histórico do órgão colegiado da educação neste estado tenha tido poderes bem mais amplos que os atuais CMEs, o que se deve em parte ao binômio descentralização/centralização[3] que perpassa as políticas e a gestão da educação brasileira desde o Império (VASCONCELOS 2012).

Já no século XX, mesmo antes da CF de 1988, os estados já tinham sido afetados por políticas de descentralização/desconcentração da gestão do ensino, uma vez que a promulgação da Lei nº 4.024, de 20 de dezembro de 1961 (BRASIL 1961) implicou, entre outros aspectos, a criação dos Sistemas Estaduais de Educação e de seus respectivos Conselhos Estaduais de Educação (CEE). Todavia, somente dez anos depois, com a Lei nº 5.692, de 11 de agosto de 1971 (BRASIL 1971), surgiu

3. Sobre o conceito de descentralização e desconcentração ver CASSASSUS 1995.

a primeira referência (art. 71) às atribuições que esses Conselhos deveriam delegar aos CMEs (BORDIGNON 2001), confirmando e expandindo o caráter normativo dos Conselhos de Educação no país e, ainda, facultando aos municípios que possuíssem determinadas condições a constituição de seus próprios CMEs, órgãos que viriam a ter competências delegadas por seus respectivos CEEs (TEIXEIRA 2004). Mesmo assim, poucos foram os municípios que vieram a criar seus próprios Conselhos (BRASIL, MEC 2004).

Assim, conforme destacado em outros estudos nossos (VASCONCELOS 2003; SOUZA, VASCONCELOS 2007; 2008; 2012), em que pese o fato de ter sido a partir da CF de 1988 que as Leis Orgânicas Municipais (LOMs) passaram a prever a implantação dos sistemas de ensino, acompanhados entre outras instâncias de seus respectivos CMEs, em algumas localidades fluminenses esses Conselhos já atuavam como órgãos consultores e normativos desde a década de 1970, principalmente aqueles que possuíam delegação de competências do CEE. Essa delegação, denominada "transferência de responsabilidades", dava-se, entre outros motivos, pela impossibilidade de as Secretarias Estaduais de Educação (SEEs), com a crescente ampliação das redes de ensino pública e privada nos municípios, atenderem às demandas locais por regulamentação, supervisão e fiscalização, especialmente do ensino fundamental, permitindo que os municípios que possuíssem condições estruturais assumissem essas responsabilidades (SOUZA, VASCONCELOS 2007; 2008; 2012).

Na esfera da SEE do Rio de Janeiro, constata-se que o Parecer CEE nº 797, de 6 de setembro de 1985 (RIO DE JANEIRO, CEE 1985), foi um dos primeiros pronunciamentos deste órgão em torno da criação dos CMEs, entendendo-o como oportuno e conveniente. Segundo esse parecer, o assunto foi abordado pela primeira vez quando a criação dos CMEs era defendida com base numa espécie de consequência natural do movimento ao municipalismo, isto em resposta à discussão sobre o ato da Câmara de Vereadores do município de Nova Friburgo (região Serrana do estado), que aprovara a lei de criação de seu Conselho de Educação. O parecer referia-se, ainda, à própria lei federal em vigor — Lei nº 5.692, de 11 de agosto de 1971 (BRASIL 1971) —, que previa a progressiva passagem para a responsabilidade municipal de encargos e serviços de educação, especialmente de 1º grau[4], que por sua natureza poderiam ser realizados mais satisfatoriamente pelas administrações locais, além do instrumento de delegação de competências, previsto na mesma lei, que permitia aos CEEs delegarem parte de suas atribuições aos CMEs, desde que houvesse condições para tanto. O texto era finalizado com uma indagação sobre o porquê de não se liberar parcialmente os CEEs deste encargo, deslocando para o município, por exemplo,

4. Nomenclatura utilizada à época, atualmente equivalente ao ensino fundamental.

o exame de autorização de escola e cursos de 1º grau. A resposta vinha a seguir, baseada na ideia de que os CMEs exerceriam com mais eficiência essas funções, pois conheciam de perto os problemas de sua localidade, além de poderem exercer atividade consultiva. Para isso, deveriam ser integrados por pessoas representativas da educação na cidade, a ser nomeadas pelo prefeito, em observação à legislação. Concluía-se com a afirmativa de que não havia nenhuma razão que obstaculizasse a criação dos CMEs no estado, quer de ordem educacional, quer de ordem legal (Rio de Janeiro, CEE 1985).

Ao final da década de 1980, por meio da Resolução da SEE nº 1.411, de 3 de dezembro de 1987 (Rio de Janeiro, SEE 1987) — alterada pela Resolução SEE nº 1.488, de 8 de março de 1989 (Rio de Janeiro, SEE 1989) —, foi instituído o Programa Estadual de Municipalização do Ensino de Primeiro Grau (Promurj), voltado à municipalização do atual ensino fundamental no estado, entendendo-o como um processo gradativo que deveria respeitar a autonomia municipal, já que ocorreria no âmbito de dois poderes públicos autônomos. Assim, o Promurj previa o pactuar de um convênio entre o estado do Rio de Janeiro, por intermédio de sua SEE, e o município interessado pelo prazo de dois anos, a contar da data de sua assinatura, considerando as competências de cada uma das partes conveniadas. Neste caso, chama a atenção o item 5 dos termos do convênio, no que se refere às competências do município, cujo texto estabelece a adequação da infraestrutura dos órgãos municipais de educação, tendo em vista a ampliação de suas funções, decerto em alusão, entre outras instâncias de gestão, aos CMEs, estes em vias de desempenhar funções deliberativas, embora ainda não se tivesse, à época, uma visão mais precisa quanto ao papel que esses órgãos colegiados deveriam passar a desempenhar (Rio de Janeiro, SEE 1987; 1989).

No entanto, os CMEs constituídos após a LDB nº 9.394/96 (Brasil 1996) já se apresentavam formalmente diferentes das indicações anteriores, pois não mais se tratava de delegação de competências do CEE do Rio de Janeiro à instância local, mas sim da concretização da implantação de seus respectivos sistemas de ensino, incluídos os CMEs a ser criados por lei municipal própria. Não obstante, deve-se observar que tal ineditismo acabou descaracterizando a criação dos CMEs enquanto projeto municipal próprio voltado para a democratização dos sistemas de ensino, já que, tipicamente, resultou de processos indutores dos governos federal e estaduais (Dall'Igna, Goularte, Martins 1996), afigurando-se esses conselhos como "órgãos de governo, com funções de assessoramento e colaboração que os caracterizaram ao longo de grande parte da história da educação brasileira no século XX" (Teixeira 2004, p. 693).

O primeiro município do estado do Rio de Janeiro a ser cadastrado como sistema de ensino e, possivelmente, a atender às orientações dadas pelo CEE do Rio de Janeiro foi Bom Jesus de Itabapoana (região Noroeste do estado), em maio de 1999. Seguiram-se a ele, até o início de 2003, o cadastro de 67 sistemas municipais de ensino, ou seja, dos 92 municípios atualmente existentes cerca de 73% já haviam comunicado ao CEE sua constituição (VASCONCELOS 2003; SOUZA, VASCONCELOS 2012; 2008; 2007).

Apesar de alguns municípios não reconhecerem a legalidade do CEE do Rio de Janeiro para "cadastrar" seus respectivos sistemas de ensino, por várias razões, especialmente tendo em vista a relativa autonomia de seus sistemas, é possível afirmar que, a par de outros aspectos, os longos anos de delegação de competência acabaram por cristalizar uma cultura de subordinação entre essas instâncias, fazendo que até hoje o CEE do Rio de Janeiro ainda seja visto por alguns dirigentes municipais como referência para chancelar ou não as ações educacionais locais, a começar, por exemplo, pelo próprio Plano Municipal de Educação (PME)[5].

Os CMEs passaram então a ser criados com base nas orientações recebidas do CEE/RJ, por intermédio de documento elaborado pela Comissão Especial sobre Conselhos Municipais, constituída para atender a essa demanda, por meio do que Pessanha, Figueiredo e Campagnac (2006, p. 16) denominaram "indução governamental 'por cima'" na formação dos Conselhos fluminenses. Esse documento previa, em meio ao conjunto das funções a ser desempenhadas nestes colegiados municipais, as atribuições: deliberativas e normativas (de natureza supletiva às leis e normas federais, estaduais e às que possam vir a ser delegadas pelo CEE), fiscalizadora — caracterizada pelo zelo no cumprimento da legislação federal, estadual e municipal, no acompanhamento da aplicação dos recursos públicos destinados à educação e na observância da execução dos planos e projetos por ele aprovados — e, por fim, de assessoramento — formulação de diretrizes educacionais, apreciação e aprovação de planos, programas e projetos submetidos a consulta pela Secretaria Municipal de Educação (SME)[6].

De acordo com dados relativos ao Sistema de Monitoramento, Execução e Controle do Ministério da Educação (Simec), no ano de 2004 o estado do Rio de Janeiro,

5. Sobre as relações entre a CEE e os CMEs do estado do Rio de Janeiro ver REIS 2004.

6. Atualmente, em âmbito nacional, agregam-se às competências acima mencionadas as de natureza mobilizadora e propositiva. A primeira articulada à consolidação de práticas democrático-participativas compartilhadas junto ao Estado, à família e à sociedade de um modo mais amplo, em termos do estímulo de sua participação nas discussões das políticas educacionais e no acompanhamento da sua execução, enquanto a segunda, de caráter propositivo, destinada ao exercício do CME em torno de um maior protagonismo na formulação das políticas públicas e do planejamento educacional, no sentido de chamar para si também a iniciativa da sua concepção, em vez de limitar seu campo de atuação às respostas provenientes das demandas, em especial do poder Executivo (BRASIL, MEC, SEB 2009).

já composto por 92 municípios[7], possuía apenas 56 CMEs legalmente constituídos (61%), dos quais 54 em funcionamento (59%) (BRASIL 2005). Apesar de estes dados não serem de natureza censitária, pois resultam do cadastro e da alimentação voluntários do CME na base de dados do MEC, pela via de um formulário *on-line*, ou seja, não podem ser tomados enquanto expressão do universo total de municípios do estado, é possível afirmar que por esta época é significativamente reduzido o interesse de quase a metade dessas localidades em proporcionar transparência institucional de seus CMEs, isto se de fato os possuíam e se se encontravam efetivamente em funcionamento.

Conforme indicado no Quadro 1, tal desinteresse desses Conselhos em tornar-se mais transparentes se faz notar igualmente ao longo do triênio 2005-2007, no qual se observa decréscimos, em 2006, nas informações relativas tanto ao que concerne à criação dos CMEs (decréscimo de sete pontos percentuais) quanto propriamente aos sistemas de ensino (decréscimo de quatro pontos percentuais), seguido de uma recuperação relativa em 2007, quando se registram 66% dos municípios com CMEs e 64 com sistemas de ensino, mas ainda assim com a ausência de dados a respeito de cerca de um terço dos municípios fluminenses.

QUADRO 1
Evolução da criação dos CMEs no estado do Rio de Janeiro cadastrados no Simec — 2005-2007

Ano da pesquisa	Municípios cadastrados no SIMEC		Ato legal que cria o CMEs		Ato legal que cria o sistema de ensino	
	n	%	n	%	n	%
2005	56	61	55	60	50	54
2006	49	53	49	53	46	50
2007	61	66	61	66	59	64

Fontes: BRASIL MEC/SEB/Dase (2006); BORDIGNON, ARAÚJO 2007; BORDIGNON, PEREIRA 2008, com dados trabalhados pelos autores
Nota: Cálculos relativos efetuados com base na totalidade dos 92 municípios que compõem o estado do Rio de Janeiro

Entretanto, dados quantitativos mais consistentes e atuais podem ser visualizados a partir da Pesquisa de Informações Básicas Municipais realizada pelo Instituto Brasileiro de Geografia e Estatística (IBGE) (BRASIL, IBGE 2010b), a partir da qual se constata que as 92 localidades em questão já possuem seus respectivos CMEs, ao menos declaradamente, com prevalência das competências consultiva (88%), deliberativa (90%), normativa (87%) e, com menor ocorrência, fiscalizadora (84%), ocupando o terceiro lugar entre o conjunto dos estados da Federação cujos municípios afirmam terem constituído seus sistemas de ensino (92,4%)[8].

7. Em 2010, o conjunto de municípios do estado do Rio de Janeiro totalizava uma população de cerca de 15.989.929 habitantes (BRASIL, IBGE 2010a).

8. Em primeiro lugar situa-se o Distrito Federal, com o seu sistema municipal de ensino criado, seguido do estado do Amapá, com 93,8%, isto em 2009 (BRASIL, IBGE 2010b).

Contudo, do ponto de vista qualitativo, ou seja, pela observação dos estudos analíticos que levam em conta aspectos relativos ao funcionamento institucional (competências e atribuições desses Conselhos, sua composição interna e sua representatividade, seu relacionamento com o poder Executivo local entre outros aspectos operacionais) e sociopolítico (a participação da sociedade civil no interior do órgão colegiado, seu processo decisório, isto na perspectiva da gestão democrática da educação) desses CMEs no estado, revelam-se importantes dimensões que as abordagens estatísticas não permitem visualizar, conforme a seguir intenta-se trazer à vista com base nas pesquisas teórico-empíricas selecionadas que enfocam determinados Conselhos do estado do Rio de Janeiro.

O funcionamento dos CMEs em municípios do estado do Rio de Janeiro

Em estudo anterior nosso (SOUZA, FARIA 2005) constatou-se a ausência de pesquisas acadêmicas que tomassem por alvo de análise os CMEs no estado do Rio de Janeiro — isto circunscritamente aos limites metodológicos e, por conseguinte, relativos ao recorte temporal empregado naquele levantamento bibliográfico-analítico que, entre outros aspectos, abarcou o período 1996-2002[9]. Esse panorama motivou-nos, em seguida, à realização de uma investigação de cunho qualiquantitativo, não necessariamente limitada à investigação sobre os CMEs neste estado, embora tenham se constituído em uma de suas principais temáticas. Trata-se da pesquisa denominada *Mapa estadual das reformas educacionais pós-LDB 9.394/96*: leituras, posicionamentos e ações das secretarias municipais de Educação do estado do Rio de Janeiro (2001-2004) (SOUZA, FARIA 2002), realizada ao longo dos idos de 2002 a 2005[10].

Dos 92 municípios que compõem o território deste estado, foram efetivamente enfocados 28 (30%), num quadro de relativa equalização por região[11] entre os quantitativos de respondentes do questionário estruturado enviado, a saber: região Metro-

9. Ver também OLIVEIRA, MAINARDES 2006 e SOUZA, VASCONCELOS 2006a; 2006b.

10. No cômputo geral, esta pesquisa — que obteve financiamento por parte da Fundação Carlos Chagas Filho de Amparo à Pesquisa do Estado do Rio de Janeiro (Faperj), de Bolsa Pibic do Conselho Nacional de Desenvolvimento Científico e Tecnológico (CNPq), além do apoio institucional da União Nacional dos Dirigentes Municipais de Educação (Undime-RJ) e da Fundação Escola de Serviço Público (Fesp) —, visou ao conhecimento do conjunto das políticas em desenvolvimento pelas SMEs deste estado no período de gestão 2001-2004, de modo a poder-se inferir as dificuldades enfrentadas pelas prefeituras fluminenses em face do processo de descentralização do ensino via municipalização (SOUZA, FARIA 2002).

11. No presente texto distribuíram-se os municípios em questão de acordo com a divisão territorial adotada pela União Nacional dos Conselhos Municipais de Educação (Uncme), (disponível em: <http://www.undime-rj.org.br/default.asp>; acesso em: 2 set. 2012), embora originalmente no projeto de pesquisa e nas primeiras publicações dele derivadas (cf. SOUZA, VASCONCELOS 2007; 2008) tenha-se considerado esta divisão segundo as regiões administrativas de governo do estado do Rio de Janeiro (cf. RIO DE JANEIRO 2003).

politana (Nova Iguaçu, Queimados, São João de Meriti), região Litorânea (Armação de Búzios, Casimiro de Abreu, Quissamã, São Pedro da Aldeia e Silva Jardim), região Sudoeste Fluminense (Barra Mansa, Paty do Alferes, Porto Real, Rio das Flores, Três Rios e Volta Redonda), região Sul Fluminense (Angra dos Reis), região Norte/Noroeste Fluminense (Itaocara, Miracema, Natividade, Porciúncula, São Fidelis, São João da Barra e Varre-Sai) e região Serrana (Cachoeiras de Macacu, Carmo, Cordeiro, Duas Barras, Petrópolis e Teresópolis) (SOUZA, VASCONCELOS 2007; 2008)[12].

Conclusivamente, o estudo de Souza e Vasconcelos (2007; 2008; 2012) sinaliza que a maior parcela dos CMEs fluminenses participantes da pesquisa foi criada a partir do ordenamento jurídico federal que emergiu em fins de 1996, de modo a dar respostas tanto a essas disposições legais quanto às demandas locais de regulamentação dos sistemas municipais de ensino emergentes, portanto sob motivações mais instrumentais do que propriamente sociopolíticas — nos termos das possibilidades que este órgão inspira de facultar a participação da sociedade civil na formulação da política educacional local. Esta dimensão, aliada aos indícios de interferências diretas e indiretas do CEE e das SMEs na criação e, sobretudo, no funcionamento dos CMEs enfocados, serve à constatação, nos limites metodológicos da pesquisa realizada, de que a garantia do controle social da educação não está posta necessariamente na existência legal ou material da instituição conselheira, mas na qualidade das práticas intracolegiadas que constituem esses espaços, isto desde a sua criação, em que pese o movimento histórico no qual se encontram inseridos. Mesmo em face de uma necessária paridade entre os representantes do poder público e da sociedade civil na composição desses CMEs, os autores observam que tal repartição, na prática, significa apenas um possível equilíbrio numérico de forças colegiadas, não devendo ser tomado como garantia da prevalência ou hegemonia de interesses sociais mais amplos sobre os privados, tampouco relativo a determinados segmentos ali em particular representados, isto no âmbito das competências deliberativa e normativa que sobressaíram como as mais frequentes exercidas nesses órgãos colegiados.

Souza e Vasconcelos (2007; 2008; 2012) postulam ainda que, a par das disputas ideológicas, político-partidárias e corporativas, entre outras, que marcam o funcionamento desses Conselhos, a pouca preocupação com o que denominaram "competência técnica" do conselheiro torna ainda mais complexa a operacionalização dessas instâncias, dificultando, por exemplo, uma participação sociopolítica mais consciente por parte daqueles que representam setores da sociedade civil, alguns leigos em

12. Dada a importância atribuída à pesquisa em questão, recentemente uma nova versão veio a ser publicada a pedido das organizadoras da coletânea *Conselhos Municipais de Educação*: organização e atribuições nos sistemas de ensino do estado do Rio de Janeiro, Rio de Janeiro, Quartet/Faperj, 2012.

termos da administração pública e da legislação educacional, embora se constituam essenciais para a gestão democrático-representativa dos sistemas municipais de ensino, pelo menos do modo com que são atualmente concebidos, problema passível de ser minimizado pela via da constituição de equipes de assessoramento técnico, solução não contemplada em muitos dos CMEs participantes da pesquisa.

Mais recentemente, é possível identificar o início de uma relativa tendência à valorização do exame crítico dessas instâncias colegiadas, a começar por estudos qualitativos que se voltam para municípios da região Metropolitana (RM) deste estado, como os trabalhos de Assis (2004) e Tavares (2006), que tratam do CME de São Gonçalo, e de Oliveira (2008), que toma por exame o CME de Nova Iguaçu, ao lado daqueles que visam aos CMEs da região Norte/Noroeste Fluminense, como a pesquisa de De Paula (2010), que foca o CME de Campos dos Goytacases, localidade que veio também a fazer parte da investigação de maior amplitude regional levada a efeito por Nogueira e De Paula (2009), que incluiu os CMEs de Cardoso Moreira, São João da Barra, São Francisco do Itabapoana e Italva[13].

No primeiro caso, relativo aos CMEs da RM[14] do estado do Rio de Janeiro, cabe preliminarmente destacar que, *grosso modo*, esta é considerada há muitas décadas uma região em crise, especialmente devido à perda de seu dinamismo econômico, pois se estima que seu produto interno bruto (PIB) esteja em situação de estagnação desde o início dos anos de 1980 (RIBEIRO, RODRIGUES, CORREA 2008), ao lado da queda dos indicadores de desenvolvimento humano, ainda sendo marcada por crescentes desigualdade e indigência. Nesta RM, a pobreza vem expondo forte relação com o aprofundamento das desigualdades e com os efeitos da crise no mercado de trabalho, refletindo-se no aumento do desemprego, na queda da renda e no aumento da informalidade, sugerindo, portanto, "que ações voltadas à redução da desigualdade podem ser mais eficazes que as tentativas de retomada do crescimento para o combate à pobreza [...]" (URANI et al. [s.d.], p. 47), uma vez que a raiz do problema consiste na elevada desigualdade da distribuição de renda.

13. A par dos estudos indicados e aqui sumarizados, cumpre destacar o trabalho organizado por VALLE e VASCONCELOS (2012), que, além de ter discutido os aspectos mais gerais acerca da presença dos CMEs no estado do Rio de Janeiro, citados em seções anteriores deste texto, examinam, em particular, os Conselhos de Areal, Belford Roxo, Carmo, Japeri, Macuco, Niterói, Nova Friburgo, Nova Iguaçu, Petrópolis, Rio de Janeiro, Sapucaia e Sumidouro, municípios que não vieram a ser contemplados no presente texto pelo fato de a publicação em questão datar de 2012, ano posterior ao recorte adotado no levantamento documental que não apenas balizou as referências teórico-empíricas sobre os CMEs no estado do Rio de Janeiro (2002-2010), mas que temporalmente condicionou os demais textos da presente obra, conforme se sinalizou em seu Prefácio.

14. Atualmente, segundo a divisão empregada pela Uncme/RJ, a RM deste estado é composta por quinze municípios, a saber: Belford Roxo, Duque de Caxias, Itaboraí, Japeri, Magé, Mesquita, Nilópolis, Niterói, Nova Iguaçu, Paracambi, Queimados, Rio de Janeiro, São Gonçalo, São João de Meriti e Tanguá. Disponível em: <http://www.uncme.com.br/?pag=11&men=244>; acesso em: 2 set. 2012.

Neste contexto, Assis (2004) e Tavares (2006) tomam por objeto o CME de São Gonçalo — cidade considerada entre as vinte mais populosas do país (quase 1 milhão de habitantes) e uma das primeiras a se industrializar[15] —, "órgão criado pela Lei Municipal 042/1998" (ASSIS 2004, p. 64). Ambas as autoras assumem por base sua própria experiência enquanto conselheiras representantes da Faculdade de Formação de Professores (FFP) da Universidade do Estado do Rio de Janeiro (Uerj) naquele CME; também lançando mão da pesquisa documental, a primeira autora ainda ocupando o cargo de conselheira à época da elaboração do texto (ASSIS 2004), enquanto a segunda o tendo exercido no biênio 2004-2005 (TAVARES 2006).

Assis (2004, p. 64), de uma perspectiva crítica, afirma que o CME de São Gonçalo[16] vinha "[...] assumindo um caráter muito cartorial, não estabelecendo as necessárias contextualizações de seus atos com seus múltiplos determinantes e naturais consequências, afastando-se assim do necessário caráter propositivo e reflexivo que, a nosso ver, seria o cerne de um competente conselho" (ibid., p. 66). A um só tempo, esta autora destaca problemas relativos ao funcionamento institucional e sociopolítico do CME, que se estendem do desconhecimento das normas de administração por parte de muitos de seus membros, o que a leva a ressaltar a necessidade de sua capacitação com base nas diversas atribuições do órgão, passando pela não-transparência do poder Executivo, expressão das dificuldades de acesso a informações da SME[17], pela falta de recursos humanos físicos e financeiros que viabilizem o funcionamento do Conselho, pelas dificuldades no diálogo junto aos poderes Executivo e Legislativo, culminando na pouca ou nenhuma difusão local sobre as ações desempenhadas pelo CME. Em contrapartida, o texto de Tavares (2006) enfoca, em especial, o processo de discussão, análise e sistematização do PME desta localidade, ao longo do ano de 2004, na esfera do CME, destacando, em um primeiro momento, os avanços institucionais e sociopolíticos alcançados, para, em seguida, destacar as descontinuidades sofridas. Em face dos resultados decorrentes do pleito municipal de 2004, que se estendeu do poder Legislativo ao Executivo, incluindo-se os seus reflexos diretos no CME, esta autora sinaliza os riscos do retrocesso político local, que, entre outras consequências, poderia vir a dificultar a implantação daquele Plano. Apesar de reconhecer que o CME em questão consiste numa arena de conflitos, a autora não perde de vista as contradições ali postas, entendendo-as, a um só tempo, como resultado

15. Disponível em: <http://www.saogoncalo.rj.gov.br/>; acesso em: 2 set. 2012, e em: <http://www.agenciario.com/municipios/fichaMun.asp?codMunic=59>; acesso em: 2 set. 2012.

16. Originalmente a autora designa o CME de São Gonçalo por Cmesg (ASSIS 2004).

17. Originalmente a autora designa a SME de São Gonçalo por Semed (ASSIS 2004).

de "um espaço de produção de utopias" (Tavares 2006, p. 173), deste modo considerando suas possibilidades históricas de mudança.

Já em relação ao CME de Nova Iguaçu[18] — cidade situada na Baixada Fluminense[19], que é integrada por treze municípios da RM do estado Rio de Janeiro[20], e que consiste no segundo município em população desta área (estimada em 830 mil habitantes)[21] —, Oliveira (2008) objetivou analisar seu papel político em face do processo de democratização da educação naquela localidade, verificando, ainda, a atuação institucional e sociopolítica deste órgão, por intermédio de entrevistas e análise documental. Apesar de as atividades deste CME terem sido retomadas em fins de 2004, sua criação se deu "legalmente em 1997 (Lei municipal nº 2.853/97), à semelhança dos CMEs criados no estado do Rio de Janeiro naquela época, sob a orientação da Indicação nº 3 do CEE/RJ/93" (Oliveira 2008, p. 146).

De forma específica, Oliveira (2008) se detém no exame do funcionamento deste CME (organização interna, realização das reuniões e demais condições de operação), do processo decisório interno (condições, garantias e efetividade), de sua atuação e seu desempenho para, finalmente, enfocar a relação entre este órgão colegiado e a SME de Nova Iguaçu[22] com a intenção de identificar contradições entre os discursos e as práticas políticas locais.

Resumidamente, Oliveira (2008) constata a escassez de práticas propositivas e deliberativas no âmbito do funcionamento institucional deste CME, desde a sua criação, em 1997, assim como a precariedade de suas condições técnicas, materiais e administrativas. Em consequência desses e de outros aspectos o autor postula que é pouca ou quase nenhuma sua interferência política local, caracterizando-se como um órgão subordinado ao poder Executivo local, que centraliza o processo decisório em torno da formulação e da implantação da política de educação no município, o que o leva a afirmar que, "Dessa forma, o Conselho tem sua atuação política engessada, apesar de estar legal e legitimamente constituído" (Oliveira 2008, p. 8).

18. Originalmente o autor designa o CME de Nova Iguaçu por Cmeni (Oliveira 2008).

19. Refere-se principalmente à antiga região da "Baixada da Guanabara", que engloba desde o Município de Itaguaí até a área do entorno da baía de Guanabara (excluindo-se as regiões de Niterói e São Gonçalo). "Quanto aos municípios que a compõem, há unanimidade com relação a Duque de Caxias, Nova Iguaçu, São João de Meriti, Nilópolis, Belford Roxo, Queimados e Mesquita, todos ao norte da cidade do Rio de Janeiro. Alguns estudiosos também incluem Magé e Guapimirim (a leste), Japeri, Paracambi, Seropédica e Itaguaí (a oeste e noroeste). Disponível em: <http://www.riodejaneiro.net/baixadafluminense.htm>; acesso em: 2 set. 2012.

20. Disponível em: <http://www.novaiguacu.rj.gov.br/licitacoes.php#>; acesso em: 2 set. 2012.

21. Disponível em: <http://www.novaiguacu.rj.gov.br/licitacoes.php#>; acesso em: 2 set. 2012.

22. Originalmente o autor designa a SME de Nova Iguaçu como Semedni (Oliveira 2008).

Os trabalhos de De Paula (2010) e Nogueira e De Paula (2009), que se voltam para alguns dos CMEs da região Norte/Noroeste Fluminense, consideram municípios que, no caso da região Norte, em seu conjunto, historicamente se desenvolveram a partir da indústria açucareira e do álcool, atualmente em crise, com reflexos na população mantida permanentemente pela atividade agrícola, também de subsistência, mas com relativa compensação econômica em face da produção de petróleo e de gás natural no âmbito da Bacia de Campos, o que tem implicado acelerado crescimento de malha urbana, mas com proliferação de submoradias (BRASIL, MS, SGEP 2007a).

Já no que se refere à região Noroeste do estado, é possível afirmar que, de um modo mais geral, se caracteriza pela atividade agropecuária, mas vem expondo certas dificuldades econômicas em decorrência de limitações no processo de comercialização de sua produção, da má utilização de suas terras e pela atividade pecuária extensiva que, em seu conjunto, acabam implicando movimentos de êxodo rural. A par desta atividade, diversos municípios da região Norte do estado dedicam-se, por exemplo, à indústria de processamento de alimentos, metalurgia, mecânica leve e produção de material elétrico leve, extração de mármore, granito e calcário, além da existência de confecções de micro e pequeno porte (BRASIL, MS, SGEP, 2007b).

Assim como os trabalhos até aqui inventariados, as pesquisas de De Paula (2010) e Nogueira e De Paula (2009) — elaboradas por perspectiva qualitativo-descritiva a partir de fontes documentais primárias (históricas, legislativas e relativas ao funcionamento interno desses Conselhos) — nos permitem visualizar os problemas que marcam o funcionamento institucional e sociopolítico de alguns dos CMEs da região Norte/Nordeste Fluminense. No primeiro caso, o estudo de De Paula (2010), que tomou por base específica o CME de Campos dos Goytacases, enfocou seu funcionamento no período 2006-2008, enquanto o de Nogueira e De Paula (2009), com recorte temporal centrado no período 2005-2006, além deste município considerou outros quatro — Cardoso Moreira, São João da Barra, São Francisco do Itabapoana e Italva —, este último considerado constitutivo da região Nordeste do estado. No cômputo geral trata-se de CMEs criados no período de junho a dezembro de 1997, com o de Italva datado de dezembro de 1996 (NOGUEIRA, DE PAULA 2009).

Com objetivos congruentes, uma vez que a investigação de De Paula (2009) emergiu do desenvolvimento da pesquisa de Nogueira e De Paula (2009), o primeiro autor declara visar às contribuições do CME examinado para a formulação de políticas educacionais de cunho democrático no município de Campos dos Goytacases, ao passo que os segundos pesquisadores acenam para a verificação das contribuições dos CMEs examinados para a promoção e o fortalecimento da gestão democrática no âmbito dos sistemas municipais de ensino aos quais se integram.

Em termos mais gerais, De Paula (2009) e Nogueira e De Paula (2009) acenam para problemas de ordem estrutural que levam à fragilização dos CMEs investigados, no sentido do exercício de sua autonomia em relação ao poder Executivo local. Em que pese o fato de todos esses CMEs possuírem legislação coesa com sua criação — composição, implementação e funcionamento institucional, acenando para competências como as consultivas, deliberativas, normativas e de assessoramento —, a participação da sociedade civil se depara com uma correlação de forças a ela politicamente desfavorável, cujas presidências tinham à frente as respectivas secretárias de Educação do município.

Outro aspecto de suma importância destacado, em especial por Nogueira e De Paula (2009), consiste nas dificuldades encontradas para a coleta de dados junto aos CMEs em tela — sobretudo no que remeteu ao acesso às fontes documentais dos municípios de São Francisco do Itabapoana e Italva, que, em vez de ser tratadas como documentos da administração pública, que, por conseguinte, implicam publicização, tinham seu acesso dificultado ou negado —, assim como o descumprimento das agendas de visita e entrevistas acordadas, o que tendeu a comprometer o cronograma de realização da investigação.

Considerações finais

Finalmente, é possível afirmar que a atual configuração de muitos CMEs no estado do Rio de Janeiro não favorece a participação democrática das representações presentes em seu colegiado, alijando, por vezes, determinados membros por discordarem dos encaminhamentos do poder Executivo, bem como de sua ascendência sobre o próprio órgão conselheiro.

Nesse sentido, também se constata grande deficiência no exercício das atribuições dos CMEs examinados, seja pela ausência de sua clara explicitação, seja em virtude do fato de que sua definição vai de encontro às limitações estruturais e materiais do próprio colegiado. Mesmo com um número significativo de conselheiros detentores de vagas nos colegiados por meio de representações de instituições, entre elas os poderes públicos e demais setores da educação local, as ações de grande parte dos CMEs aqui evocados não são decisórias, embora prevejam deliberações e pareceres para esse fim. Contudo, na prática, as proposições dos colegiados fluminenses normalmente se referem a documentos que, elaborados no âmbito da SME local, são apenas submetidos ao Conselho para que este "participe" de sua aprovação, chancelando-os.

A par dos problemas na educação local que ainda guardam semelhanças com aqueles apontados nas primeiras experiências de órgãos colegiados para a normatização do ensino no território fluminense, pareceres como os emanados pelo CIP da Província do Rio de Janeiro não encontram similaridade em termos de autonomia e poder decisório com nenhuma proposição dos atuais CMEs examinados.

As pesquisas tomadas por referência apontam, *grosso modo*, que os CMEs contemplados não têm uma participação atuante efetiva e propositiva nas decisões educacionais locais, nem no que se refere à própria rede municipal de ensino, o que demonstra as restrições que foram, ao longo do tempo, sendo impostas aos colegiados da educação, à medida que também passavam a ser valorizados os cargos e as funções do Executivo governamental.

Tais considerações corroboram as constatações do estudo recente desenvolvido por Valle e Vasconcelos (2012), que toma como foco alguns dos CMEs no estado do Rio de Janeiro, anteriormente mencionado, demonstrando que, seja por desconhecimento dos conselheiros, excesso de burocracia, falta de corpo técnico próprio, falta de periodicidade das reuniões, grande similaridade entre regimentos e leis de criação dos CMEs, inexistência de apoio financeiro ou atrelamento ao poder Executivo, o que se vê hoje na maioria dos CMEs neste estado consiste numa espécie de autonomia — embora concedida pelo ordenamento jurídico pós-CF de 1988 — comprometida com as pautas dos órgãos normativos, constantemente atrelada às demandas da SME, tornando o órgão em tela numa espécie de sua extensão, cuja submissão transparece ser herdada de tempos pretéritos ao ideário da disseminação da gestão democrática da educação no país.

Referências

ABREU, Jaime. O sistema educacional fluminense. Uma tentativa de interpretação e crítica. In: *Campanha de inquéritos e levantamentos de ensino médio e elementar (CILEME)*. Rio de Janeiro, MEC/INEP, 1955, nº 6.

ABREU, Mariza. *Organização da educação nacional na constituição e na LDB*. 3. ed. Ijuí, Ed.Unijuí, 2002.

APOLARO, Raquel da Costa. *Panorama da instrução pública na Província do Rio de Janeiro na década de setenta do oitocentos*. Dissertação (Mestrado em Educação). Petrópolis, Universidade Católica de Petrópolis, 2008.

ASSIS, Mariza de Paula. A participação da universidade nas instâncias locais de gestão: reflexões a partir do Conselho Municipal de Educação de São Gonçalo. In: SCHEINVAR, Estela, ALGEBAILE, Eveline. *Conselhos participativos e escola*. Rio de Janeiro, DP&A, 2004, p. 61-69.

BONITATIBUS, Suely Grant. *Educação comparada*: conceito, evolução, métodos. São Paulo, EPU, 1989.

BORDIGNON, Genuíno. *Natureza dos Conselhos de Educação*. João Pessoa, Secretaria da Educação e Cultura, 2001.

BORDIGNON, Genuíno, ARAÚJO, Mauricio Rodrigues de. *Perfil dos Conselhos Municipais de Educação 2006*. Brasília, MEC/SEB, 2007.

BORDIGNON, Genuíno, PEREIRA, Álvaro de Pádua. *Perfil dos Conselhos Municipais de Educação 2007*. Brasília, MEC/SEB, 2008.

BRASIL, Conselho Nacional de Educação, Câmara de Educação Básica. Parecer nº 30, de 12 de setembro de 2000. Solicita pronunciamento, tendo em vista o Parecer CEB 04/2000. Relator: Carlos Roberto Jamil Cury. *Diário Oficial [da] República Federativa do Brasil*, Brasília, 6 out. 2000.

BRASIL. Constituição (1934). Constituição da República dos estados Unidos do Brasil. *Diário Oficial da União [da] República Federativa do Brasil*, Rio de Janeiro, Imprensa Nacional, 19 dez. 1935.

_____. Constituição (1988). Constituição da República Federativa do Brasil. *Diário Oficial [da] República Federativa do Brasil*, Brasília, 5 out. 1988.

BRASIL, Instituto Brasileiro de Geografia e Estatística, Diretoria de Pesquisas, Coordenação de População e Indicadores Sociais da Pesquisa de Informações Básicas Municipais. *Perfil dos municípios brasileiros 2009*. Rio de Janeiro, IBGE, 2010a.

_____. *Indicadores sociais municipais*: uma análise dos resultados do universo do censo demográfico 2010. Rio de Janeiro, IBGE, 2010b.

BRASIL. Lei nº 4.024, de 20 de dezembro de 1961. Fixa as Diretrizes e Bases da educação nacional. *Diário Oficial [da] República Federativa do Brasil*, Brasília, 27 dez. 1961.

_____. Lei nº 5.692, de 11 de agosto de 1971. Fixa Diretrizes e Bases para o ensino de 1º e 2º graus, e dá outras providências. *Diário Oficial [da] República Federativa do Brasil*, Brasília, 12 ago. 1971.

_____. Lei nº 9.394, de 20 de dezembro de 1996. Estabelece as Diretrizes e Bases da Educação Nacional. *Diário Oficial [da] República Federativa do Brasil*, Brasília, 23 dez. 1996.

BRASIL, Ministério da Educação, Secretaria de Educação Básica. *Concepção, estrutura e funcionamento*: Caderno 1 — O contexto de atuação, natureza e organização dos Conselhos Municipais de Educação. Brasília/Florianópolis, MEC/SEB/UFSC, 2009 (Formação Continuada de Conselheiros Municipais de Educação, 2).

BRASIL, Ministério da Educação, Secretaria de Educação Básica, Departamento de Articulação e Desenvolvimento dos Sistemas de Ensino, Coordenação-Geral de Articulação e Fortalecimento Institucional dos Sistemas de Ensino, Programa Nacional de Capacitação de Conselheiros Municipais de Educação. *Relatório Pró-Conselho 2003/2004*. Brasília, MEC/SEB/Dase, 2006.

_____. *Programa Nacional de Capacitação de Conselheiros Municipais de Educação*: perfil dos Conselhos Municipais de Educação 2005. Brasília, MEC/SEB, 2006.

_____. *Programa Nacional de Capacitação de Conselheiros Municipais de Educação Pró-Conselho*: Guia de consulta. Brasília, MEC/SEB/Dase, 2004.

BRASIL, MS (Ministério da Saúde), SCGEP (Secretaria de Gestão Estratégica e Participativa). *1º Seminário de Gestão Participativa em Saúde da Região Norte do Rio de Janeiro*.

Brasília, Editora do Ministério da Saúde, 2007a (Série D. Reuniões e Conferências) (Série Cadernos Regionais).

_____. *1º Seminário de Gestão Participativa em Saúde da Região Noroeste do Rio de Janeiro*. Brasília, Editora do Ministério da Saúde, 2007b (Série D. Reuniões e Conferências) (Série Cadernos Regionais).

CASSASUS, Juan. *Tarefas da educação*. Campinas, Autores Associados, 1995 (Coleção Educação Contemporânea).

DALL'IGNA, Maria Antonieta, GOULARTE, Glauce Fernanda, MARTINS, Erenita Rodrigues. Conselhos municipais de educação: participação para quê? In: REUNIÃO ANUAL DA ANPEd, 19, GT Estado e Política Educacional no Brasil (Comunicação), 1996, Caxambu, *Anais*... São Paulo, Associação Nacional de Pós-graduação e Pesquisa em Educação, 1996. 5 p. 1 disquete 3½.

DE PAULA, Otávio Cordeiro. *Breve estudo da implementação do princípio de descentralização do Estado*: a ação política do Conselho Municipal de Educação de Campos dos Goytacazes, Dissertação (Mestrado em Políticas Sociais). Centro de Ciências do Homem, Universidade Estadual do Norte Fluminense Darcy Ribeiro, 2010.

GADOTTI, Moacir. Da municipalização do ensino ao sistema único e descentralizado de educação básica. In: GADOTTI, Moacir, ROMÃO, José Eustáquio (orgs.). *Autonomia da escola*: princípios e propostas. São Paulo, Cortez, 1997, p. 125-132 (Guia da Escola Cidadã, 1).

_____. *Perspectivas atuais da educação*. Porto Alegre, Artmed, 2000.

MENESES, João Gualberto de Carvalho et al. *Estrutura e funcionamento da educação básica*: leituras. 2. ed. São Paulo, Pioneira, 1999.

NOGUEIRA, Sonia Martins de Almeida, DE PAULA, Otávio Cordeiro. Implementação da gestão democrática na escola pública de ensino fundamental na região de Campos dos Goytacazes: ação política dos conselhos municipais de educação. In: SIMPÓSIO BRASILEIRO, 24, CONGRESSO INTERAMERICANO DE POLÍTICA E ADMINISTRAÇÃO DA EDUCAÇÃO, 3, 2009, Vitória, *Anais*... Vitória, ANPAE/UFES, 2009, p. 1-16. 1 CD-ROM.

OBSERVATÓRIO DAS METRÓPOLES. *Como andam as metrópoles brasileiras*: relatório final — região Metropolitana do Rio de Janeiro, IPPUR/FASE, dez. 2005. Disponível em: <http://www.observatoriodasmetropoles.ufrj.br/como_anda/como_anda_RM_riodejaneiro.pdf>. Acesso em: 16 set. 2011.

OLIVEIRA, Izolde Hilgemberg de, MAINARDES Jefferson. Conselhos Municipais de Educação: uma breve revisão de literatura. In: CONGRESSO NACIONAL DE EDUCAÇÃO, 6, 2006, Curitiba. *Anais*... Curitiba, PUC-PR, p. 1-14.

OLIVEIRA, Otair Fernandes de. *O Conselho Municipal de Educação no Brasil*: práticas políticas e deliberação pública em Nova Iguaçu. Tese (Doutorado em Ciências Sociais). Rio de Janeiro, Universidade do Estado do Rio de Janeiro, 2008.

PESSANHA, Lavínia Davis Rangel, FIGUEIREDO, Simone da Silva, CAMPAGNAC Vanessa. Panorama dos conselhos municipais de políticas públicas do estado do Rio de Janeiro. In: ENCONTRO NACIONAL DE ESTUDOS POPULACIONAIS, 15, 2006, Caxambu. *Anais*... Caxambu, ABEP, 2006, p. 1-18.

REIS, Maria Amélia de Souza. Aproximações e distanciamentos entre o Conselho Estadual de Educação e os municípios. In: SCHEINVAR, Estela, ALGEBAILE, Eveline. *Conselhos participativos e escola*. Rio de Janeiro, DP&A, 2004, p. 41-59.

RIBEIRO, Luiz Cesar de Queiroz, RODRIGUES, Juciano Martins, CORREA, Filipe Souza. Território e trabalho: segregação e segmentação urbanas e oportunidades ocupacionais na região Metropolitana do Rio de Janeiro. In: ENCONTRO NACIONAL DE ESTUDOS POPULACIONAIS, 16, 2008. Caxambu. *Anais*... Campinas, ABEP, 2008.

RIO DE JANEIRO (estado). *Anuário estatístico do estado do Rio de Janeiro 2003*. Rio de Janeiro: Fundação Cide, 2003. 1 CD-ROM.

_____. Parecer nº 797, de 6 de setembro de 1985. Sobre a criação de Conselhos Municipais de Educação. *Diário Oficial do Estado do Rio de Janeiro*, Rio de Janeiro, 6 set. 1985.

_____. Secretaria Estadual de Educação. Resolução nº 1.488, de 8 de março de 1989. *Diário Oficial do Estado do Rio de Janeiro*, Rio de Janeiro, 12 mar. 1989.

_____. Resolução nº 1.411, de 3 de dezembro de 1987. *Diário Oficial do Estado do Rio de Janeiro*, Rio de Janeiro, 7 dez. 1987.

SAVIANI, Dermeval. *Educação brasileira*: estrutura e sistema. 7. ed. Campinas, Autores Associados, 1996.

_____. Sistemas de ensino e planos de educação: O âmbito dos municípios. *Revista Educação & Sociedade*, Campinas, v. 20, nº 69 (dez. 1999) 119-136.

SOUZA, Donaldo Bello de, FARIA, Lia Ciomar Macedo de. *Política, gestão e financiamento de sistemas municipais públicos de educação no Brasil*: bibliografia analítica (1996-2002). São Paulo, Xamã, 2005.

_____. *Projeto de pesquisa mapa estadual das reformas educacionais pós-LDB 9.394/96:* leituras, posicionamentos e ações das Secretarias Municipais de Educação do estado do Rio de Janeiro (2001-2004). Rio de Janeiro, Nuepe/FE/CEH/Uerj, 2002.

SOUZA, Donaldo Bello de, VASCONCELOS, Maria Celi Chaves. CMEs no estado do Rio de Janeiro: considerações sobre o funcionamento institucional e sociopolítico a partir de 28 de suas localidades. In: VALLE, Bertha de Borja Reis do, VASCONCELOS, Maria Celi Chaves (orgs.). *Conselhos Municipais de Educação*: organização e atribuições nos sistemas de ensino do estado do Rio de Janeiro. Rio de Janeiro, Quartet/Faperj, 2012, p. 27-60.

_____. CMEs: espaços de controle social? In: SOUZA, Donaldo Bello de (org.). *Conselhos municipais e controle social da educação*: descentralização, participação e cidadania. São Paulo, Xamã, 2008, p. 233-259.

_____. Conselhos municipais de educação: espaços de controle social? In: SIMPÓSIO BRASILEIRO DE POLÍTICA E ADMINISTRAÇÃO DA EDUCAÇÃO, 23, CONGRESSO LUSO-BRASILEIRO, 5, COLÓQUIO IBERO-AMERICANO, 1, 2007, Porto Alegre. *Anais*... Niterói, ANPAE, 2007, p. 210-233, 1 CD-ROM.

_____. Os Conselhos Municipais de Educação no Brasil: um balanço das referências nacionais (1996-2002). In: COLÓQUIO DA AFIRSE, 14, 2006, Lisboa, Portugal. *Anais*... Lisboa, Association Francophone Internationale de Recherche Scientifique en Education/

Faculdade de Psicologia e de Ciências da Educação da Universidade de Lisboa, 2006a, 17 p. 1 CD-ROM.

_____. Os Conselhos Municipais de Educação no Brasil: um balanço das referências nacionais (1996-2002). *Ensaio: Avaliação e Políticas Públicas em Educação*, Rio de Janeiro, v. 14, nº 50 (2006b) 39-56.

TAVARES, Maria Tereza Goudard. O Conselho Municipal de Educação como um dispositivo de democratização da educação escolar no Brasil: o caso de São Gonçalo. In: LUCE, Maria Beatriz, MEDEIROS, Isabel Letícia Pedroso de (orgs.), *Gestão escolar democrática*: concepções e vivências. Porto Alegre, Ed.UFRGS, 2006, p. 169-173.

TEIXEIRA, Lúcia Helena G. Conselhos Municipais de Educação: autonomia e democratização do ensino. *Cadernos de Pesquisa*, São Paulo, v. 34, nº 123 (set.-dez. 2004) 691-708.

URANI, André, FONTES, Adriana, CHERMONT, Ivo, ROCH, Rudi. *Desenvolvimento da região Metropolitana do Rio de Janeiro*. Rio de Janeiro, IETS [s.d.]. Disponível em: <http://www.iets.org.br/biblioteca/Desenvolvimento_da_Regiao_Metropolitana_do_Rio_de_Janeiro.pdf>. Acesso em: 16 nov. 2011.

VALLE, Bertha de Borja Reis do, MENESES, Janaína Specht da Silva, VASCONCELOS, Maria Celi Chaves. *Plano Estadual de Educação do Rio de Janeiro*: a trajetória de uma legislação. Rio de Janeiro, Quartet/Outras Letras, 2010.

VALLE, Bertha de Borja Reis do, VASCONCELOS, Maria Celi Chaves (orgs.). *Conselhos Municipais de Educação*: organização e atribuições nos sistemas de ensino do estado do Rio de Janeiro. Rio de Janeiro, Quartet/Faperj, 2012.

VASCONCELOS, Maria Celi Chaves. CMEs: criação, organização e atribuições nos sistemas municipais de ensino no estado do Rio de Janeiro. In: VALLE, Bertha de Borja Reis do, VASCONCELOS, Maria Celi Chaves (orgs.), *Conselhos Municipais de Educação*: organização e atribuições nos sistemas de ensino do estado do Rio de Janeiro. Rio de Janeiro, Quartet/Faperj, 2012, p. 61-93.

_____. Conselhos Municipais de Educação: criação e implantação em face das novas atribuições dos sistemas municipais de ensino. In: SOUZA, Donaldo Bello de, FARIA, Lia Ciomar Macedo de (orgs.), *Desafios da educação municipal*. Rio de Janeiro, DP&A, 2003, p. 107-122.

CMEs no estado de São Paulo: uma análise de órgãos colegiados em municípios paulistas

Angela Maria Martins
Cleiton de Oliveira
Cláudia Oliveira Pimenta

Introdução

Este capítulo tem como propósito o exame do delineamento de aspectos normativos e legais do funcionamento de Conselhos de Educação no âmbito das municipalidades paulistas, tendo em vista a relevância de pesquisar a configuração dos mecanismos locais de representação dos munícipes em assuntos de ordem educacional.

O texto discute, primeiramente, características da descentralização da educação no estado de São Paulo, com foco na análise da municipalização do ensino — um dos eixos centrais nesse processo — intensificada a partir de 1998, sobretudo após a criação do Fundo de Manutenção e Desenvolvimento do Ensino Fundamental e de Valorização do Magistério (Fundef), que imputou aos municípios, entre outras atribuições, a responsabilidade pelo cuidado e pela administração dos recursos financeiros advindos de outras esferas federativas. Dessa feita, ganham relevância os órgãos colegiados no acompanhamento e na fiscalização da aplicação dos recursos, bem como das ações planejadas e desenvolvidas no âmbito das municipalidades.

Na sequência, são apontadas atribuições dos Conselhos Municipais de Educação (CMEs) do estado de São Paulo, partindo-se da análise de aspectos históricos de sua constituição no âmbito paulista.

Finalmente, são examinadas as questões que afetam as possibilidades e os limites de seu funcionamento, tendo-se em conta que os CMEs poderiam se consubstanciar em importantes fóruns de participação da sociedade nas decisões acerca das questões educacionais. Contudo, o que se observa, em termos gerais, é uma conformação deste órgão à burocracia estatal, restringindo-se, muitas vezes, a respaldar o que é decidido pelas Secretarias Municipais de Educação (SMEs) ou pelo Executivo local.

A municipalização do ensino no estado de São Paulo

A preocupação com o ensino primário foi uma das marcas da atuação dos republicanos paulistas no campo educacional. Inicialmente, na última década do século XIX, foram criadas duas classes, uma masculina e outra feminina, para a preparação de professores na capital (Reis Filho 1981). Estas escolas incorporaram propostas de ensino de acordo com o modelo anglo-saxão, voltado para as ciências, as experiências e a valorização da prática. A Escola Normal da Praça, posteriormente Caetano de Campos, sucedeu às duas primeiras classes. Posteriormente foram criadas escolas normais em dez cidades do interior, e mais tarde a experiência alastrou-se para outras cidades (Oliveira 1998).

> Dada a iniciativa do governo estadual na implantação das Escolas Normais, os professores nelas formados passaram a atuar na própria rede estadual. Assim, de maneira diferente dos demais estados, a rede estadual paulista de ensino primário expandiu-se de maneira considerável ao longo das décadas, criando escolas, estabelecendo uma estrutura administrativa e a tradição de concursos para a contratação de docentes e daqueles que mais tarde seriam chamados de especialistas (Oliveira 1998, p. 118).

As escolas municipais existentes em seu território foram sendo estadualizadas ao longo das décadas, prevalecendo, então, a rede estadual tanto na zona urbana quanto na rural. Constituindo uma ampla rede de ensino, os concursos para ingresso como docentes consideravam os títulos, e estes se baseavam principalmente na contagem de tempo como substitutos, considerando a experiência na própria rede. Posteriormente, a partir de 1963, foram introduzidos os concursos de títulos e provas. Estas últimas, introduzidas paulatinamente, fizeram que convivessem em três concursos os candidatos que se valiam apenas dos títulos e os que contavam também com as provas. Sendo uma rede, nos concursos os candidatos selecionados podiam escolher suas vagas em todo o território estadual. Assim, ao longo das décadas era muito comum os docentes dos centros formadores dirigirem-se para diferentes regiões do estado a fim de assumir suas classes; daí haver anualmente os concursos de remoção para que os interessados fossem se reaproximando dos centros que lhes interessassem.

A introdução das provas nos concursos para diretores de escolas e para professores, do então conhecido como ensino secundário, antecedeu a experiência do ensino primário. Esta longa vivência dos concursos, a consideração deles como uma medida democrática, explica, entre outras possíveis razões, a não-implantação das eleições para diretores. Esta experiência foi implantada em alguns municípios, porém, tanto na maioria das redes municipais como na rede estadual, tal iniciativa tem encontrado a oposição do magistério. É de se registrar que nenhuma das entidades representativas do professorado defende publicamente as eleições para diretores de escolas.

A partir da década de 1980 multiplicaram-se as parcerias entre o estado e os municípios diante das demandas da rede estadual de ensino, sobretudo com base na argumentação da insuficiência de recursos econômicos e da amplitude do sistema estadual de educação para atendimento com qualidade da educação básica. Consequentemente, foram estabelecidos convênios entre estas duas esferas de governo em relação a transporte de alunos, merenda escolar, construções escolares, ocorrendo a municipalização de classes estaduais de pré-escolas (OLIVEIRA 1992).

O diagnóstico formulado em anos anteriores, que apontava, sobretudo, o gigantismo da rede estadual, a sobreposição de funções dos órgãos e a morosidade na implementação de medidas, programas e projetos elaborados no âmbito central, foi consubstanciado em um conjunto de diretrizes que provocou a reorganização da própria estrutura institucional da Secretaria de Estado da Educação de São Paulo (SEE) e redesenhou a gestão da educação básica no território paulista (MARTINS 2003). As diretrizes educacionais para o estado de São Paulo — formuladas pela agenda governamental para o período de 1995 a 1998 — preconizavam as ações que passariam a nortear a política educacional paulista: descentralização de medidas, delegando autonomia às instâncias regionais e locais; racionalização do sistema, com a informatização *on-line* de todos os órgãos da Secretaria, inclusive das escolas; presença obrigatória de coordenador pedagógico em todas as unidades; ampliação da jornada das crianças em todas as escolas; mudanças no perfil da capacitação; exigência de um plano diretor para a escola; reorganização dos órgãos gestores do sistema (foram criadas Diretorias de Ensino no lugar das antigas Delegacias de Ensino); extinção das antigas Divisões Regionais de Ensino; reorganização do funcionamento da própria rede de escolas; modificação dos critérios de escolha para os diretores de Ensino; reorganização do currículo e das diretrizes de avaliação da aprendizagem; consolidação do sistema de avaliação externa à rede de escolas (SÃO PAULO 1995a).

Desde 1989 a SEE desenvolvia ações de parceria com municípios paulistas, ensaiando o que viria a se consolidar com o Programa de Ação de Parceria Educacional Estado-Município para atendimento ao Ensino Fundamental (SÃO PAULO 1996).

Elaborou-se um Termo de Convênio para viabilizar o referido Programa, composto por um Plano de Trabalho do Município com objetivos e metas, um Plano de Aplicação dos Recursos e um Cronograma de Desembolso Financeiro. O documento oficial sublinhava a necessidade de estabelecer uma ação compartilhada entre a SEE e os municípios para desenvolvimento, melhoria e expansão do ensino fundamental, mediante ação conjunta dos poderes Executivos estadual e municipal para consolidar o processo de descentralização e democratização político-administrativa do sistema de ensino (MARTINS 2003).

No primeiro semestre de 1995, 384 prefeituras se interessaram em participar do programa de parceria, em reunião com a Equipe de Municipalização da SEE, quando ficaram evidenciados os intervenientes: os municípios estavam habituados a gerenciar uma rede de pré-escolas e a utilizar os excedentes da verba em educação com merenda, construção de quadras esportivas e transporte de alunos de todos os níveis, inclusive universitários. A partir daí, constatada essa situação, os prefeitos interessados participaram de dez encontros técnicos com a equipe central da Secretaria para assumir as novas responsabilidades administrativas e financeiras (SÃO PAULO 2002).

Os órgãos centrais da SEE davam apoio diretamente aos municípios: o Departamento de Recursos Humanos passou a coordenar a ação de transferência dos professores aos municípios; as Diretorias de Ensino foram os canais oficiais de recebimento das solicitações de professores, prédios e equipamentos feitas pelas prefeituras e da legalização de sua cessão; as Diretorias de Ensino passaram a oferecer também apoio pedagógico às novas redes municipais. Após o início do processo de transferência, profissionais das municipalidades foram capacitados para trabalhar nas funções de gestão assumidas pelas SMEs. Usualmente, funcionários das SMEs não eram oriundos da educação, mas sim de áreas afins, prática comum na gestão de redes municipais. Entretanto, após o início do processo de transferência, apenas educadores passaram a ser capacitados e alocados em órgãos centrais de municípios, pela experiência e pela possibilidade de aprendizagem mais rápida. A iniciativa da SEE, de um lado, conquistou resistências por parte de prefeitos, deputados estaduais, entidades do magistério e pesquisadores; de outro lado, porém, consolidou sua capacidade indutora no estabelecimento de estratégias nas relações com as municipalidades paulistas.

Efetivamente, as matrículas na rede de ensino público foram historicamente assumidas pela esfera estadual, em detrimento da participação dos municípios. Note-se que em 1995 apenas 72 municípios, dos 625 que então compunham o estado de São Paulo, tinham rede municipalizada de ensino fundamental. Entretanto, em 2010, dos atuais 645 municípios, em relação ao oferecimento do ensino fundamental, a situação é a seguinte: em dezoito municípios, ou 2,79%, o ensino é totalmente estadualizado; em 380 municípios, correspondentes a 58,91%, o ensino fundamental, do primeiro ao quinto ano, é totalmente municipalizado; do primeiro ao nono ano, é totalmente municipalizado em 107 ou 16,58% dos municípios; a opção dos municípios tem sido estabelecer convênios com a SEE; assim, apenas 39 municípios, ou 6,05%, têm rede própria. O ensino fundamental até o quinto ano é oferecido preponderantemente pela rede municipal, do quinto ano em diante a presença maior é da rede estadual (SÃO PAULO 2010).

Por um lado, a expressiva presença da rede estadual ao longo da história republicana garantiu um padrão de ensino considerado de qualidade, a extensão da rede, o atendimento tanto à zona urbana quanto à rural, além de outros procedimentos. Por outro lado, esta presença marcante parece não ter incentivado experiências alternativas. Percebe-se, então, que a grande maioria das redes municipais reproduziu ou tenta reproduzir a legislação, os procedimentos e a supervisão da rede estadual. Acresce que muitos dos dirigentes municipais de educação têm ou tiveram vivência na rede estadual, além de haver professores que exercem o magistério nas duas redes.

A existência de localidades com sistemas municipais de ensino próprios não tem impedido o estabelecimento de convênios com o estado para determinados serviços, por exemplo transporte e merenda escolar. Outras ações conjuntas são realizadas; entre elas destaca-se desde 1999 "o Programa de Matrícula Conjunta Estado/Município, em parceria com a União Nacional dos Dirigentes Municipais de Educação do Estado de São Paulo (Undime/SP), Promotoria de Infância e Juventude, Conselhos Tutelares, Associações e Organizações Sociais diversas" (SÃO PAULO 2010, p. 17).

É preciso registrar que as possibilidades e os limites para que as prefeituras assumam responsabilidades com a educação básica — desenvolvendo mecanismos próprios de sustentabilidade financeira, pedagógica e administrativa e/ou em parcerias com as esferas estadual e federal — têm sido o controverso objeto de polêmicas e estudos realizados no âmbito da produção acadêmica e dos próprios órgãos governamentais. No entanto, a cultura política sacralizada no campo das relações entre as diferentes esferas de governo no Brasil dificilmente será substituída automaticamente por um novo conjunto normativo. No caso do âmbito estadual, como analisa Cintra (2007, p. 75),

> [...] o governador precisa de ampla e sólida maioria na assembleia Legislativa, tarefa facilitada pela fraqueza das organizações partidárias estaduais, predispostas à cooptação. Tal predisposição advém, em boa parte, da dependência financeira dos redutos eleitorais dos deputados com relação ao erário estadual. Estar em bom termo com os governantes é o mínimo que a prudência lhes recomenda [...]. Se os governos estaduais não obtiverem a sustentação parlamentar, podem os governadores ir dire-

> tamente às bases locais em busca de aliados ou até desbancar os deputados renitentes em seus próprios distritos eleitorais [...].

O desenho institucional que se formou na política educacional estadual paulista em decorrência da municipalização forma um mosaico de interesses diversos, permitindo afirmar que a cultura burocrático-administrativa instaurada sofreu mudanças significativas, constituindo um paradoxo. De um lado, pode-se dizer que, finalmente, o discurso consensual prevalecente ao longo dos anos de 1980 sobre a necessidade de desmontar o aparato burocrático ineficiente e centralizado da educação paulista foi atendido. De outro, pode-se tecer considerações sobre os limites e a complexidade desse processo por vários intervenientes, entre os quais a implementação das atribuições dos CMEs de forma equânime talvez seja um dos pontos principais a ser enfrentados, conforme se discutirá adiante.

Em outros termos, a agenda política implementada a partir de meados dos anos de 1980 — centrada no discurso da descentralização e da autonomia da escola como um dos principais instrumentos para instaurar uma gestão democrática após anos de regime militar — derrapou até meados dos anos de 1990 no modelo de gestão de estado intrinsecamente ligado a mecanismos centralizadores. A ruptura com esse modelo teve início a partir de meados dos anos de 1990, com a vitória do ideário que defendia um projeto de modernização administrativa para a gestão do estado, constituindo-se num campo de tensão no planejamento da educação a partir da instauração de processos descentralizadores (MARTINS 2003).

Os CMEs no estado de São Paulo

Na província de São Paulo, durante o império, foi prevista, em 1871, a existência de Conselhos de Instrução, criados pelas Câmaras Municipais (MOACYR 1939-1940[1], apud OLIVEIRA 1992). Faltam estudos que evidenciem a atuação ou não desses colegiados. Reis Filho (1981) registra a existência do Conselho Superior da Instrução Pública, instalado em 1893, de âmbito estadual, lembrado neste texto por propor, entre os oito membros de sua composição, dois representantes das Câmaras Municipais, tendo curta existência, pouco mais de quatro anos.

A história singular do desenvolvimento do oferecimento do ensino primário com forte presença estadual pode ser considerada, conforme item anterior, uma das explicações para a experiência do colegiado municipal ser bastante recente no estado. Assim, a possibilidade prevista na Lei nº 5692/1971, art. 71 (BRASIL 1971), de

1. Primitivo MOACYR, *A instrução e as províncias*: subsídios para a história da educação no Brasil — 1835-1889, São Paulo, Cia. Editora Nacional, 1939-1940, 3 v.

delegação de parte das atribuições do Conselho Estadual de Educação (CEE) para Conselhos Municipais não teve efeitos práticos. O Centro de Estudos e Pesquisas de Administração Municipal (Cepam) elaborou em 1986 um projeto de regionalização do ensino envolvendo sete municípios, com São Carlos como sede, prevendo a existência de Comissão Regional de Ensino. Em 1987, a Coordenadoria do Ensino do Interior, órgão da SEE, propôs a regionalização do ensino, compreendendo dez municípios, com Jaú como sede, prevendo a existência de dois colegiados, um comunitário em cada município e outro regional. Estas experiências não foram postas em prática. Em 1988 foi instituído o Conselho Municipal de Educação do Município de São Paulo, sendo a experiência mais antiga que continua em funcionamento no estado (OLIVEIRA 1992).

No segundo semestre de 1989 a SEE lançou um programa que englobou os convênios existentes em um único documento e trouxe algumas inovações, entre as quais a obrigatoriedade da constituição de Comissões Municipais de Educação. Participaram do referido programa cerca de 340 municípios, em sua grande maioria de pequeno e médio porte (OLIVEIRA 1992). A experiência foi efêmera, em virtude da troca de secretário estadual, bem como da nova Constituição Estadual. Esta previu a existência de Conselhos Municipais e Regionais de Educação, regulamentados pela Lei estadual nº 9.143, de 9 de março de 1995 (SÃO PAULO 1995b)[2].

A partir da criação do Fundef (BRASIL 1996), com sua exigência de Conselho de Acompanhamento e Controle Social (Cacs), de estabelecimento de convênios com a SEE, bem como da criação de sistemas de ensino próprios, a existência de colegiados municipais tornou-se mais comum. Do ponto de vista da democratização da gestão de sistemas educacionais a introdução de órgãos colegiados municipais com o intuito de planejar e controlar a política educacional representa um avanço, embora estudos demonstrem que os colegiados nem sempre funcionam a contento, sendo muitas vezes considerados como mero cumprimento burocrático.

A análise da literatura: os CMEs no âmbito do estado de São Paulo

Em pesquisa realizada por Oliveira et al. (2006) os autores apontam que nos CMEs da região Metropolitana de Campinas (RMC)[3], o número de membros dos Conselhos variam de nove a 24, registrando média de catorze; a participação de

2. Conforme discutido em OLIVEIRA et al. 2006.

3. Nessa pesquisa foram analisados os CMEs dos municípios de Americana, Artur Nogueira, Campinas, Cosmópolis, Engenheiro Coelho, Holambra, Hortolândia, Indaiatuba, Itatiba, Jaguariúna, Monte Mor, Nova Odessa, Paulínia, Pedreira, Santa Bárbara D'Oeste, Santo Antônio de Posse, Sumaré, Valinhos e Vinhedo.

representantes do poder municipal no colegiado registra de 35,2% a 78,5%, tendo 53,7% como média; a participação do poder público estadual variou de nenhum representante a 28%, registrando a média de 15%; e o segmento que representa a sociedade civil foi de 14,2% a 60,0%, tendo como média 32,9%.

Quanto à forma de ocupação dos cargos, em 58,8% dos municípios que têm o colegiado em funcionamento os conselheiros são eleitos pelos segmentos que representam; em 11,8% o prefeito municipal escolhe os membros a partir de listas elaboradas pelos segmentos; em outros 11,8% o prefeito municipal indica apenas os representantes municipais; nos demais municípios este assunto não ficou claro.

A presidência do Conselho, ainda de acordo com Oliveira et al. (2006), em 26,3% é considerada como cargo nato do dirigente municipal de educação; em 10,5% dos colegiados é vetado a esta autoridade exercer a presidência; em 42,1% a presidência e a vice-presidência são eleitas entre os conselheiros; em 5,3% dos municípios é o prefeito municipal que escolhe a presidência do colegiado; e em 15,8% não foi possível obter a informação.

Cabe destacar que os autores detectaram

> [...] dependência [dos CMEs] com relação ao órgão municipal de educação, sendo por vezes entendidos como uma assessoria deste. Os Conselhos refletem espaços de informações, de referendo das ações da Secretaria e não de discussões. Essa situação é acentuada pelo próprio atrelamento aos órgãos gestores municipais de educação, que são responsáveis pela disponibilização de espaço físico e de recursos humanos, financeiros e materiais para o funcionamento dos Conselhos (ibid., p. 271).

Finalizando, os autores verificaram que nem todos os conselheiros têm clareza das atribuições do colegiado e das relações da esfera municipal com a estadual, destacaram a importância do dirigente municipal em relação ao Conselho e detectaram convergência entre discussões havidas na Câmara Temática de Educação da região Metropolitana e as discussões ocorridas nas reuniões dos conselhos, embora nem todos os conselheiros entrevistados tenham feito esta associação.

É possível afirmar que o formato dos CMEs parece atender a uma dada concepção cuja finalidade é referendar o que é definido pelo poder público, haja vista que parte considerável dos membros dos Conselhos ainda é indicada pelo poder Executivo municipal. De acordo com Betlinski[4] (2006, p. 185),

> A implantação dos CME no estado de São Paulo está atrelada ao processo de municipalização e segundo a lógica da reforma do Estado brasileiro deveria se constituir em órgão de normatização e implantação das políticas públicas produzidas pelo próprio estado. Considerando que foram concedidos à sociedade continuaria existindo

4. O autor pesquisou os CMEs dos municípios de São Caetano do Sul e Santo André.

pouco espaço para que esses órgãos se transformassem em arenas para a formalização do interesse público, definição das políticas e fiscalização do executivo, que corresponderiam às suas principais funções na perspectiva da ordem da democracia participativa.

Corroborando Betlinski (2006), Silva[5] (2009, p. 110) considera que o movimento de implantação do CME por ela estudado e seu posterior desenvolvimento se deram de forma relativamente participada, porém identifica forte "influência do poder Executivo" em sua organização, "seja pela falta de infraestrutura que interferiu claramente em sua autonomia — as reuniões eram realizadas na própria Secretaria Municipal de Educação —, ou pela maneira como foi eleito o primeiro presidente [...]" (ibid.).

Os fatores "viabilizadores e inviabilizadores" do funcionamento democrático e participativo dos CMEs foram analisados por Carvalho et al. (2001) na microrregião de Campinas[6]. Para estes autores, os fatores viabilizadores externos seriam a legislação, nos três níveis, que garante a existência dos CMEs, bem como a eleição dos representantes de segmentos vários, feita pelos pares.

Entre os viabilizadores internos indicam a representatividade dos conselheiros, a periodicidade das reuniões e a existência e a observância do disposto no Regimento Interno, quando democraticamente elaborado.

São citados, entre outros, como inviabilizadores externos: a subordinação à Secretaria Municipal de Educação (SME); a falta de infraestrutura; desconhecimento por parte de conselheiros das atribuições e competências do órgão. Como inviabilizadores internos citam a ausência de conselheiros às reuniões, a falta de comunicação entre o Conselho e a comunidade, a falta de recursos humanos para assessorar os conselheiros e a "ausência de mecanismos garantidores da independência dos conselheiros" (CARVALHO et al. 2001, p. 215).

Os autores acentuam, entre outras conclusões, que "o processo de descentralização ainda não se concretizou por via dos Conselhos" (ibid., p. 227); ressaltam também que "a falta de uma prática política voltada à construção de espaços de discussão fragilizou enormemente o trabalho nos Conselhos" (ibid.); mesmo reconhecendo estes pontos fracos, admitem que o caminho para a democratização passa necessariamente pela existência de espaços de decisões colegiadas e finalizam ressaltando a importância do papel reservado ao colegiado.

5. A autora pesquisou o CME de Rio Claro. Ver também SILVA 2007.

6. Os autores definiram como microrregião de Campinas os seguintes municípios: Americana, Campinas, Paulínia e Valinhos.

Oliveira e Ganzeli (2001), em seu estudo sobre a municipalização do ensino em um município paulista[7], entre outros procedimentos metodológicos, examinaram a tramitação da proposta de criação do Sistema Municipal de Ensino na Câmara Municipal. No que concerne ao presente texto, será destacada a parte da investigação que diz respeito à proposta de criação do CME.

O colegiado fora proposto pelo Executivo com dez membros, assim como com a definição de suas atribuições. O Legislativo, após audiências públicas e muita discussão, alterou o projeto, aprovando o colegiado com 25 membros e com alterações em algumas atribuições. O Executivo vetou parte da lei no que se refere ao número de membros, bem como restringiu sua atuação tão somente às escolas municipais; os vetos foram acatados pela Câmara Municipal. Assim, tornou-se necessária uma nova proposta do Executivo, uma vez que esta situação criara um vácuo nos pontos citados. Tendo em vista a situação, o Executivo reencaminhou a matéria nos mesmos termos da proposta inicial; depois de seis meses de tramitação, a proposta foi aprovada, sendo o Conselho constituído por 13 membros, cabendo-lhe apenas as questões referentes ao ensino municipal e aquelas que a legislação já delegava ao município. A pesquisa encerrou-se no período em que o CME não tinha ainda sido instalado, portanto não era possível aquilatar as consequências práticas das alterações que o documento sofrera ao longo de sua tramitação.

De acordo com Zanetti (2009), ao analisar outro CME paulista[8], chama a atenção o fato de que segundo a lei de criação do Conselho o secretário municipal de Educação tem assento no colegiado sem direito a voto. Além disso, para a autora havia dificuldades na atuação de representantes da sociedade civil que não tinham familiaridade com as questões escolares. Verificou-se ainda "que o colegiado se dedicou muito mais às questões técnicas, como criação e ampliação de escolas, que [às] iniciativas, discussões e questionamentos sobre a educação municipal", acrescentando que ele "não se mostrou proativo, limitando-se a reagir [...] às propostas da Secretaria Municipal de Educação" (ZANETTI 2009, p. 105).

Estudo realizado por Silva[9] (2010), com o propósito de "estabelecer a concepção de participação do ator membro do CME" (ibid., p. 16), revelou, entre outros, os seguintes pontos de estrangulamento: colegiado reconhecido como "órgão de assessoria do poder executivo municipal" (ibid., p. 86); conselheiros que são escolhidos pelo poder Executivo, por meio de lista tríplice "de representantes dos diferentes segmentos da sociedade" (ibid., p. 83); os membros que representam a sociedade ci-

7. Os autores analisaram o CME do município de Piracicaba.

8. A autora analisou o CME do município de Limeira.

9. O autor analisou o CME do município de São José do Rio Preto.

vil "possuem vínculo empregatício com a SME, o que poderia estar ampliando a base de votos ou de influência do poder público" (ibid., p. 84). Contudo, o autor assinala que "são inegáveis os avanços sociais promovidos pelo CME" (ibid., p. 116), pois há iniciativas interessantes do colegiado examinado, as quais esboçam "uma centelha de mudanças nas ações" (ibid.), visando a maior participação da comunidade.

Pereira (2008, p. 121) sublinha que a criação dos três CMEs paulistas[10] por ele estudados resultou de "indução estatal, por meio de legislação, para garantir a eficiência de projetos governamentais que seriam implantados", entre eles "o projeto sobre a municipalização das séries iniciais do ensino fundamental" (ibid.). Apesar de ter havido mobilização popular e de setores educacionais na implantação dos CMEs, de acordo com o autor essa não parece ter sido a marca da criação destes órgãos e destaca que mesmo o projeto de municipalização "não foi discutido com os três Conselhos, com a população ou com os educadores em exercício" (ibid.).

Outro aspecto relevante identificado por Pereira (2008, p. 123-124) refere-se à composição dos CMEs. Em um deles, à época de sua pesquisa, dos dezesseis membros que compunham o Conselho treze pertenciam aos "segmentos educacionais"; em outro, dezoito dos 22 membros estavam "vinculados à área educacional" (ibid.), e no terceiro sete dos nove membros pertenciam ao setor educacional. Tais dados revelam, segundo o autor, um perfil de Conselhos mais "técnico-pedagógicos" (ibid.) que de "participação social" (ibid.).

Contudo, considera que a participação social, no processo histórico brasileiro, "é resultado de pressão e reivindicação popular, e não da postura 'benevolente' do Estado". Neste sentido, assinala que "Os Conselhos Municipais de Educação são exemplos desta lógica do maior ou menor grau da mobilização social, pois a criação destes conselhos e a efetividade de suas ações dependem fundamentalmente da organização e pressão dos movimentos sociais de defesa de uma educação de qualidade" (ibid., p. 73-74).

Lima (2001a; 2001b) aponta diferenças entre os chamados "Conselhos Populares" e os "Conselhos Institucionalizados", sinalizando que os primeiros são constituídos autonomamente e incentivados nas localidades, sem, contudo, um controle oficial; os da segunda modalidade são legalizados, o que determina sua composição, sua natureza e suas finalidades.

Para o autor, a constituição dessa segunda modalidade de Conselhos é importante para que o município receba verbas para os diversos setores sociais que o compõem, entre eles a educação. Neste sentido, como instrumentos do processo de

10. Os CMEs analisados pelo autor pertencem aos municípios de Andradina, Presidente Prudente e Presidente Bernardes. Ver também Pereira, Leite 2010.

desconcentração de medidas, os conselhos regulamentados por lei estariam diretamente relacionados à desregulamentação do Estado, entendida como a retirada de responsabilidades deste no que diz respeito à manutenção da educação pública e gratuita. O autor assinala ainda que, nessa direção, instrumentos de controle local são criados, na perspectiva de controle e fiscalização, estabelecendo parcerias locais para manutenção da educação básica. Desse modo, apesar de anunciar o pressuposto de fortalecer, estimular e organizar o poder local, este movimento apresenta ambiguidades, pois a constituição de colegiados pode referendar políticas apenas ditas descentralizadoras, induzindo os municípios a assumir a oferta de serviços educacionais (LIMA 2001a; 2001b).

Ao analisar "Concepção, Composição e Fins" de um CME paulista[11], em debates realizados durante o processo eleitoral, Lima (2001a; 2001b) detectou sinais que apontavam para a constituição de um Conselho cuja concepção deveria estar voltada para a construção de um espaço democrático, evitando-se, dessa forma, a tomada de decisões centralizadoras. Não obstante, ao analisar o processo da implementação, ocorrida em período posterior aos debates, o autor constatou que o CME ganhou outros contornos, diferentes dos que estavam preconizados ao longo do período eleitoral, afastando-se dos movimentos sociais e burocratizando discussões e deliberações.

Apesar das disputas ensejadas por este movimento, o CME acabou por se aproximar de atividades técnicas, reproduzindo diretrizes e medidas dos órgãos centrais da SME, transformando-se em mais um mecanismo burocrático do município. Ainda assim, o autor considera que o Conselho não se submeteu ao poder Executivo — totalmente subjugado —, porém também não realizou interferências na elaboração e na implementação das políticas educacionais em âmbito local.

As pesquisas e os estudos aqui apresentados revelam, de um lado, a preocupação com o fato de os CMEs terem, ao que parece, se transformado em órgãos que pouco representam a sociedade civil, que "obedecem" às determinações do poder Executivo municipal e que ainda sofrem um esvaziamento do debate acerca das questões educacionais. De outro, os pesquisadores insistem que o funcionamento desse órgão ainda é fundamental para viabilizar uma gestão mais participativa.

Considerações finais

A participação dos atores sociais — seja no âmbito político ou no âmbito das organizações — se dá por meio de canais institucionalizados. Para tanto, observem-

11. O autor analisou o Conselho do Fundef de Cascavel (estado do Paraná) e o CME de Diadema (estado de São Paulo), cuja experiência analisada localiza-se entre os anos 1997 e 2000. Para efeito deste capítulo, utilizamos as informações concernentes, em exclusivo, ao município de Diadema.

se as eleições livres baseadas em princípios de representação política, conselhos que funcionam em vários níveis e esferas de governo, conselhos de representação dos vários segmentos, conselhos que tenham natureza normativa, deliberativa e consultiva, entre outras características etc. No que tange ao aspecto formal, estes mecanismos estão submetidos ao conjunto legal e normativo que impõe regras e determina níveis e modalidades de funcionamento, estabelecendo o que alguns sociólogos denominam participação organizada e imposta (MEISTER 1981), e a educação tem sido apontada como uma das áreas sociais mais afetadas por normatizações. Contudo, como se discutiu anteriormente, vários estudos dedicados a analisar os mecanismos da participação no âmbito educacional vêm assinalando a complexidade que reveste esse processo, tendo em vista os interesses dos diferentes segmentos envolvidos na composição e no funcionamento dos órgãos colegiados, originando o que se pode denominar "processos organizacionais imprevisíveis" (MARTINS 2008, p. 199).

As esferas municipais procuram responder às novas demandas postas para a gestão da política educacional com diferentes estratégias que variam de acordo com as características históricas, políticas, econômicas e culturais locais. Conforme discute Martins (2004), a participação dos munícipes e dos profissionais da educação nas questões que afetam as políticas e a gestão nessa área, por meio de mecanismos institucionalizados — como os CMEs — é condição *sine qua non* para que os municípios logrem melhorias nesse campo. Entretanto, é preciso registrar que não é de todo improvável que ocorram reversões de algumas das expectativas,

> [...] pois a burocratização dos canais de participação dos atores é inevitável. Portanto, o risco de introduzirem-se outras e novas formas de negociação dos diferentes interesses é grande, considerando-se que, fundamentalmente, esses processos em sociedades democráticas ocorrem em torno de grupos corporativos, estejam eles situados em quaisquer espaços nos quais a democracia possa ser exercida (MARTINS 2004, p. 175).

A análise da literatura consultada revela desafios sobre o funcionamento dos CMEs que merecem ser destacados. Entre eles, sem a preocupação em esgotá-los, destacamos: composição do colegiado — os estudos revelaram uma presença muito forte do setor municipal de educação, acarretando dependência do colegiado; os segmentos representados devem ser proporcionais, sem que haja o privilégio de um sobre os demais; os conselheiros, em geral, são pessoas ligadas à educação, portadoras de "notório saber" — poucas são as experiências com representações populares; mesmo sendo ligados à educação, foi revelado que nem todos os conselheiros conhecem as atribuições e competências do colegiado; deve ser prevista infraestrutura mínima para o funcionamento do colegiado, sendo esta uma das condições de sua autonomia; quanto à natureza do Conselho, embora esta seja declarada na lei de sua criação e/ou em seu regimento interno, observou-se que em geral ele desempenha a função de assessoria mais frequentemente que as demais; os colegiados revelaram dificuldades em relação à comunicação, à difusão de suas decisões, comprometendo assim a função mobilizadora que declaram possuir.

Talvez os órgãos representativos locais — sobretudo o CME e os Cacs —, potencialmente, possam expressar uma nova ordem de diálogo entre a instância escolar, a comunidade e os gestores das redes escolares e sistemas municipais de ensino. Dessa forma, nota-se — pelos estudos aqui analisados — que ainda restam mais questões a ser enfrentadas pelo debate nesse campo do que respostas obtidas por meio das investigações: até que ponto os novos desenhos institucionais originados de formas experimentais de exercício democrático são capazes de mudar substancialmente o modelo hegemônico de democracia representativa? Como efetivar a participação de atores escolares locais nas decisões coletivas sem envolver relações pouco transparentes e/ou de obediência e de mando?

Em outras palavras, a dinâmica instaurada em razão da descentralização de processos decisórios e da constituição de órgãos colegiados — vitais para seu funcionamento — ainda apresenta elementos de tensão, merecendo um aprofundamento de sua análise com base em estudos de maior escopo, para que os novos desenhos institucionais não corram o risco de ser apenas a reconfiguração de velhas formas tradicionais de gestão das políticas públicas (MARTINS 2004).

Referências

BETLINSKI, Carlos. *Conselhos Municipais de Educação:* participação e cultura política. Tese (Doutorado em Educação). São Paulo, Faculdade de Educação, Pontifícia Universidade Católica de São Paulo, 2006.

BRASIL. Lei nº 9.424, de 24 de dezembro de 1996. Dispõe sobre o Fundo de Manutenção e Desenvolvimento do Ensino Fundamental e de Valorização do Magistério, na forma prevista no art. 60, § 7º, do Ato das Disposições Constitucionais Transitórias e dá outras providências. *Diário Oficial [da] República Federativa do Brasil*, Brasília, 1º jan. 1997.

_____. Lei nº 5.692, de 11 de agosto de 1971. Fixa Diretrizes e Bases para o ensino de 1º e 2º graus, e dá outras providências. *Diário Oficial [da] República Federativa do Brasil*, Brasília, 12 ago. 1971.

CARVALHO, Maria Lucia R. D., TOSI, Maria Raineldes, GIUBILEI, Sonia, BORGES, Zacarias Pereira. Conselho Municipal de Educação: mecanismos (in)viabilizadores da gestão democrática da escola pública municipal na microrregião de Campinas. In: GIUBILEI, Sonia (org.). *Descentralização, municipalização e políticas educativas*. Campinas, Alínea, 2001, p. 187-230.

CINTRA, Antonio Octávio. Presidencialismo e parlamentarismo: são importantes as instituições? In: AVELAR, Lucia, CINTRA, Antonio Octávio (orgs.). *Sistema político brasileiro*: uma introdução. São Paulo, Ed. Unesp/Konrad-Adenauer Stiftung, 2007, p. 35-59.

LIMA, Antonio Bosco de. *Conselhos Municipais na educação:* perspectivas de democratização das políticas educacionais. Tese (Doutorado em Educação). São Paulo, Faculdade de Educação, Pontifícia Universidade Católica de São Paulo, 2001a.

______. Conselhos municipais na educação: perspectivas de democratização da política educacional municipal. In: SEMINÁRIO INTERNACIONAL DE EDUCAÇÃO, 1, 2001, Cianorte. *Anais*... Cianorte, 2001b.

MARTINS, Angela Maria. O contexto escolar e a dinâmica de órgãos colegiados: uma contribuição ao debate sobre gestão de escolas. *Ensaio: Avaliação e Políticas Públicas em Educação*, Rio de Janeiro, v. 16, nº 59 (abr.-jun. 2008) 195-206.

______. O processo de municipalização no estado de São Paulo: um novo desenho da política educacional?. In: MARTINS, Angela Maria, OLIVEIRA, Cleiton de, BUENO, Maria Sylvia Simões (orgs.). *Descentralização do Estado e municipalização do ensino*: problemas e perspectivas. Rio de Janeiro, DP&A, 2004, p. 151-177.

______. Uma análise da municipalização em São Paulo. *Cadernos de Pesquisa*, São Paulo, nº 120, (nov. 2003) 221-239.

MEISTER, Albert. *L'autogestion en uniforme*. Toulouse, Privat, 1981.

OLIVEIRA, Cleiton de. A Emenda Constitucional 14/96 e os municípios paulistas: algumas implicações. *Comunicações*, Piracicaba, v. 5, nº 2 (nov. 1998) 112-124.

______. *Estado, município e educação:* análise da descentralização do ensino no estado de São Paulo. Tese (Doutorado em Educação). Campinas, Faculdade de Educação, Universidade Estadual de Campinas, 1992.

OLIVEIRA, Cleiton de, GANZELI, Pedro. O processo de municipalização do ensino fundamental, da primeira à quarta série, em Piracicaba. In: GIUBILEI, Sonia (org.). *Descentralização, municipalização e políticas educativas*. Campinas, Alínea, 2001. p. 93-138.

OLIVEIRA, Cleiton, GANZELI, Pedro, GIUBILEI, Sonia, BORGES, Zacarias Pereira. Análise comparativa dos conselhos municipais de educação dos municípios da região metropolitana de Campinas. In: ______ (orgs.). *Conselhos Municipais de Educação*: um estudo na região metropolitana de Campinas. Campinas, Alínea, 2006, p. 233-288.

PEREIRA, Tarcísio Luiz. *Conselhos Municipais de Educação:* desafios e possibilidades na gestão democrática de políticas educativas. Dissertação (Mestrado em Educação). Presidente Prudente, Faculdade de Ciências e Tecnologia, Universidade Estadual Paulista Júlio de Mesquita Filho, 2008.

PEREIRA, Tarcísio Luiz, LEITE, Yoshie Ussami Ferrari. O papel dos Conselhos Municipais de Educação na gestão de políticas educativas nos sistemas de ensino. In: ENCONTRO NACIONAL DE DIDÁTICA E PRÁTICA DE ENSINO (ENDIPE), 15, 2010, Belo Horizonte. *Anais*... Belo Horizonte, ENDIPE, 2010. 1 CD-ROM.

REIS FILHO, Casemiro. *A educação e a ilusão liberal*. São Paulo, Cortez, 1981.

SÃO PAULO (estado). *A municipalização do ensino fundamental*: o sucesso e o processo. São Paulo, 2002.

______. Diretrizes educacionais para o estado de São Paulo, de janeiro de 1995 a 31 de dezembro de 1998. *Diário Oficial do Estado de São Paulo*, São Paulo, 23 de mar. 1995a.

_____. Lei nº 9.143, de 9 de março de 1995. Estabelece normas para a criação, composição, atribuições e funcionamento de Conselhos Municipais e Regionais de Educação. *Diário Oficial do Estado de São Paulo*, São Paulo, 10 mar. 1995b.

_____, Secretaria da Educação. *Decreto nº 40.673, de 16.01.96*. Institui o Programa de Ação de Parceria Educacional Estado/Município para atendimento ao ensino fundamental. São Paulo, SEE, 1996.

_____. Secretaria de Estado da Educação. *Programa de Parceria Educacional Estado-Município para o Ensino Fundamental*. São Paulo, SEE, 2010.

SILVA, Ben-Hur Ulisses da. *O Conselho Municipal de Educação de São José do Rio de Preto:* participação e cidadania. Dissertação (Mestrado em Educação Escolar). Araraquara, Faculdade de Ciências e Letras, Universidade Estadual Paulista Júlio de Mesquita Filho, 2010.

SILVA, Claudia Aparecida Hardt da. *Gestão democrática do ensino público:* um estudo do conselho municipal de educação de Rio Claro no período de 1997 a 2004. Dissertação (Mestrado em Educação). Rio Claro, Instituto de Biociências, Universidade Estadual Paulista Julio de Mesquita Filho, 2009.

_____. Gestão democrática do ensino público: um estudo do conselho municipal de educação de Rio Claro. In: ENCONTRO DE PESQUISA EM EDUCAÇÃO DA REGIÃO SUDESTE, 8, 2007, Vitória. *Anais*... Vitória, ANPEd, 2007. 1 CD-ROM.

ZANETTI, Renata Brandão Faria. *Conselho Municipal de Educação de Limeira - SP:* análise de sua atuação no período de 1997 a 2001. Dissertação (Mestrado em Educação). Piracicaba, Faculdade de Ciências Humanas, Universidade Metodista de Piracicaba, 2009.

CMEs no estado de Minas Gerais: das funções atribuídas no regime de colaboração

Marisa Ribeiro Teixeira Duarte
Rosimar de Fátima Oliveira

Introdução[1]

No Brasil os municípios constituem entes da Federação com autonomia político-administrativa e podem organizar sistemas municipais de ensino próprios. Ou seja, no âmbito das competências estabelecidas pela Constituição Federal (CF) de 1988 (BRASIL 1988), cabe ao poder público municipal a administração de seu sistema de ensino. Além das atribuições de oferta e atendimento previstas na Constituição, a Lei de Diretrizes e Bases da Educação Nacional de 1996 (LDB) — Lei nº 9.394, de 20 de dezembro de 1996 (BRASIL 1996) — faculta aos sistemas municipais a formulação de normas de gestão democrática (art. 3º, VIII), de autorização, funcionamento e critérios de avaliação das instituições privadas integrantes do sistema (art. 7º), formas de ingresso e de progressão dos alunos (art. 24, II e IV).

Os municípios podem, observadas as determinações constitucionais, regulamentar as relações de trabalho dos profissionais e

1. Este texto contou com a colaboração de Emeli Malaquias Nascimento, bolsista de Iniciação Científica Fundação de Amparo à Pesquisa do Estado de Minas Gerais (Fapemig), e com o apoio da Cátedra Instituto de Pesquisa Econômica Aplicada (IPEA) Anísio Teixeira.

trabalhadores da educação de sua rede, definir critérios para processos seletivos de ingresso em função ou cargo público, estabelecer normas arquitetônicas para a construção de prédios escolares ou de seleção de equipamentos educacionais, elaborar e implementar programas educacionais próprios e, sem ferir as diretrizes curriculares nacionais, estabelecer projeto político-pedagógico para as instituições componentes de seu sistema de ensino. Essas, entre outras, são dimensões de administração educacional que pertencem ao âmbito decisório das autoridades públicas municipais.

Os municípios brasileiros detêm, ainda, competências próprias de arrecadação tributária, mas estão obrigados a aplicar o percentual de 25% de sua receita de impostos e transferências na Manutenção e Desenvolvimento do Ensino (MDE) (BRASIL 1988, art. 211). Isso significa que a destinação dos recursos vinculados à MDE é definição do poder público municipal, e este é responsável por observar medidas redistributivas em relação às suas escolas (BRASIL 1996, art. 11, II).

Por outro lado, a LDB de 1996 faculta aos municípios brasileiros se integrarem ao sistema de ensino do estado subnacional onde se encontram. Nesse caso, as autoridades públicas locais devem observar, além das normas nacionais afetas a todos os sistemas de ensino, aquelas aprovadas no âmbito estadual e relacionadas à organização e ao funcionamento da educação básica. Mas localidades sem sistema próprio de ensino detêm a autonomia administrativa prevista na CF de 1988, ou seja, no campo educacional elaboram planos de carreira de seus profissionais, definem critérios para pagamento, reforma e construção de escolas etc. A Lei nº 9.131, de 24 de novembro de 1995 (BRASIL 1995), autoriza, ainda, o Conselho Nacional de Educação (CNE) a elaborar resoluções e emitir pareceres sobre questões que abranjam mais de um nível ou modalidade de ensino e relativas à aplicação da legislação educacional, no que diz respeito à integração entre os diferentes níveis e modalidades. Com essa competência, o CNE elaborou, a partir do ano 2000, as diretrizes operacionais relacionadas à administração da educação infantil, aos planos de carreira dos profissionais e trabalhadores em educação, ao funcionamento da educação de jovens e adultos, entre outras.

Desse modo, a convivência de competências específicas e concorrentes configura um sistema público de educação básica no Brasil em que a norma constitucional que orienta quanto ao regime de colaboração entre os entes federados acha-se em tradução institucional. Na atualidade, a repartição de competências e o regime de colaboração vêm se efetivando com suporte na articulação dos procedimentos de avaliação e de financiamento. Trata-se do modo de regulação por desempenho (MAROY 2008), em que as relações federativas e intrassistêmicas são valoradas de acordo com o resultado obtido. É sob essa lógica que campos de competências e um regime de colaboração, articulado normativamente e por diversos projetos centrados em resultados, vêm se construindo.

A centralidade dos Conselhos Municipais de Educação (CMEs) nesse processo é irrefutável. Desde a criação da União Nacional dos Dirigentes Municipais (Undime), em 1986, a demanda por maior autonomia na gestão da educação municipal foi fortemente emparelhada ao argumento da participação, como meio de legitimação dessa demanda por ampliação do poder local em relação à educação. O fato de os Conselhos de Educação, no período anterior à LDB de 1996, estarem atrelados a um ato autorizativo dos Conselhos Estaduais de Educação, conforme previa a Lei nº 5.692/1971 (BRASIL 1971), excluía a autonomia como meio de atuação possível.

No caso de Minas Gerais, mesmo após a promulgação da LDB de 1996, o Conselho Estadual de Educação (CEE) emitiu o Parecer nº 500, de 13 de maio de 1998, estabelecendo orientações para a organização e a constituição dos sistemas municipais de ensino e de CMEs no estado (MINAS GERAIS, CEE, 1998).

Segundo o Parecer nº 500/1998, os municípios mineiros, diante do disposto na LDB de 1996, além de escolher entre constituir seu sistema municipal de ensino ou se integrar ao Sistema Estadual de Educação, poderiam também optar por uma terceira alternativa, ou seja, "compor com o estado um Sistema Único de Educação Básica"[2] (MINAS GERAIS, CEE 1998, p. 5). Reconhecendo essa alternativa como avançada para o modelo jurídico daquele momento, o Parecer destaca a potencialidade dessa alternativa para substituir a organização administrativa das escolas — estaduais e municipais — por outra forma de organização, tornando-as unicamente escolas públicas. Afirma o Parecer:

> O Sistema Único de Educação Básica consiste em uma relação entre estado e municípios que se caracteriza por estar além do regime de colaboração ou do sistema de integração estado/município. O sistema único não se limita à existência de normas educacionais comuns, [...] nem mesmo se confunde com uma repartição de responsabilidades e encargos entre estado e município. *O sistema único consiste na adoção de normas educacionais comuns, podendo, inclusive, chegar à manutenção e administração compartilhada da rede de escolas, que deixariam de ser apenas estaduais ou municipais e passariam a ser escolas públicas, de responsabilidade simultânea do estado e do município.* A instalação de um Sistema Único de Educação Básica fundamenta-se no estabelecimento de princípios e valores comuns, bem como indicadores de qualidade que a comunidade pretenda que orientem a educação básica a todos cidadãos dos municípios nas escolas localizadas em seu território, quer sejam públicas ou privadas, bem como outras formas de educação existentes (ibid., p. 7; itálicos nossos).

2. Embora não tenha sido viabilizada, essa terceira alternativa apontada pelo CEE/MG, ainda em 1998, aproxima-se dos princípios debatidos pela Conferência Nacional de Educação (Conae) realizada em 2010, cuja temática foi intitulada "Construindo o Sistema Nacional Articulado: O Plano Nacional de Educação, Diretrizes e Estratégias de Ação".

A proposta de um sistema único, ainda conforme o Parecer nº 500/1998, poderia integrar um conjunto de municípios ou uma região por meio de normas estabelecidas por um Conselho Regional de Educação Básica, formado pelos municípios partícipes do sistema e pelo estado de Minas Gerais.

Os CMEs, entretanto, ainda segundo o Parecer nº 500/1998, deveriam ser criados independentemente da forma de organização da educação existente em cada município. Naqueles em que o sistema próprio não estivesse constituído, esses conselhos serviriam para consolidar a educação local e, futuramente, tornar autônomo seu sistema de ensino. O Parecer inclui recomendações para a criação dos CMEs sugerindo aos municípios sua constituição e referindo-se genericamente às suas atribuições (MINAS GERAIS, CEE 1998). Apesar disso, o movimento de criação e consolidação dos CMEs no estado tem se revelado heterogêneo, instável e frágil, como veremos a seguir.

A constituição dos CMEs em Minas Gerais

Em Minas Gerais a participação dos 853 municípios na matrícula da educação básica é inferior à participação do governo estadual (Gráfico 1). Este dado é expressivo da multiplicidade de pequenas redes municipais de educação existentes no estado. No entanto, as dimensões assumidas por esse conjunto são significativas e é sobre esse cenário que se multiplicou a criação dos CMEs.

Segundo a base de dados da pesquisa Perfil dos municípios brasileiros (BRASIL, IBGE 2010), 657 (77%) municípios do estado de Minas Gerais possuíam CMEs no

GRÁFICO 1
Distribuição de matrículas na educação básica por dependência administrativa, segundo o país e o estado de Minas Gerais — 2010

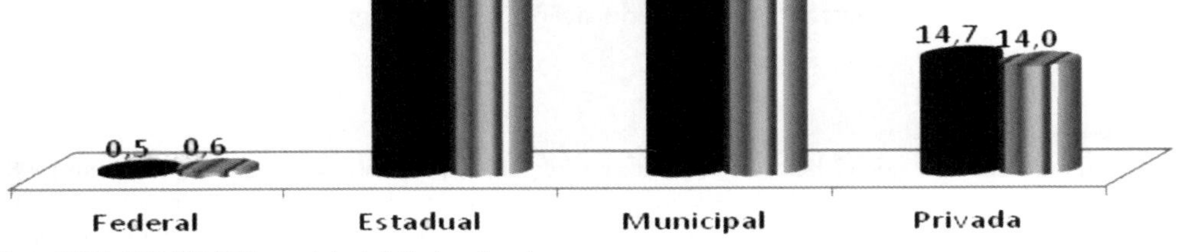

Fonte: BRASIL, MEC, INEP 2011, com dados trabalhados pelas autoras

ano de 2009. Desse total, apenas 90 (14%) foram criados antes da promulgação da LDB de 1996 (BRASIL 1996), correspondendo, portanto, a uma estrutura anterior à possibilidade jurídica de instituição de sistemas municipais de ensino autônomos. Influenciados pela promulgação daquela lei, em 1997 foram criados nos municípios mineiros 234 (36%) CMEs, tendência que se seguiu nos anos subsequentes, quando, somente entre 1997 e 1999, 346 (53%) CMEs foram criados no estado (Gráfico 2).

GRÁFICO 2
CMEs por ano de criação no estado de Minas Gerais — 1969-2009

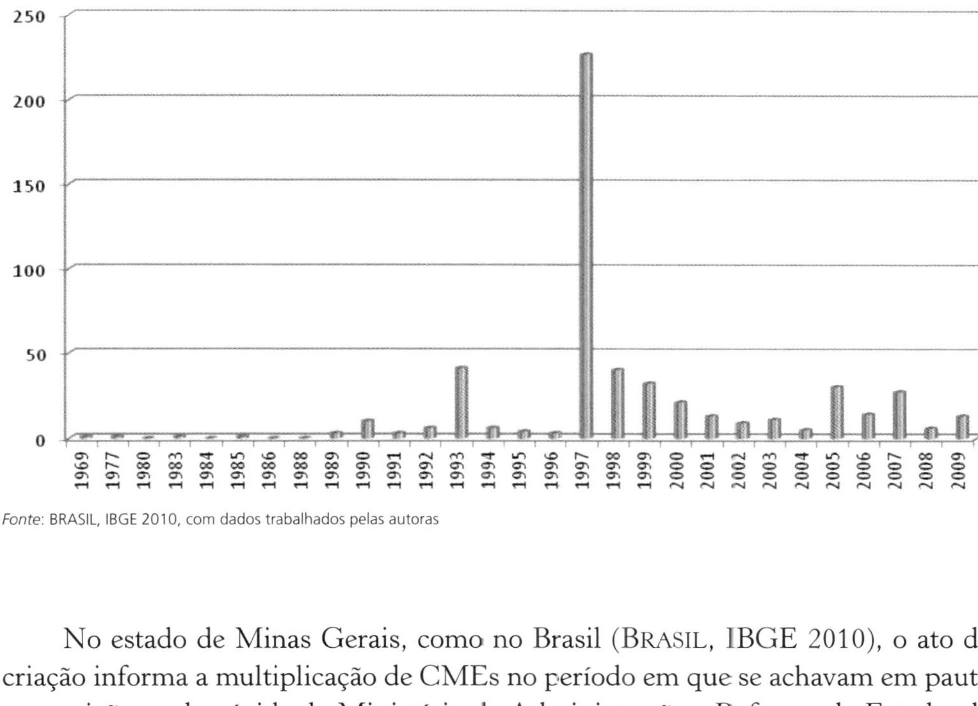

Fonte: BRASIL, IBGE 2010, com dados trabalhados pelas autoras

No estado de Minas Gerais, como no Brasil (BRASIL, IBGE 2010), o ato de criação informa a multiplicação de CMEs no período em que se achavam em pauta proposições, sob a égide do Ministério da Administração e Reforma do Estado, de disseminação de modelos pós-burocráticos de administração (ABRUCIO 1998). O diagnóstico difundido no período pelo Ministério considerava a existência de uma excessiva hierarquização e de falta de contato entre a burocracia e a comunidade. Em paralelo, movimentos sociais os mais diversos propugnavam maior participação na formulação das políticas educacionais.

A pesquisa Perfil dos Municípios Brasileiros (BRASIL, IBGE 2010) também informa quanto à natureza institucional, denominada *caráter*, dos CMEs. O levantamento permite identificar se os Conselhos possuem ou não as funções consultiva, deliberativa, normativa e fiscalizadora. Além disso, quanto à composição, é possível conhecer os Conselhos que se identificam como paritários e aqueles que não se identificam como tais.

GRÁFICO 3
CMEs por função e composição no estado de Minas Gerais — 2009

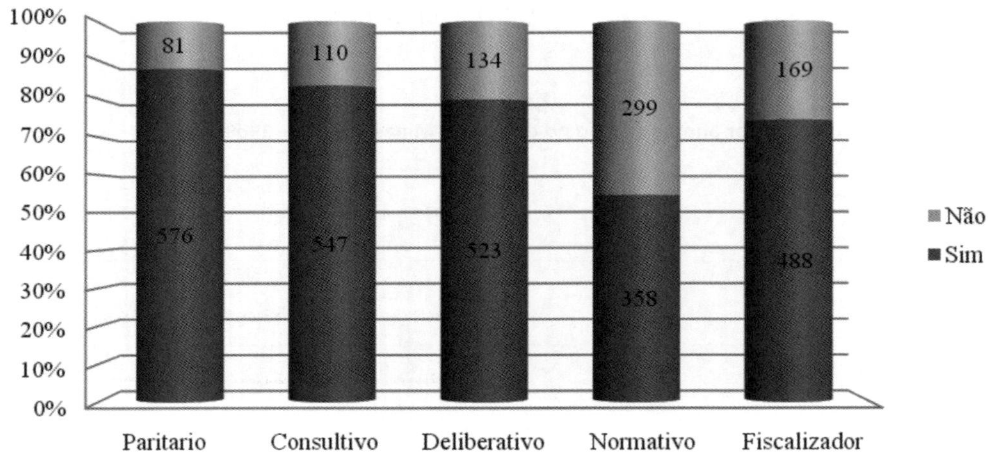

Fonte: BRASIL, IBGE 2010, com dados trabalhados pelas autoras

Observa-se que a função normativa é a menos presente entre os conselhos mineiros, comparada às demais funções. Enquanto 83% (n = 547) dos municípios afirmaram na pesquisa sobre o seu perfil (BRASIL, IBGE 2010) que possuem CMEs com caráter consultivo, apenas 54% (n = 358) dos conselhos afirmaram possuir o caráter normativo (Gráfico 3). Do mesmo modo, há uma menor proporção de municípios com CMEs com função de fiscalização.

A hipótese de que as funções normativa e fiscalizadora poderiam resultar de um aprofundamento das práticas de participação e da influência da gestão democrática da educação prevista na CF de 1988, e ratificada em legislação posterior, não pode ser confirmada pelos dados de criação de CMEs com essas funções em Minas Gerais. Diferentemente do que se poderia presumir a partir dessa hipótese, a criação de CMEs sem função normativa e fiscalizadora não se reduz ao longo dos anos, nem a partir do marco de criação da LDB de 1996. Dos 299 municípios que criaram CMEs em Minas Gerais sem a função normativa, segundo a Pesquisa do IBGE (BRASIL, IBGE 2010), 87% (n = 261) o fizeram após a promulgação da LDB de 1996 (Gráfico 4).

A atribuição da função normativa não parece estar, desse modo, direta e positivamente associada à hipótese de empoderamento dos CMEs *vis à vis* a formalização

GRÁFICO 4
CMEs sem função normativa, por ano de criação, no estado de Minas Gerais — 1998-2009

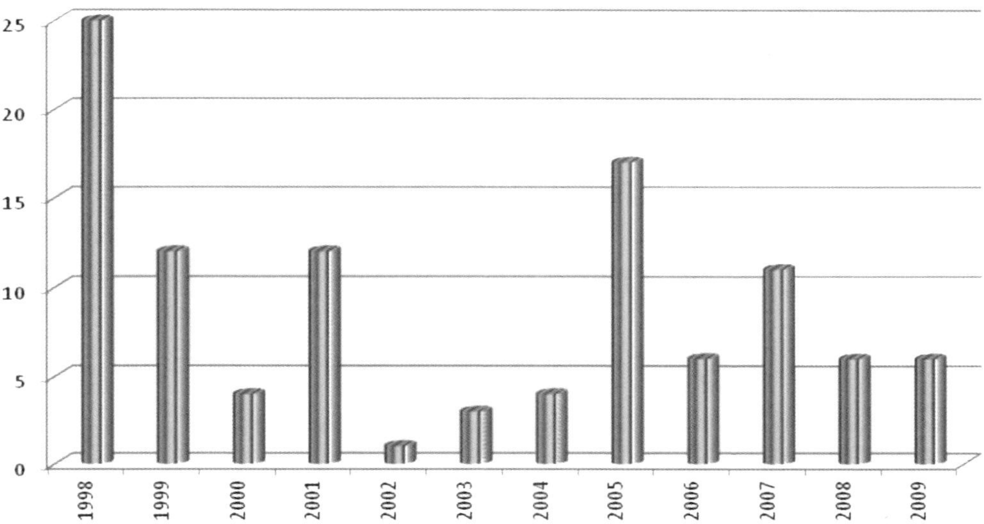

Fonte: BRASIL, IBGE 2010, com dados trabalhados pelas autoras

da gestão democrática da educação nos municípios mineiros. De outro modo, o menor percentual de institucionalização dessa função na criação dos CMEs mineiros pode estar relacionado à opção pela adesão ao Sistema Estadual de Educação e à consequente atribuição da função normativa aos respectivos órgãos estaduais.

Quanto à função fiscalizadora, dos 169 municípios que criaram Conselhos sem essa função, 82% (n = 139) o fizeram entre os anos de 1997 e 2009. Esse dado evidencia que para o conjunto dos Conselhos sem função fiscalizadora nos municípios mineiros a LDB de 1996 (BRASIL 1996) não induziu a uma reversão dessa tendência funcional, embora tenha induzido ao crescimento do número de Conselhos, como já demonstrado.

A situação dos CMEs no estado de Minas Gerais também pode ser analisada a partir do Sistema de Informações dos Conselhos Municipais de Educação (Sicme), ferramenta de acesso restrito para a coleta de informações sobre os CMEs, cuja base de dados é alimentada pelos presidentes dos Conselhos e secretários municipais de Educação (BORDIGNON, PEREIRA 2008). A compilação dos dados de 2004 a 2007, publicada em 2008 pelo MEC, informa sobre a existência dos Conselhos a partir da instituição do ato legal de sua criação, metodologia diferente da pesquisa Perfil dos Municípios (BRASIL, IBGE 2010), cuja informação deriva do instrumento de coleta do IBGE aplicado aos gestores dos municípios. O Sicme informa a existência de 501

CMEs com ato legal de criação cadastrados em sua base de dados entre os anos de 2004 e 2007 no estado de Minas Gerais. Se, para efeito comparativo, limitamos a análise do banco de dados da Pesquisa Munic-2009 ao ano de 2007 (BRASIL, IBGE 2010), identificamos até este ano a criação de 627 CMEs. Há, portanto, uma evidente inconsistência entre os resultados obtidos, uma vez que a base do IBGE informa a existência de 126 Conselhos a mais que a base de dados do MEC, uma diferença significativa de 24%.

A diferença pode estar relacionada à metodologia utilizada, que no caso do Sicme considerou a existência do ato legal de criação do Conselho Municipal de Educação informado pelo responsável. E no caso do IBGE (BRASIL, IBGE 2010) considerou a informação prestada pelo gestor no instrumento de coleta adotado pela pesquisa, que sofre conferência por amostragem. Além disso, sabendo do cadastro na base Sicme como um ato voluntário, é preciso considerar a existência de municípios com ato legal de criação e não cadastrados naquele sistema.

O valor agregado pela fonte do Sicme na análise dos CMEs de Minas Gerais, entretanto, está nas informações que acrescenta quanto à composição dos Conselhos e as funções mobilizadora e propositiva, não incluídas na Pesquisa Munic-2009 (BRASIL, IBGE 2010). Além disso, é significativo observar que, embora sejam identificados na base Sicme 59% (n = 501) dos municípios mineiros com ato legal de criação do CME, no mesmo período, somente 64% (n = 322) haviam constituído sistemas de ensino próprios.

GRÁFICO 5
CMEs, por função, no estado de Minas Gerais, segundo as bases Sicme e IBGE — 2008 e 2009

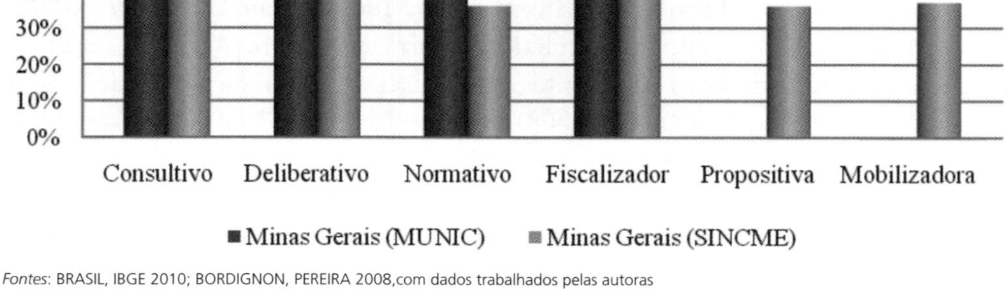

Fontes: BRASIL, IBGE 2010; BORDIGNON, PEREIRA 2008,com dados trabalhados pelas autoras

Dito de outro modo, observamos que a criação de mais de um terço dos CMEs mineiros, cadastrados na base Sicme, não está relacionada à opção do município pela constituição de sistema de ensino próprio, o que pode significar a afirmação da hipótese de que eles aderiram ao Sistema Estadual de Educação. Essa hipótese corrobora o sentido atribuído acima ao baixo percentual verificado de Conselhos com função normativa.

Além de se referir às funções consultiva, deliberativa e normativa dos Conselhos, cujos resultados são discretamente inferiores aos resultados auferidos pela pesquisa Perfil dos Municípios (BRASIL, IBGE 2010), dada a natureza de cada uma das bases, como já observado, a base Sicme informa ainda sobre as funções mobilizadora e propositiva, que foram identificadas, respectivamente, em 37% e 36% dos Conselhos pesquisados (Gráfico 5).

O acréscimo das funções propositivas e mobilizadoras na base Sicme, somado ao percentual de Conselhos em cujas leis de criação figuram essas funções, chama a atenção para o escopo dos documentos legislativos em cujos textos são criados os Conselhos[3]. Através do acesso ao Sistema de Monitoramento, Execução e Controle do Ministério da Educação (Simec), no Módulo Plano de Ações Articuladas (PAR), é possível visualizar as leis de criação dos CMEs mineiros que preencheram o formulário eletrônico e anexaram, conforme solicitado, o referido ato, além de outros. A análise dessa legislação permitiu conhecer, por meio do texto normativo, uma caracterização jurídica bastante imprecisa dos CMEs no estado.

Identificamos na base de dados Simec-PAR um total de 158 municípios com atos de criação dos respectivos CMEs anexados ao formulário eletrônico do sistema. A leitura desses documentos, entretanto, não permitiu identificar objetivamente as funções atribuídas aos Conselhos, em sua maioria. Não há nas leis analisadas definição clara da natureza, da função e da competência dos Conselhos, muitos sendo identificados a partir de uma lista de tarefas que se referem mais a seus aspectos procedimentais, compreendidos em suas competências ou atribuições, do que propriamente sua constituição.

Funções e competências dos CMEs mineiros

A LDB de 1996 (BRASIL 1996), ao estabelecer as incumbências dos municípios no que se refere à educação, como já foi dito, possibilitou-lhes a criação de sistemas de ensino próprios, organizando, mantendo e desenvolvendo os seus órgãos

3. Estudo semelhante pode ser encontrado em WERLE (2006; 2008), em que são analisados os atos legislativos de criação de CMEs no estado do Rio Grande do Sul, aprofundando-se sobre as características desses Conselhos por meio da legislação de oitenta municípios.

e instituições oficiais, entre os quais os CMEs. Diferentemente do que ocorre na área da saúde, por exemplo, a legislação educacional de âmbito federal não obriga à criação de CMEs. A razão dessa liberdade jurídica está no amplo reconhecimento formal da autonomia política e administrativa dos municípios, garantida pelo modelo federativo, que, no caso da educação, acrescenta o regime de colaboração como contrapeso de uma possível competição entre os entes federados.

FIGURA 1
Modelo para análise dos atos normativos de constituição dos CMEs

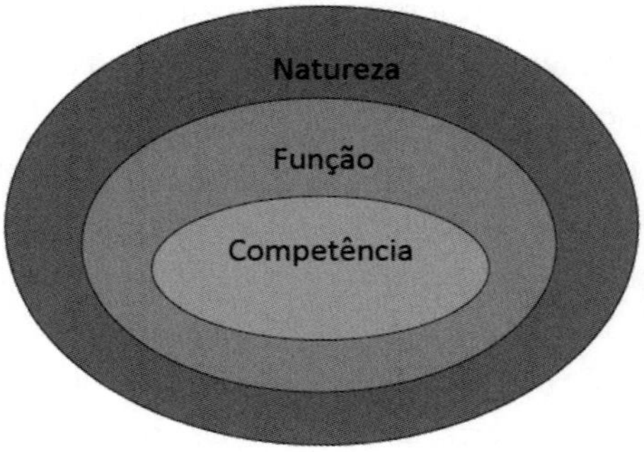

Fonte: Elaboração das autoras

O princípio da autonomia político-administrativa sobre o qual a LDB de 1996 sustenta o modelo de gestão educacional nos municípios, porém, deve ser entendido não só como a possibilidade de constituir ou não sistemas de ensino próprios e criar CMEs, mas também autonomia para definir a natureza, as funções e as competências desses Conselhos. Essa definição, que deve resultar de uma construção política, tem sua expressão formal no ato legislativo de criação desses Conselhos (CURY 2006). A natureza, a função e as competências dos CMEs são campos conceituais específicos e podem ser expressos no texto legislativo correspondendo a uma tipologia de círculos concêntricos (Figura 1). As competências estão contidas nas funções, as quais, por sua vez, estão contidas na natureza dos Conselhos. Dessa maneira, podemos considerar que a definição das competências e das funções está condicionada à natureza atribuída aos Conselhos, estruturada sobre um mesmo eixo e unidade de princípios.

Embora não estejam legalmente prescritas, a natureza, a função e a competência dos CMEs vêm sendo objeto de programas de formação política ofertados pelo governo federal que corroboram uma matriz cognitiva amplamente aceita nas democracias contemporâneas, segundo a qual a participação social constitui-se em método para a efetividade das políticas[4]. Os materiais didáticos e instrucionais disponíveis para implementação do currículo do Programa de Capacitação de Conselheiros Municipais de Educação (PRO-CONSELHO) estimulam a criação de Conselhos, ensinam como fazê-lo, orientam sobre sua estrutura e sua composição, induzindo, a partir de sua constituição, à criação de sistemas de ensino. No documento intitulado Guia de Consulta (BRASIL, MEC 2004) as funções dos conselhos são relacionadas às suas áreas de atuação, conforme Quadro 1.

Quanto à natureza, o documento classifica os CMEs como "órgão colegiado de deliberação coletiva, em geral integrante ou vinculado à secretaria de educação, com relativa autonomia técnica e administrativa" (BRASIL, MEC 2004, p. 75). Essa conceituação genérica é analisada com maior profundidade por Cury (2006), que após minucioso estudo da função normativa dos Conselhos de Educação na tradição jurídico-política da educação brasileira indica um conjunto de temas essenciais a ser submetidos ao exercício reflexivo e normativo dos conselheiros municipais de educação.

QUADRO 1
Funções e áreas de atuação dos CMEs, segundo o MEC —2004

Funções \ Áreas de atuação	Planejamento e políticas educacionais	Direito à educação	Legislação educacional
Consultiva	X	X	X
Propositiva	X	X	
Mobilizadora	X	X	X
Deliberativa		X	X
Normativa*			X
Acompanhamento e controle	X	X	
Fiscalizadora*			X

Fonte: BRASIL, MEC 2004, p. 20
Notas: *Funções atribuídas no caso de o município ter sistema de ensino próprio

A maioria das leis de criação de CMEs disponíveis na base Simec-PAR não dispõe sobre a natureza do Conselho, definindo principalmente sua composição e suas atribuições. Entre as leis que definem a referida natureza, encontramos diferentes formulações, que vão desde a responsabilização pela afirmação dos direitos humanos no município até a atribuição de responsabilidade técnica pela realização do censo. Pode-se afirmar, a partir desses documentos, que do ponto de vista legal

4. Considera-se que "as experiências de democracia participativa têm revelado que, na maioria das vezes, há mais racionalidade e melhores resultados na gestão pública quando a população pode decidir ou, ao menos, opinar e fiscalizar" (BRASIL, MEC 2004, p. 4).

os CMEs mineiros possuem naturezas diversas, variando quanto à sua constituição como órgão de Estado. As permanências observadas nos documentos legislativos permitem identificar a natureza administrativa como uma característica mais presente, seguida da natureza autorizativa e, por fim, das naturezas representativa e de controle propriamente ditas.

As funções consultiva e deliberativa foram aquelas mais apontadas pelos documentos — 77% (n = 122) das leis analisadas atribuíram aos Conselhos essas funções. Uma variedade de outras funções também foi identificada, além da normativa, tais como as funções opinativa, colaborativa, fiscalizadora, de controle, de assessoria, de coordenação, de integração, jurídica, política, de planejamento e mobilizadora. O significado dessas funções, entretanto, só pode ser de fato conhecido se cotejado às competências atribuídas aos Conselhos nos documentos. Outras pesquisas poderão esclarecer, por exemplo, os conteúdos sobre os quais essas funcionalidades estão autorizadas a operar, respondendo futuramente, entre outras coisas, sobre o que podem legalmente deliberar ou normatizar os CMEs mineiros a partir de sua lei de criação.

A análise realizada demonstrou que, através das competências atribuídas aos Conselhos por meio de seu ato de criação, muitos parecem respaldados para assumir um excesso de tarefas administrativas, empoderados para realizar funções técnicas típicas do Executivo municipal. Essa configuração, além de exigente na especialização do conselheiro, pode gerar, por um lado, efeito desmobilizador, desestimulando a participação em razão do excesso de atribuições do cargo. Por outro lado, a mesma configuração pode permitir também análises mais otimistas, reconhecendo a possibilidade operacional gerada pela norma para aprofundar a influência dos Conselhos nas políticas educacionais municipais. A produção acadêmica sobre os CMEs mineiros analisada abaixo traz elementos que contribuem para a compreensão dessa problemática.

A produção acadêmica sobre os CMEs mineiros

O levantamento realizado da produção acadêmica sobre os CMEs mineiros no período de 1996 a 2010 identificou a existência de dezesseis trabalhos, dos quais a maioria (n = 13) é resultante de estudos realizados para a elaboração de dissertações de mestrado. As cinco dissertações identificadas geraram oito subprodutos, dos quais dois artigos publicados em periódicos e seis artigos em anais de eventos. Além desses, apenas três trabalhos não se vincularam a estudos de mestrado, entre os quais um artigo em periódico, um capítulo de livro e um artigo publicado em anais de eventos.

As dissertações identificadas aprofundaram-se, cada uma, em estudos de caso dos CMEs dos municípios de Juiz de Fora (n = 2), Uberlândia (n = 1), Belo Horizonte (n = 1) e Poços de Caldas (n = 1). Três foram defendidas em programas de pós-graduação da área de educação e outras duas em programas de outras áreas: administração e ciência política. A existência de nove programas de pós-graduação em educação no estado de Minas Gerais não parece repercutir em um volume significativo de produção sobre CMEs. De apenas cinco dissertações identificadas, três foram defendidas em programas de pós-graduação mineiros, respectivamente vinculados à Universidade Federal de Minas Gerais (UFMG), à Universidade Federal de Juiz de Fora (UFJF) e à Universidade Federal de Uberlândia (UFU). As duas outras dissertações foram defendidas junto aos programas de pós-graduação vinculados à Universidade Federal Fluminense (UFF) e à Universidade de São Paulo, Campus de Ribeirão Preto (USP/Ribeirão Preto).

Quanto à circulação do conhecimento produzido sobre os CMEs de Minas Gerais, observa-se que dos três periódicos em que foram publicados os artigos identificados no período em análise apenas um possui circulação nacional, os demais se constituem em veículos de circulação local, um dos quais dedicado especificamente à produção de estudantes. Já em relação aos artigos publicados em anais de eventos, identificou-se maior diversificação no que se refere a seus meios de circulação, uma vez que houve equilíbrio entre eventos de âmbito internacional (n = 2), nacional (n = 2) e local (n = 3), embora todos os eventos internacionais tenham sido realizados no Brasil.

GRÁFICO 6
Produção acadêmica sobre os CMEs do estado de Minas Gerais — 1996-2010

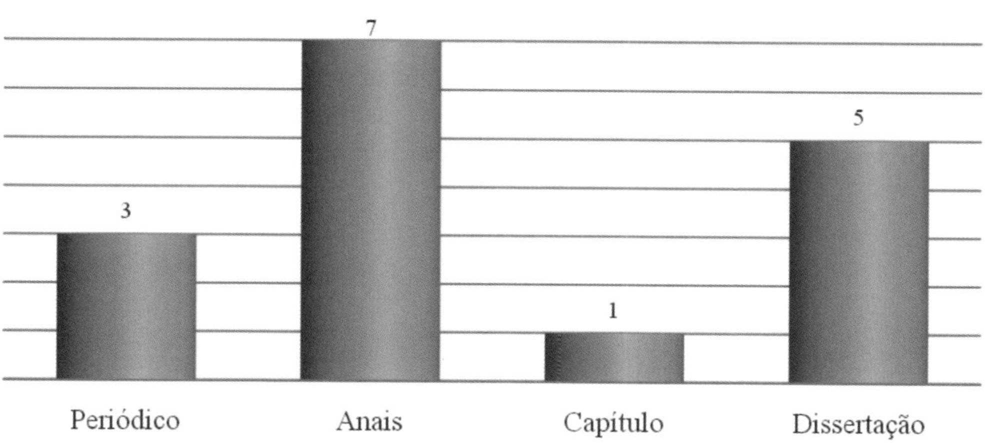

Fonte: Elaboração das autoras

As dissertações de Teles (2003a)[5] e Alves (2005b)[6], construídas sobre estudos de casos exemplares, tiveram por foco de análise as possíveis relações entre a construção democrática e a participação nos Conselhos. Telles (2003a) concluiu que o CME de Belo Horizonte revestia-se de um caráter híbrido, pois verificou, a partir de depoimentos coletados e observações diretas, a emergência de uma cultura política referenciada na concepção participativa de democracia, e também a permanência de práticas sociais e políticas marcadas por padrões de relacionamento de dominação e exclusão. Alves (2005b), ao indagar sobre a representatividade social no CME do município de Juiz de Fora, concluiu por um longo caminho ainda a percorrer para garantir formas satisfatórias de participação.

Esses dois estudos de casos, mediante minuciosa análise do conteúdo da documentação relativa a esses Conselhos e dos depoimentos colhidos junto aos conselheiros municipais, objetivaram uma avaliação da qualidade da participação dos conselheiros. A questão subjacente às dissertações indaga sobre as potencialidades de atuação política no âmbito das instituições. E as respostas apresentadas, relacionadas com um hibridismo na atuação dos conselhos, têm por fundamento a maior ou menor influência dos representantes do poder Executivo, reconhecidos em contraposição àqueles identificados como representantes da sociedade civil[7]. Em outro estudo de caso, Amorim (2005) concluiu de modo semelhante sobre a participação no CME da cidade de Uberlândia e também apontou ambiguidades na ação dos conselheiros.

As dissertações de Almeida (2006a) e Silveira Júnior (2009a) também contribuíram para o conhecimento de casos sobre a atuação dos conselheiros municipais no estado de Minas Gerais. A primeira autora retomou o estudo do CME da cidade de Juiz de Fora com o objetivo de analisar sua capacidade deliberativa e propositiva, bem como a democratização destes espaços, em vista da participação política horizontal dos diferentes segmentos nas decisões e nas proposições. Os procedimentos metodológicos de Almeida (2006a) lhe permitiram aferir para o Conselho Municipal de Saúde e Educação tanto a capacidade de interveniência deliberativa dos diferentes segmentos sociais que o compõem quanto as funções efetivamente priorizadas pelo órgão colegiado da educação. Segundo a autora:

5. Ver também TELES 1998; 2003b.

6. Ver também ALVES 2005b; 2005c; 2005d.

7. Na década de 1990 muitos estudos na área de política educacional estabeleciam estrita contraposição entre a ação do Estado (ênfase na atuação monolítica do poder Executivo) e sociedade civil. Este termo expressaria um conjunto coerente e homogêneo de demandas voltadas para os interesses da maioria da população trabalhadora.

no Conselho de Educação, os representantes de associações e sindicatos, seguidos do governo, são os responsáveis pelo debate. É ínfimo o índice de participação dos usuários, confirmando sua posição secundária no Conselho [...] no Conselho de Educação o registro de debates é muito pequeno (14,2%), tendo em vista a natureza dos assuntos que estão sendo priorizados. O que sugere que o Conselho de Saúde tem se apresentado como um espaço público dialógico, enquanto no Conselho de Educação alguns elementos têm inibido a fala, como por exemplo a exclusão de assuntos polêmicos e relevantes para as diretrizes da educação no município. Já no CME/JF não são os atores políticos presentes na composição do conselho que controlam o processo decisório. Apenas nos assuntos internos a mesa diretora — presidente e assessora técnica —, seguida do plenário e do governo, tem o maior número de propostas. No que tange aos assuntos públicos, o ator externo da sociedade praticamente controla as negociações que ocorrem no conselho. A capacidade deliberativa do Conselho de Educação deve ser analisada criticamente, uma vez que não são os temas substantivos, como políticas públicas, finanças e controle social, que ocupam espaço nas reuniões, mas aqueles ligados ao contencioso escolar e principalmente a registros e autorização de funcionamento de escolas, relegando esta arena à função cartorial (ALMEIDA 2006a, p. 169).

O estudo comparativo de Almeida (2006a; 2006b; 2007) aferiu com objetividade e precisão as potencialidades e os intervenientes sobre a participação nos CMEs. Constitui também uma referência importante para outros estudos de caso, de modo a possibilitar elementos analíticos em torno do modo de desenvolvimento das políticas públicas em educação. Assim, se os *surveys* nacionais e de Minas Gerais apontam para o reconhecimento do exercício de funções consultivas e, ainda, se a legislação consultada nos indica competências normativas próprias do executivo atribuídas aos CMEs, os estudos de Almeida (2006a; 2006b; 2007) evidenciam importante associação entre as funções exercidas e o desenho institucional posto para os Conselhos.

Outra importante contribuição do trabalho de Almeida (2006a; 2006b) diz respeito ao conteúdo das decisões tomadas pelo CME de Juiz de Fora. Segundo a autora, das 164 deliberações analisadas, 64% (n = 105) se referiam ao registro de escolas infantis particulares, à autorização de funcionamento de creches cooperativas e de turmas de educação de jovens e adultos. Os demais temas, tais como finanças (1%), funcionamento da educação (9,7%), políticas públicas (3,7%), controle social (4,3%) e participação (8%) ocuparam espaço menos significativo no processo decisório instituído no Conselho. A partir desses dados, o trabalho aponta para a forte influência dos atores externos no funcionamento do CME daquele município.

Silveira Júnior (2009a; 2009b) indaga sobre a atuação do CME da cidade de Poços de Caldas como agente de fortalecimento da democracia deliberativa, mediante a investigação de seu funcionamento, sua composição e da escolha dos membros.

Segundo o autor, o CME funciona de forma efetiva e autônoma naquele município, garantindo a participação da sociedade na definição das políticas educacionais.

O estudo de Teixeira (2004) destaca-se no conjunto dos trabalhos analisados por apresentar resultado de pesquisa realizada pela equipe de pesquisadores constituída no âmbito do Núcleo de Estudos do Conhecimento da Educação da Universidade Federal de Juiz de Fora (Nesce/UFJF), financiada pela Fundação de Amparo à Pesquisa do estado de Minas Gerais (Fapemig), sobre a constituição de CMEs em nove municípios mineiros: Belo Horizonte, Caratinga, Francisco Sá, Governador Valadares, Juatuba, Juiz de Fora, Lavras, Patos de Minas e Ribeirão das Neves. A autora, mediante análise documental, aborda os Conselhos desses municípios revelando sua constituição e suas competências. Conclui positivamente sobre a capacidade instalada nos CMEs para a democratização das decisões relativas aos Sistemas Municipais de Ensino. Segundo ela, os Conselhos estudados apresentaram-se como "instâncias institucionalizadas, nas quais setores populares têm conseguido espaço para expressão e representação de seus interesses referentes ao ensino no nível do município" (TEIXEIRA 2004, p. 707). Além disso, a autora discorre sobre o histórico de criação dos Conselhos nos municípios apontados acima, mostrando o processo através do qual eles se constituíram no âmbito dos sistemas de ensino. O aprofundamento dessa relação pode ser encontrado em Sarmento (2005), outro trabalho resultado da mesma pesquisa, que se dedica especificamente à constituição dos sistemas de ensino nas localidades analisadas também por Teixeira (2004).

A ênfase dada pelos trabalhos às categorias analíticas democracia, participação e autonomia, como nos trabalhos acima e também em Nunes (2009), Nunes e Lima (2009) e Lima e Nunes (2011), agrega importante conhecimento sobre a dimensão representativa dos CMEs e sua capacidade de controle social; entretanto, estudos sobre a atuação desses Conselhos que informem sobre o papel desempenhado por eles na constituição dos sistemas de ensino existentes em Minas Gerais aguardam pesquisas futuras. Do mesmo modo, o volume e a abrangência de trabalhos sobre a temática dos CMEs no estado são lacunas a ser preenchidas pela produção acadêmica, uma vez que os estudos de caso disponíveis são ainda incipientes para generalizações diante da quantidade e da diversidade dos municípios mineiros.

Atualmente, novas expectativas em relação aos CMEs vêm sendo criadas no estado, a partir de experiências tais como a do município de Belo Horizonte, que, através da Lei Municipal nº 10.101, de 15 de janeiro de 2011 (BELO HORIZONTE 2011), criou a Secretaria Municipal de Gestão Compartilhada, cuja finalidade é planejar e coordenar a implantação de políticas de participação popular, fomentando o envolvimento dos cidadãos no processo de tomada de decisão, na definição de metas e resolução de problemas, bem como no acesso às informações da administração pública. Caberá à referida Secretaria acompanhar e dar suporte aos órgãos colegiados do município, bem como coordenar as atividades relacionadas à estruturação de dados relativos às instâncias de participação e aos órgãos colegiados locais, o que afeta diretamente o CME (art. 19, I e III) (BELO HORIZONTE 2011). A medida tem o objetivo de estabelecer supervisão mais direta por parte do Executivo municipal da atuação dos Conselhos gestores e da participação de representantes de grupos de interesse. Com a criação dessa Secretaria, o poder público municipal formaliza a existência de um órgão que passa a ser o responsável legal por proporcionar unidade, canalizar e potencializar a diversidade da participação dos Conselhos gestores. Esse fato, somado às lacunas mencionadas acima, reforça a necessidade de novos estudos que avancem em relação ao conhecimento acumulado sobre os CMEs mineiros.

Das funções normativas às relações federativas

A imprecisão dos atos de criação dos CMEs em Minas Gerais contribui para indefinições sobre a atuação desses órgãos no que se refere à gestão colegiada das políticas educacionais municipais. Ao não estabelecer regras claras para a constituição dos CMEs, remetendo para a arena política a afirmação de sua natureza, o Executivo municipal formaliza juridicamente sua existência, mas pode esvaziar suas possibilidades de atuação. Acrescenta-se ainda que a legislação consultada revelou, por diversas vezes, contradição entre as competências (in)definidas, as funções e a natureza atribuídas aos CMEs.

A situação encontrada em Minas Gerais é expressão de um fenômeno que, acredita-se, se verifica também em âmbito nacional. A ausência de norma de âmbito federal que defina a natureza dos Conselhos repercutiu nos municípios com o desenvolvimento de práticas as mais diversas na gestão desses órgãos colegiados. Práticas complementares às ações do poder Executivo, de novas agendas educacionais locais, convivem com outras mais desmobilizadoras, que centralizam as ações e decisões seja na administração municipal, seja nos grupos com maior densidade de organização e proposição, com outras mais propositivas e/ou deliberativas.

A CF de 1988, em seu artigo 31 (§ 1º)[8], atribuiu de modo inespecífico aos Conselhos o controle externo das Câmaras Municipais. Dispositivo constitucional pouco referido nos estudos sobre controle social da educação, o âmbito de sua aplicação na área da educação não se limita aos recursos constitucionalmente vinculados à ma-

8. "Art. 31. A fiscalização do Município será exercida pelo Poder Legislativo Municipal, mediante controle externo, e pelos sistemas de controle interno do Poder Executivo Municipal, na forma da lei. § 1º. O controle externo da Câmara Municipal será exercido com o auxílio dos Tribunais de Contas dos Estados ou do Município ou dos Conselhos ou Tribunais de Contas dos Municípios, onde houver" (BRASIL 1988).

nutenção e ao desenvolvimento do ensino. A natureza dos CMEs, como órgãos de controle externo das Câmaras Municipais, requer o desenvolvimento de competências relacionadas à análise pedagógica da legislação educacional afeta ao âmbito dos municípios (CURY 2006). No exercício do controle externo das Câmaras Municipais caberia, também, aos CMEs opinar sobre o conteúdo e as repercussões educacionais decorrentes de medidas dos legisladores.

A literatura que analisou a atuação dos CMEs no estado de Minas Gerais, à semelhança da literatura de outros estados, centrada em estudos de caso, discutiu a atuação dos CMEs com foco no tema da participação dos atores, atribuindo papel secundário à associação entre o desenho institucional (organizacional e de funcionamento) e sua capacidade deliberativa[9]. Subjaz nesses autores a defesa de funções propositivas como característica de uma participação mais democrática dos interesses de diversos segmentos e grupos sociais, designando como tradicionais as funções normativas e deliberativas.

Se nos municípios sem tradição associativa os CMEs têm muitas vezes uma realidade formal, não atendendo minimamente aos objetivos de fiscalização e controle dos serviços e aplicação dos recursos na área da educação, as possibilidades de atuação como instâncias de deliberação mais democráticas são reduzidas com a inexistência de competências claramente definidas de abrangência nacional. Na Federação brasileira há tendência nas relações intergovernamentais na área da educação, especialmente para a articulação de ações entre o Executivo federal e os governos subnacionais, de contratualização em torno de projetos e programas mediante a pactuação de resultados. Se as regras que foram acordadas não puderem receber análise prévia dos CMEs, continuar-se-á a encobrir interesses restritos de grupos e/ou corporações sob um falso discurso de participação. Ou seja, as novas formas de relações intergovernamentais acham-se mescladas com velhas relações de centralismo e neopatrimonialismo, e os CMEs, instâncias de controle social e fiscalização, veem-se responsáveis por acompanhar ações sobre as quais não deliberaram.

Referências

ABRUCIO, Fernando Luiz. Os avanços e os dilemas do modelo pós-burocrático: a reforma da administração pública à luz da experiência internacional recente. In: PEREIRA, Luis Carlos Bresser (org.). *Reforma do Estado e administração pública gerencial*. Rio de Janeiro, FGV, 1998, p. 173-200.

ALMEIDA, Débora Cristina Rezende de. *Conselhos Municipais de Saúde e Educação:* distintos padrões de participação política. Dissertação (Mestrado em Ciências Política).

9. Com exceção de ALMEIDA 2006a.

Niterói, Instituto de Ciências Humanas e Filosofia, Universidade Federal Fluminense, 2006a.

______. Conselhos Municipais de Saúde e Educação: avanços e continuidades. *Política & Trabalho*, João Pessoa, v. 24 (2006b) 161-182.

______. Participação política nos Conselhos Municipais de Saúde e Educação: limites e possibilidades do "controle social". In: SEMINÁRIO NACIONAL MOVIMENTOS SOCIAIS, PARTICIPAÇÃO E DEMOCRACIA, 2, 2007, Florianópolis. *Anais*... Florianópolis, UFSC, Núcleo de Pesquisa em Movimentos Sociais, 2007, p. 139-171.

ALVES, Danielle Maria Vieira. *CME-JF: um olhar sobre seu funcionamento e a possibilidade de participação no município*. SEMINÁRIO INTERNACIONAL DE PESQUISA FÓRUM DE INVESTIGAÇÃO QUALITATIVA, 4.; PAINEL BRASILEIRO-ALEMÃO DE PESQUISA, 3., 2005, Juiz de Fora. *Anais*... Juiz de Fora: FEME Edições, 2005a.

______. *Conselho Municipal de Educação de Juiz de Fora:* democratização, participação e autonomia. Dissertação (Mestrado em Educação). Juiz de Fora, Faculdade de Educação, Universidade Federal de Juiz de Fora, 2005b.

______. Conselho Municipal de Educação de Juiz de Fora: democratização. In: ENCONTRO DE PESQUISA EM EDUCAÇÃO DA REGIÃO SUDESTE, 7, 2005, Belo Horizonte. *Anais*... Belo Horizonte, ANPEd, 2005c. 1 CD-ROM.

______. Conselho Municipal de Educação de Juiz de Fora: um estudo piloto. SEMINÁRIO DE PESQUISA DO PROGRAMA DE PÓS-GRADUAÇÃO EM EDUCAÇÃO DA UNIVERSIDADE FEDERAL DE JUIZ DE FORA, 3, 2005, Juiz de Fora. *Anais*... Juiz de Fora, FEME Edições, 2005d.

AMORIM, Débora Márcia. *A participação dos Conselhos de Educação nas políticas públicas dos municípios:* um estudo a partir de experiências do Conselho Municipal de Educação de Uberlândia. Dissertação (Mestrado em Educação). Uberlândia, Faculdade de Educação, Universidade Federal de Uberlândia, 2005.

BELO HORIZONTE (município). Lei nº 10.101, de 14 de janeiro de 2011. Altera a Lei nº 9.011/05 e dá outras providências. *Diário Oficial do Município de Belo Horizonte*, Belo Horizonte, PBH, 2011.

BORDIGNON, Genuíno, PEREIRA, Álvaro de Pádua. *Perfil dos Conselhos Municipais de Educação 2007*. Brasília, MEC/SEB, 2008.

BRASIL. Constituição (1988). Constituição da República Federativa do Brasil. *Diário Oficial [da] República Federativa do Brasil*, Brasília, 5 out. 1988.

BRASIL, Instituto Brasileiro de Geografia e Estatística, Diretoria de Pesquisas, Coordenação de População e Indicadores Sociais da Pesquisa de Informações Básicas Municipais. *Perfil dos municípios brasileiros 2009*. Rio de Janeiro, IBGE, 2010.

BRASIL. Lei nº 5.692, de 11 de agosto de 1971. Fixa diretrizes e bases para o ensino de 1º e 2º graus, e dá outras providências. *Diário Oficial [da] República Federativa do Brasil*, Brasília, 12 ago. 1971.

______. Lei nº 9.394, de 20 de dezembro de 1996. Estabelece as Diretrizes e Bases da Educação Nacional. *Diário Oficial [da] República Federativa do Brasil*, Brasília, 23 dez. 1996.

_____. Lei nº 9.131, de 24 de novembro de 1995. Altera dispositivos da Lei nº 4.024, de 20 de dezembro de 1961, e dá outras providências. *Diário Oficial [da] República Federativa do Brasil*, Brasília, 25 nov. 1995.

BRASIL, MEC (Ministério da Educação), INEP (Instituto Nacional de Pesquisas Educacionais). *Microdados do Censo Escolar — 2010*. Brasília, INEP, 2011. Disponível em: <http://portal.inep.gov.br/basica-censo>. Acesso em: 10 maio 2012.

BRASIL, Ministério da Educação, Secretaria de Educação Básica, Departamento de Articulação e Desenvolvimento dos Sistemas de Ensino, Coordenação-Geral de Articulação e Fortalecimento Institucional dos Sistemas de Ensino. *Programa Nacional de Capacitação de Conselheiros Municipais de Educação*: guia de consulta. Brasília, MEC/SEB, 2004.

CURY, Carlos Roberto Jamil. Conselhos de Educação: fundamentos e funções. *Revista Brasileira de Política e Administração da Educação*, Porto Alegre, nº 22 (jan./jun., 2006) 41-67.

LIMA, Antonio Bosco de, NUNES, Joicilene Cristina. Conselho Municipal de Educação e controle social. In: LIMA, Antonio Bosco de (org.). *Estado e controle social no Brasil*. Uberlândia, Ed.UFU, 2011, p. 103-121.

MAROY, Chritian. Régulation des systèmes éducatives. In: VAN ZANTEM, Agnes. *Dictionaire de l'éducation*. Paris, PUF, 2008.

MINAS GERAIS, CEE (Conselho Estadual de Educação). Parecer nº 500, de 13 de maio de 1998. *Informativo MAI de Ensino*, Belo Horizonte, Lâncer, nº 269 (1998) 17-28.

NUNES, Joicilene Cristina. A concepção de controle social nos Conselhos de Educação de Uberlândia. In: SIMPÓSIO INTERNACIONAL: O ESTADO E AS POLÍTICAS EDUCACIONAIS NO TEMPO PRESENTE, 5, 2009, Uberlândia. *Anais*... Uberlândia, UFU, 2009, p. 1-16.

NUNES, Joicilene Cristina, LIMA, Antonio Bosco de. Conselho Municipal de Educação e controle social. In: LIMA, Antonio Bosco de (org.). *Estado e controle social no Brasil*. Uberlândia, Composer, 2009, p. 101-118.

SARMENTO, Diva Chaves. Criação dos Sistemas Municipais de Ensino. *Educação & Sociedade*. Campinas, v. 26, nº 93 (2005) 1362-1390.

SILVEIRA JUNIOR, Olney Bruno da. *O fortalecimento da democracia deliberativa por meio dos conselhos gestores:* o caso do Conselho Municipal de Educação do município de Poços de Caldas. Dissertação (Mestrado em Administração das Organizações). Ribeirão Preto, Departamento de Administração, Faculdade de Economia, Administração e Contabilidade de Ribeirão Preto, Universidade de São Paulo, 2009a.

_____. O fortalecimento da democracia deliberativa por meio dos conselhos gestores: o caso do Conselho Municipal de Educação do município de Poços de Caldas. In: CONGRESSO VIRTUAL BRASILEIRO DE ADMINISTRAÇÃO (CONVIBRA), 2009, São Paulo. *Anais*... São Paulo, CONVIBRA, 2009b.

TEIXEIRA, Lucia Helena Gonçalves. Conselhos Municipais de Educação: autonomia e democratização do ensino. *Caderno de Pesquisa*, São Paulo, v. 34, nº 123 (set./dez. 2004) 691-708.

TELES, Rosângela Mendonça. Conselho Municipal de Educação de Belo Horizonte: um canal para a democracia participativa? *Trabalho e Educação em Perspectiva*, Belo Horizonte, nº 5 (1998) 80-92.

______. *Conselho Municipal de Educação:* a participação da sociedade civil na gestão do direito à educação. Dissertação (Mestrado em Educação). Belo Horizonte, Faculdade de Educação, Universidade Federal de Minas Gerais, 2003a.

______. Conselho Municipal de Educação: a participação da sociedade civil na gestão do direito à educação. In: SIMPÓSIO ANPAE-SUDESTE, 4, 2003, Belo Horizonte. *Anais*... Belo Horizonte, ANPAE-Sudeste/UFMG, 2003b. 1 CD-ROM.

WERLE, Flávia Obino Corrêa. CME como política estruturadora do campo da educação no município. In: SOUZA, Donaldo Bello de. *Conselhos Municipais e controle social da educação*: descentralização, participação e cidadania. São Paulo, Xamã, 2008, p. 211-23.

______. Gestão da educação municipal: composição dos Conselhos Municipais de Educação do Rio Grande do Sul. *Ensaio: Avaliação e Políticas Públicas em Educação*, Rio de Janeiro, v. 14, nº 52 (set. 2006) 349-364.

CMEs nos estados de Santa Catarina e do Paraná: do pioneirismo ao lugar-comum nas tendências hegemônicas

Adolfo Ignacio Calderón
Donaldo Bello de Souza

Introdução

Ao analisar as políticas educacionais no Brasil, Davies (2004) aponta uma série de obstáculos para a sua eficiência, especificamente no que diz respeito ao financiamento da educação, entre eles: o descumprimento da vinculação constitucional de impostos para a Manutenção e Desenvolvimento do Ensino (MDE), o desvio de recursos, a corrupção, a sonegação fiscal, a precária fiscalização pelos Tribunais de Contas (TC), a inexistência de controle social, a isenção fiscal para escolas filantrópicas e privadas, os subsídios às escolas particulares, o clientelismo e o peso da burocracia.

Após análise de elevado e contagiante pessimismo, sustentado na inércia dos TCs, na lentidão e morosidade do Ministério Público (MP) — defensor do regime democrático e dos interesses sociais e individuais indisponíveis — e na utilização dos Conselhos como instrumentos esvaziados de poder que se limitam a gerar a impressão de controle social sobre os governantes, Davies (2004) defende a hipótese de que os obstáculos supracitados não devem ser abordados isoladamente, uma vez que fazem parte de uma mesma lógica, a da privatização do Estado, sendo esta uma característica dos Estados capitalistas, acentuada no contexto do neoliberalismo contemporâneo.

Esta hipótese defendida por Davies (2004) vai ao encontro do que vimos postulando em outros estudos a respeito dos Conselhos Municipais de Educação (CMEs), foco do presente estudo, no sentido de demonstrar que na década de 1990 ocorreu a implantação desses órgãos colegiados a partir de sua instrumentalização pela política tradicional, baseada no patrimonialismo, na privatização da política e na cultura tutelar. Em outras palavras, os Conselhos vieram a ser capturados por um projeto de modernização contemporânea da política tradicional (Calderón, Marim 2002; Calderón 2008).

Estudos que realizamos sobre o estado da arte da produção científica brasileira em torno dos CMEs (Souza, Vasconcelos 2006, p. 51), abrangendo o período de 1996 a 2002, também acabam reafirmando a tendência acima enunciada quando constatam que de "forma preponderante" os estudos examinados "expõem certo descrédito em relação às possibilidades de funcionamento regular desses Conselhos, assim como em relação à possibilidade de estarem contribuindo de modo efetivo para o processo de emancipação social local" (ibid.).

Neste cenário de ceticismo intelectual e político diante do real funcionamento dos CMEs, o presente texto discute resultados de pesquisas teórico-empíricas que tomaram por objeto a realidade dos CMEs nos estados de Santa Catarina (SC) e do Paraná (PR), com recorte temporal compreendido entre 1996 e 2010. Trata-se de um estudo essencialmente bibliográfico, que toma como referência de análise o resultado de levantamento documental exaustivo em torno da produção científica publicada no país a respeito desses órgãos colegiados nos estados supracitados[1].

Grosso modo, defendemos a hipótese de que, longe do pioneirismo e protagonismo político que se fez notar nos estados em questão, especialmente na década de 1980, no que tange à gestão democrática, por meio, entre outros aspectos, da eleição direta dos diretores de escola, as pesquisas aqui evocadas acenam para certas inércia e instrumentalização dos CMEs pelo poder Executivo local, isto em sintonia com as tendências predominantes no cenário nacional mais amplo.

Alguns aspectos da descentralização da educação anteriores à CF de 1988

A par da tradição histórica que marca o Brasil de centralização das políticas públicas pelos governos centrais, desde a era colonial, passando pelo império até o início e o desabrochar da república — fosse, portanto, a Coroa portuguesa, o regime monárquico ou mesmo o Estado republicano —, é possível afirmar que mais

1. Ver maiores informações no texto de Apresentação desta coletânea.

recentemente as especificidades das políticas centralizadoras implantadas durante o regime militar, nas décadas de 1960 e 1970, especialmente no campo social, podem ser tomadas como ponto de referência para o arranjo político-administrativo que se aprofundou e se consolidou no país e que ainda se faz notar nos dias atuais.

Conforme destacado por Arretche (1999), governadores e prefeitos das capitais brasileiras e de cerca de 150 cidades de médio e grande portes eram formalmente selecionados por meio de eleições indiretas, mas de fato, *a priori*, indicados pelo regime militar vigente. Naquele período, lembra a autora, o governo federal caracterizou-se pela centralização financeira e administrativa de programas como os relacionados ao reforço alimentar e de apoio à educação básica, que eram diretamente formulados, financiados e implementados por agências do governo federal, porém executados por estados e municípios. Como afirma Santos Filho (1992), a rígida separação entre órgão decisório e órgão executor representou nitidamente o espírito positivista e tecnocrático dos militares e de seus tecnoburocratas, restando aos órgãos desconcentrados (cf. CASSASUS 1995) a execução das decisões advindas das instâncias superiores.

Este padrão de atuação estatal veio a se constituir na realidade questionada pelas forças democráticas que emergiram ao longo das décadas de 1970 e 1980, tanto pelos chamados movimentos populares nos idos de 1970, pautados não somente pela luta por equipamentos sociais como escolas e creches, mas também por seu controle e sua fiscalização por meio de conselhos populares, quanto pela classe política eleita nos processos eleitorais do início dos anos de 1980. Como bem assinalam Barros e Mendonça (1998), com as eleições diretas para governador, em 1982, deslanchou-se no país um novo processo de difusão de inovações da gestão escolar, com variados graus e intensidades entre os sistemas estaduais de ensino. Trata-se de um processo que pode ser enquadrado como relativo à "democratização institucional" (SANTOS FILHO 1992, p. 223), ou seja, à "democratização da gestão das instituições da sociedade" (ibid.).

Neste contexto de inovações da década de 1980, destacamos o pioneirismo dos estados de Santa Catarina e do Paraná na implantação do processo de eleição para diretores das escolas das redes públicas como alternativa ao modelo tradicional de indicação para o desempenho deste cargo de vital importância para a gestão das unidades escolares, que havia muito se realizava pela via da indicação política, em especial pela Secretaria de Estado de Educação (SEE) ou por outros órgãos do poder público, mesmo à margem da constituição local dos Sistemas Municipais de Educação.

No campo da descentralização das políticas educacionais, ou seja, em meio ao processo de partilha de poderes — ao revés de um simples deslocamento de atribuições, por exemplo, entre entes federados ou entre determinados órgãos e suas unidades, cognominado por Cassasus (1995) como relativo à desconcentração —, a adoção da eleição direta para diretores tornou-se, na visão de muitos pesquisadores, a forma "que melhor materializou a luta contra o clientelismo e o autoritarismo na administração da educação" (MENDONÇA 2001, p. 88), apesar de ainda possuir uma série de limitações e problemas, como, por exemplo, o personalismo e a apropriação do cargo pelo diretor eleito.

A pesquisa intitulada *Mapeamento da descentralização da educação brasileira nas redes estaduais do ensino fundamental*, promovida pelo Instituto de Pesquisa Econômica Aplicada (Ipea), do Ministério do Planejamento, Orçamento e Gestão (MP), elaborada por Parente e Lück (1998), assinala que a eleição direta para escolha de diretores escolares teve início no ano de 1984, no estado do Paraná, logo após a realização de eleições para governadores estaduais, em 1982. Por sua vez, a pesquisa de Barros e Mendonça (1998), intitulada *O impacto de três inovações institucionais na educação brasileira*, também financiada pelo Ipea, reitera esta informação, acrescentando que, também de modo pioneiro, em 1986 o estado de Santa Catarina veio a implantar tal sistema de eleições[2].

Em relação ao estado do Paraná, o estudo de Lima e Viriato (2000) aponta que foi na gestão do governador José Richa (1983-1984) que se implantaram na área de educação as chamadas políticas de impacto, que se traduziam em eleições diretas para diretores de escola, na não-obrigatoriedade de uniformes escolares e, em especial, na descentralização administrativa da SEE.

No tocante ao estado de Santa Catarina, as pesquisas de Santos Filho (1992) destacam também seu pioneirismo em face deste processo de descentralização da gestão educacional, na medida em que o governo desse estado, embora do Partido Democrático Social (PDS), durante a gestão de Esperidião Amim (1983-1986), estimulou, entre outras atividades inovadoras, a implantação de um sistema de eleição direta dos diretores das escolas públicas e a criação de Conselhos Escolares compostos por representantes de professores, alunos e pais. Entretanto, o autor afirma que essas experiências foram progressivamente sendo erodidas na gestão do governo subsequente, por contradição pertencente a um partido mais progressista que seu antecessor[3].

---

2. Este mesmo trabalho (BARROS, MENDONÇA 1998) ressalta também que na segunda metade dos anos de 1980 esse mecanismo foi introduzido em mais quatro estados: Ceará (1985), Mato Grosso (1987), Rio de Janeiro (1988) e Rio Grande do Norte (1989), tendo durante os anos de 1990 estendido-se a mais quatro estados: Paraíba, Espírito Santo, Minas Gerais e Mato Grosso do Sul, em que pese o fato de atualmente não se fazer notar em algumas redes estaduais, como no caso do estado do Rio de Janeiro.

3. O autor refere-se ao governador Pedro Ivo Maldaner (1987-1990) do Partido do Movimento Democrático Brasileiro (PMDB), que extinguiu a Comissão de Implantação do Plano Estadual de Educação (PEE), criada durante o mandato de seu antecessor (PIEROZAN 2006).

Considerando os processos descentralizadores, no contexto de democratização até antes da Constituição Federal (CF) de 1988 (BRASIL 1988), a mesma que consagrou a descentralização como princípio norteador das políticas públicas no Brasil, podemos mencionar a existência de outras duas inovações no campo da administração pública, nas quais se constata o pioneirismo dos estados de Santa Catarina e Paraná: a autonomia financeira, no sentido da existência de recursos para que a própria escola os gerencie, ao lado da implantação de Colegiados ou Conselhos escolares.

A respeito dessas inovações, o estudo de Barros e Mendonça (1998) aponta dados importantes, pois, embora tradicionalmente as escolas se limitassem à eleição de suas prioridades, com as políticas de autonomia financeira, estas passaram a gerenciar recursos financeiros, obviamente dentro de determinadas restrições, como, por exemplo, o pagamento de pessoal. O primeiro estado a adotar este modelo foi o de Sergipe, em 1977, seguido de Santa Catarina, em 1980. Com as eleições de 1982, a transferência de recursos foi implantada em mais quatro estados: Bahia em 1982, Pernambuco em 1983, Paraná em 1983 e Goiás em 1984.

No que tange à implantação de Colegiados ou Conselhos escolares, Barros e Mendonça (1998) destacam que estes órgãos, de natureza consultiva e deliberativa, responsáveis pela coordenação e pela avaliação das atividades pedagógicas, administrativas e financeiras das unidades escolares, declaradamente com a participação de professores, funcionários, pais, alunos e membros da comunidade, também ganharam impulso com as eleições para governador em 1982, sendo implantados, pioneiramente, entre 1983 e 1986, em quatro estados, um deles o de Santa Catarina, em 1986[4].

No caso do estado do Paraná, é conveniente mencionar que a implantação dos Conselhos escolares deu-se somente em 1991, após a CF de 1988. Analisando especificamente a implantação dos Conselhos nas escolas do Paraná, Martins (1998) analisa o projeto "Construindo a Escola Cidadã", implantado durante o governo Requião (1991-1994), ressaltando a forma tumultuada como foram disseminados os Conselhos: com pressa, sem consulta à comunidade, com indicação dos membros pelos diretores sem processo eleitoral. Conforme afirmado pela autora, o processo foi atropelado pelo fato de a criação desses Conselhos ter condicionado a avaliação do desempenho docente para fins de ascensão na carreira. Em relação aos Conselhos de escola, Lima e Viriato (2000) fazem uma leitura semelhante à de Martins (1998), ao considerarem que sua atuação se restringe às "normas disciplinares. Sua eleição é viciada, sua atuação é controlada, suas deliberações não são significativas, perdem relevância em relação à Associação de Pais e Mestres (APMs) — entidade com caráter,

4. Os outros estados foram Minas Gerais (1983), Goiás (1984) e São Paulo (1985).

historicamente, de cunho assistencial e voltada à cooperação financeira da escola" (LIMA, VIRIATO 2000, p. 10). Para Martins (1998, p. 143), os traços autoritários e centralistas da política educacional paranaense desta época vieram a potencializar os Conselhos escolares, desmobilizando as APMs, constituídas nos governos anteriores como "entidades auxiliares da escola, cujo objetivo precípuo é a integração entre as comunidades e os agentes escolares no desenvolvimento de atividades assistenciais e educativas"[5].

Alguns aspectos da descentralização da educação posteriores à CF de 1988

Conforme apontado em outros estudos nossos (SOUZA, FARIA 2004), somente com a promulgação da CF de 1988 a tese da descentralização da educação se torna efetivamente lei, por meio do artigo 211 (BRASIL 1988), que propugna, com ineditismo no Brasil, a organização dos sistemas de ensino entre a União, os estados, o Distrito Federal (DF) e os municípios pela via do chamado regime de colaboração, estabelecendo-se um novo paradigma para a efetivação do pacto federativo e, em particular, para a constituição dos sistemas de educação.

A década de 1990 se caracterizou pela implantação de políticas educacionais com forte influência das agencias multilaterais, como por exemplo o Banco Mundial (BM), cognominado por alguns autores o "novo senhor da educação" (LEHER 1999, p. 19). Como já ressaltamos em outras oportunidades (SOUZA, FARIA 2004, p. 928), nesse período constatou-se um processo contraditório e um tanto paradoxal em relação ao princípio da descentralização das políticas educacionais: enquanto as políticas governamentais da década de 1980 se organizavam em torno da regulação de uma "racionalidade democrática", nos anos 1990 evidencia-se a emergência de uma "racionalidade financeira" (ibid.), implicando redução dos gastos públicos e do tamanho do Estado, assim como abertura do país ao capital financeiro internacional[6].

Diante da predominância da "racionalidade financeira", expressão das políticas neoliberais que passam a ser disseminadas enquanto solução para mais uma crise estrutural do modo de produção capitalista (SOUZA 1996), o princípio de descentralização é ressignificado, traduzindo-se, na prática, no fenômeno da desconcentração. Nesse sentido, Parente e Lück (1998) recorrem aos estudos de Malpica (1994), en-

5. É importante registrar que, conforme os dados de BARROS e MENDONÇA (1998), no final dos anos de 1980 o número de estados com Conselhos escolares era idêntico ao observado no meio da década, isto é, apenas quatro, e no início dos idos de 1990 presenciamos uma rápida difusão desta inovação, pois sete estados os implantaram entre 1991 e 1992.

6. As categorias "racionalidade democrática" e "racionalidade financeira" foram adotadas a partir de SAVIANI 1999.

tendendo por descentralização a transferência de competências para outros níveis de governo, de decisão e gestão com autonomia e personalidade jurídica própria, como federalização, regionalização, municipalização ou privatização, enquanto a desconcentração seria caracterizada pela delegação regulamentada da autoridade, ou seja, sujeita a diretrizes e normas, controle e prestação de contas a outros níveis de decisão e gestão, que permanecem política e administrativamente sujeitos e subordinados para a tomada de determinadas decisões administrativas e o assumir de responsabilidades correspondentes.

A pesquisa de Parente e Lück (1998) assinala ainda, em termos estaduais, a tendência de implementação de processos de descentralização e de desconcentração, ou seja, a delegação do poder decisório para as municipalidades e a instituição da autonomia da escola nas áreas administrativa, pedagógica e financeira. Já no âmbito federal, pesquisa que realizamos (SOUZA, FARIA 2004) aponta para a manutenção da centralização do poder decisório na Federação, estabelecendo-se uma divisão técnica e política da gestão da educação básica, rompendo com a figura solidária da colaboração que havia marcado, significativamente, o avanço democrático das novas relações no pacto federativo, como constam na CF de 1988 e na Lei de Diretrizes e Bases da Educação (LDB), de 1996 — Lei nº 9.394, de 20 de dezembro de 1996 (BRASIL 1996).

A partir desses marcos legais, a política de municipalização da rede de ensino de 1ª a 4ª série do ensino fundamental, até 1994, somente irá ocorrer no estado do Paraná e, posteriormente, com menor grau, no estado do Ceará (ARRETCHE 1999). Esta autora atribui o êxito da municipalização no estado do Paraná ao fato de que no período 1987-1994 existia um programa deliberado de transferência da rede de ensino do estado para os municípios. Conforme Ribeiro et al. (1997), no início dos 1990 o governo do Paraná criou mecanismos para ampliar o processo de municipalização, concretamente criando o Protocolo de Intenções e o Termo Cooperativa de Parceria Educacional, estabelecendo para tanto a partilha de encargos entre o governo estadual e os municípios. Esses mesmos autores (1997) ressaltam ainda que entre 1990 e 1992 83% dos municípios do Paraná municipalizaram a rede de 1º ao 4º ano do ensino fundamental. No entanto, convém ter presente a pesquisa de Lima e Viriato (2000), que destaca que o processo de municipalização do ensino fundamental do estado do Paraná iniciou-se em 1983, com a criação de convênios com as prefeituras municipais para a contratação de pessoal técnico-administrativo, serviços gerais e professores, sendo contrapartida do município as obrigações contratuais e a administração de recursos e de profissionais.

No estado de Santa Catarina a pesquisa de Pierozan (2006) permite constatar que ocorreu um processo muito semelhante àquele vivenciado no estado do Paraná. Foi no governo de Wilson Kleinübing (1991-1994) que se efetivaram grande parte das propostas de municipalização do ensino, pois dos 293 municípios catarinenses 231 aderiram à municipalização (aproximadamente 79% do total). Essa elevada adesão também foi resultado do pragmatismo das políticas indutoras à municipalização do governo estadual, que, entre outras medidas, condicionou a liberação e o repasse de verbas estaduais aos municípios à sua adesão à proposta de descentralização. É conveniente registrar que apesar de o governo anterior, de Pedro Ivo Maldaner (1987-1990), ter criado políticas indutoras para que os municípios realmente viessem a aplicar os 25% constitucionais de suas receitas na área da educação, dados estatísticos da época apontam que 90% dessas localidades não o faziam. Diante deste fato, o governo estadual solicitou ao TC que rejeitasse as contas dos prefeitos que não realizavam os gastos constitucionais com educação em termos de MDE, proposta levada a efeito pelo TC (PIEROZAN 2006).

Criação e implantação dos Sistemas Municipais de Ensino

Conforme abordamos em outros estudos (SOUZA, FARIA 2004), a CF de 1988, no capítulo referente à educação, estabeleceu as condições necessárias para que a Lei nº 9.394 (BRASIL 1996) regulasse a criação dos Sistemas Municipais de Ensino. A partir da leitura do artigo 11 se conclui que esta LDB determina para os municípios três opções: ou criam seu próprio sistema de ensino, ou se integram ao Sistema Estadual de Educação ou compõem com este um Sistema Único de Educação Básica.

Convém, portanto, registrar que, conforme Saviani (1999, p. 124), "a definição clara da competência dos municípios para instituir os seus Sistemas de Ensino próprios flui da Lei de Diretrizes e Bases da Educação Nacional (LDB) e não da Constituição Federal". A Carta Magna, nos Artigos 211 e 212 (BRASIL 1988), aponta princípios genéricos que acenam para a organização dos sistemas de ensino da União, dos estados, do DF e dos municípios em regime de colaboração, bem como para a responsabilidade da União por prestar assistência técnica e financeira a estes entes federados para o desenvolvimento de seus sistemas de ensino.

De acordo com Sarmento (2005, p. 1.376), o processo de implantação dos sistemas de ensino no Brasil vem se dando de certa forma ofuscado, isto devido à confusão gerada entre os processos de municipalização e a própria criação, via de regra, secundada, desses sistemas, tendo como pragmático elemento indutor a política do Fundo de Desenvolvimento do Ensino Fundamental e de Valorização do Magistério (Fundef), mais recentemente substituída pelo Fundo de Manutenção e Desenvolvimento da Educação Básica e de Valorização dos Profissionais da Educação (Fundeb):

> A criação do FUNDEF, com a delimitação dos recursos e de sua aplicação, colocou o município ante a opção de perder recursos ou assumir o ensino fundamental.

> Essa realidade foi percebida como imposição e encontrou os municípios despreparados para assumir as novas responsabilidades. A municipalização induzida ofuscou a compreensão do significado de se criar um Sistema Municipal de Ensino como opção autônoma na condução da política educacional. A pesquisa mostrou que um sistema único no âmbito municipal, com escolas responsáveis por todo o ensino fundamental, democraticamente administrado, é o ideal a ser alcançado (ibid.).

Essa realidade evidencia que a criação de um sistema municipal de ensino é muito mais do que uma política de transferência de responsabilidades de um ente federado para outro. Retomando Saviani (1999, p. 120), sistema de ensino significa "uma ordenação articulada dos vários elementos necessários à consecução dos objetivos educacionais preconizados para a população à qual se destina". Para esse autor, sistema de ensino pressupõe planejamento, intencionalidade, organização e operacionalização segundo um plano de educação.

Complementando esta visão, Bordignon (2008, p. 14), sistematiza muito bem a relação entre o sistema municipal de ensino, o CME e o Plano Municipal de Educação (PME), ao afirmar que o sistema constitui "o arcabouço legal maior de organização da educação no município"; o Conselho seria o "fórum da gestão democrática e como órgão de consulta e de deliberação, com destaque para a função normativa" (ibid.), enquanto o PME seria o "instrumento guia da gestão do sistema" (ibid.).

A implantação dos sistemas municipais de ensino no Brasil apresenta quatro grandes desafios, quais sejam: a prevalência de um real regime de colaboração entre os entes federados, a criação dos sistemas de ensino e sua inclusão nas Leis Orgânicas Municipais (LOMs), a criação e o real funcionamento dos Conselhos de Educação e dos Conselhos de Acompanhamento e Controle Social (Cacs) e a elaboração dos PMEs como efetivos "instrumentos de política educacional" (SAVIANI 1999, p. 134).

Os dados apresentados no documento Perfil dos Conselhos Municipais de Educação 2007 (BORDIGNON, PEREIRA 2008), produzido pelo Programa Nacional de Capacitação de Conselheiros Municipais de Educação (Pró-Conselho), da Secretaria de Educação Básica (SEB) do Ministério da Educação (MEC), apresentam um retrato dos desafios mencionados. À época, dos 5.563 municípios brasileiros somente 50% encontravam-se cadastrados no Sistema de Informações dos Conselhos Municipais de Educação (Sicme)[7]. Se consideramos o número total de municípios existentes

7. Conforme documentos oficiais (BRASIL MEC/SEB/Dase 2006), o Sicme é um sistema que fornece subsídios para caracterizar o perfil dos CMEs do país, subsidiar estudos e pesquisas no campo da gestão democrática e auxiliar na formulação da política de educação básica do MEC. É também um instrumento que pode permitir o aperfeiçoamento do processo de capacitação de conselheiros a partir de informações atualizadas sobre a organização e o funcionamento dos CMEs. O sistema possibilita ainda o monitoramento do Pró-Conselho, quanto ao seu impacto na criação e no fortalecimento dos CMEs. É disponibilizado na página

e que o Sicme é o principal cadastro nacional com informações oficiais acerca desses territórios, podemos afirmar que somente 29% dos 5.563 municípios, o equivalente a 1.624 municípios, possuem ato legal que cria seu próprio sistema municipal de ensino. Da mesma forma, somente 45,8% dos municípios brasileiros possuem ato legal que cria o CME, e somente 26% possuem ato legal relacionado ao PME.

Em relação aos dados acima mencionados, é conveniente atentarmos ao fato de que afirmar que 25% dos municípios brasileiros tenham criado seu respectivo CME não significa que todos eles estejam em funcionamento. O critério de referência usado é a existência de ato legal de criação tanto do sistema de ensino quanto do próprio CME e do PME. A existência do ato legal não pressupõe, portanto, real funcionamento desses elementos, mas pelo menos a existência, mesmo que de forma incipiente.

Especificamente no que se refere ao estado de Santa Catarina, a partir do documento em questão, podemos afirmar que dos 293 municípios existentes nesse estado, em 2007, somente 209 localidades, isto é, 71%, estavam cadastradas no Pró-Conselho, especificamente no Sicme. Trata-se de um número elevado, que coloca Santa Catarina como um dos três estados com maior percentual de municípios cadastrados na referida base de dados, depois de Sergipe, que possui 100% de seus municípios cadastrados, e de São Paulo, com 74%. Desta forma, verificamos que Santa Catarina se encontra muito acima da média dos municípios da região Sul do país cadastrados no Pró-Conselho, que é de 61%. Registramos ainda que, de acordo com Bordignon e Pereira (2008), a média dos municípios da região Sul cadastrados no Pró-Conselho (61%) torna esta região do país aquela que possui maior número de localidades cadastradas[8].

Os dados do estado de Santa Catarina a respeito dos municípios que criaram o sistema municipal de ensino, o CME e possuem PME expressam bem a ordem em que no Brasil foram sendo implantadas as inovações gerenciais em questão. Em primeiro lugar se encontra, em maior número, a existência de CMEs em 70% dos 293 municípios catarinenses, equivalendo a 208 localidades que possuem ato legal relacionado à criação do referido Conselho. A seguir, destacamos a existência dos municípios que possuem ato legal de criação do Sistema de Ensino, com 61%, isto é, 180 localidades. Finalmente, equivalendo a 35%, a existência de 103 municípios que possuem ato legal de criação do PME.

---

do MEC na internet um formulário alimentado *on-line* para que os dirigentes e os conselheiros municipais de educação possam alimentá-lo.

8. Segue-se à região Sul a região Sudeste, com 54% de suas localidades cadastradas, em terceiro lugar a região Nordeste, com 49%, em quarto lugar a região Centro-Oeste, com 43%, e em quinto lugar a região Norte, com 32% (Bordignon, Pereira 2008).

Como afirmam Bordignon e Pereira (2008, p. 12), a lógica diz que a criação do sistema municipal de ensino deveria preceder a criação do CME, enquanto órgão consultivo e deliberativo na gestão do sistema e, por sua vez, o PME deveria ser elaborado sob a liderança do CME, o mesmo que ao definir diretrizes, objetivos e metas se tornaria "a estrela guia" da gestão do sistema. No entanto, "o processo histórico instituiu antes os conselhos, e estes passaram a demandar a organização do sistema. É o caso da parte precedendo o todo. Em alguns casos, até os PMEs antecederam a organização do sistema" (ibid.).

Comparando os dados do documento Perfil dos Conselhos Municipais de Educação 2007 (Bordignon, Pereira 2008) com os dados do documento Perfil dos Conselhos Municipais de Educação de 2005 (Brasil MEC/SEB/Dase 2006) pode-se constatar que no estado de Santa Catarina houve um aumento progressivo em termos de percentual de municípios que possuem ato legal que cria o sistema de ensino, passando de 47% (140 municípios) em 2005 para 61% (180 municípios) em 2007. Também houve um incremento do percentual de municípios que possuem ato legal de criação do CME, passando de 62% (183 municípios) em 2005 para 70% (208 municípios) em 2007. Esse aumento também é visível no percentual de municípios com ato legal para a criação do PME, passando de 31% (92 municípios) em 2005 para 35% (103) em 2007.

No tocante à realidade do estado do Paraná, constatamos que, em 2007, dos 399 municípios existentes nesse território somente 169 localidades, isto é, 42%, encontravam-se cadastradas no Pró-Conselho. Trata-se de um percentual bastante reduzido se consideramos que a média dos municípios da região Sul do país cadastrados no Pró-Conselho é de 61%. O percentual atingido pelo estado do Paraná permitiria enquadrá-lo como se pertencesse à região Centro-Oeste, cujo percentual é de 43%, quarto lugar em termos de número de municípios cadastrados no Pró-Conselho por região.

Quando se analisam os dados do estado do Paraná, também se constatam alterações na ordem histórica no processo de criação das inovações gerenciais. Dos 399 municípios paranaenses, 25%, isto é, 102 localidades, possuem ato legal que cria o CME, somente 13%, ou seja, 54 municípios, possuem ato legal de criação do PME, enquanto apenas 9%, isto é, 39 localidades, possuem ato legal de criação do sistema de ensino.

Comparando os dados do documento Perfil dos Conselhos Municipais de Educação 2007 (Bordignon, Pereira 2008), com os dados do documento Perfil dos Conselhos Municipais de Educação de 2005 (Brasil MEC/SEB/Dase 2006), também se pode constatar que no estado do Paraná houve um aumento progressivo em termos de percentual de municípios que possuem ato legal que cria o sistema de ensino, passando de 7% (28 municípios) em 2005 para 9% (39 municípios) em 2007. Também houve incremento do percentual de municípios que possuem ato legal de criação do CME, passando de 15% (61 municípios) em 2005 para 25% (102 municípios) em 2007. Esse crescimento também pode ser constatado no percentual de municípios que declaram possuir ato legal voltado para a criação do PME, que passou de 9% (37 municípios) em 2005 para 13% (54) municípios em 2007.

Analisando os dados apresentados acima sobre as realidades dos estados de Santa Catarina e do Paraná, constatamos realidades altamente contrastantes: de um lado, Santa Catarina, que ainda se mantém entre os territórios com elevado potencial na implementação de inovações no âmbito da administração da educação; de outro, Paraná, que apresenta indicadores desalentadores, apesar de ser um estado que, da mesma forma que Santa Catarina, se caracterizou pelo pioneirismo no âmbito da gestão democrática. No entanto, o fato de Santa Catarina estar no terceiro lugar entre os três estados que possuem maior número de municípios com ato legal de criação de CMEs não significa necessariamente que eles cumpram realmente suas funções, o que demanda maior compreensão acerca dessas realidades, em especial por intermédio de pesquisas de cunho qualitativo, como a seguir se busca ilustrar.

Os CMEs no estado de Santa Catarina

Para o exame qualitativo dos CMEs no estado de Santa Catarina, duas referências foram identificadas. De um lado, resultados da investigação levada a efeito pelo Grupo de Pesquisa em Políticas Públicas e Participação Social da Universidade Comunitária Regional de Chapecó (Unochapecó), que em paralelo ao exame dos Conselhos Municipais da Assistência Social (Comas), dos Direitos da Criança e do Adolescente (CMDCA) e da Saúde (CMS) no município de Chapecó, cidade localizada na região Oeste do estado, também examina o seu CME[9] (KLEBA et al. 2010), enquanto, de outro lado, o trabalho de Pierozan (2006), realizado por intermédio de dissertação de mestrado defendida no Programa de Pós-Graduação da Universidade Federal do Paraná (UFPR), objetiva a análise não de um único CME no estado, mas de dois conjuntos de Conselhos pertencentes a duas associações municipais, a saber, a Associação dos Municípios do Alto Uruguai Catarinense (Amauc)[10] e a Associação dos Municípios do Alto Vale do Itajaí (Amavi)[11].

9. A nomenclatura originalmente utilizada pelos autores é Cmed.

10. A Amauc é composta pelos seguintes municípios: Alto Bela Vista, Arabutã, Arvoredo, Concórdia, Ipira, Ipumirim, Irani, Itá, Jaborá, Lindoia do Sul, Paial, Peritiba, Piratuba, Presidente Castello Branco, Seara e Xavantina. Disponível em: <http://www.amauc.org.br/>; acesso em: 16 jul. 2012.

11. A Amavi é composta pelos seguintes municípios: Agrolândia, Agronômica, Atalanta, Aurora, Braço do Trombudo, Chapadão do Lageado, Dona Emma, Ibirama, Imbuia, Ituporanga, José Boiteux, Laurentino,

O trabalho de Kleba et al. (2010), que, conforme acima assinalado, abarcou, além do CME, outros Conselhos do município de Chapecó, se caracteriza por ser descritivo, baseado na aplicação de questionários semiestruturados junto aos membros desses Conselhos, na análise documental e também na coleta de dados via observações e encontros pautados pela técnica de grupo focal, de modo a analisar a problemática do controle social no funcionamento daqueles órgãos colegiados, inclusive sob enfoque comparativo, cujo exame, aqui, privilegia apenas o caso do CME[12] daquela localidade, embora seu histórico de criação e implantação não tenha sido traçado pelos autores.

Kleba et al. (2010) consideram, *a priori*, que os conselhos gestores consistem em espaços de exercício de cidadania, implicando necessidade de dinamizar a criação e o fortalecimento de canais e processos de diálogo com os diferentes atores sociais locais. Focam suas análises no exercício do CME em torno das competências deliberativa, fiscalizadora, normativa, de assessoramento e comunicação, além de outras ações de maior especificidade.

Embora os autores reconheçam que "O papel deliberativo tem sido apontado pela própria legislação como uma das principais funções dos conselhos gestores" (ibid., p. 796), no caso do CME de Chapecó vem sobressaindo a competência fiscalizadora, com atribuições, por exemplo, de "avaliar as experiências pedagógicas" (ibid., p. 797) da rede, aspecto questionado pelos pesquisadores em face da pluralidade das perspectivas pedagógicas que podem servir a tal finalidade. A um só tempo, os autores identificam que os processos de normatização da política de educação, do funcionamento do sistema municipal de ensino, das formas de organização e aproveitamento escolar e da transferência de alunos consistem numa das atribuições igualmente de relevo deste CME, em especial se comparada às ações consultivas que esbarram na problemática da capacitação dos conselheiros para tal finalidade, sobretudo no âmbito orçamentário, ou então comunicativas: "Sendo estratégia essencial na promoção da democracia participativa, o exercício do diálogo constitui-se também em desafio aos conselheiros como interlocutores das entidades que estes representam. Neste sentido, os conselheiros em Chapecó mostram-se preocupados em relação à pouca capacidade de efetivar seu papel de mediador enquanto representantes de entidades [...]" (ibid., p. 800).

De modo conclusivo, Kleba et al. postulam que os Conselhos estudados, incluindo-se o CME, expõem uma elevada sobrecarga de atribuições de cunho buro-

---

Lontras, Mirim Doce, Petrolândia, Pouso Redondo, Presidente Getúlio, Presidente Nereu, Rio do Campo, Rio do Oeste, Rio do Sul, Salete, Santa Terezinha, Taió, Trombudo Central, Vidal Ramos, Vitor Meireles e Witmarsum. Disponível em <http://www.amavi.org.br/>; acesso em: 16 jul. 2012.

12. Originalmente, KLEBA et al. (2010) denominam Comed o CME de Chapecó.

crático, isto em detrimento do exercício do debate sociopolítico que poderia favorecer sua constituição "[...] em espaços de debate democrático" (ibid., p. 801), tornando viável "que atores sociais com diferentes interesses dialoguem sobre concepções e projetos e aprendam a consensuar em favor de interesses coletivos" (ibid.). A um só tempo, chamam a atenção para os diversos problemas que decorrem das limitações postas a uma participação sociopolítica mais ativa, como o caráter voluntário e não profissional dos conselheiros, o pouco tempo destinado aos encontros e a ausência de infraestrutura física e logística destinada à sua realização, aspectos que igualmente contribuem para uma baixa autonomia desses órgãos colegiados na gestão local, nesta caso na área da educação.

Já o estudo de Pierozan (2006)[13], embora não estabeleça generalizações que abarquem outras classes de Conselhos locais — a exemplo das análises levadas a efeito por Kleba et al. (2010) —, integra exame sobre 32 (72,7%) dos 44 municípios pertencentes às duas associações municipais cujos CMEs foram estudados — Amauc, com dezesseis localidades, e Amavi, com 28 —, mesmo levando em conta que se trata de realidades distintas, uma vez que englobam territórios localizados em regiões Metropolitanas (RMs) na capital e no interior, procurando demarcar as possibilidades e os limites da atuação democrática destes órgãos: "As associações de municípios de Santa Catarina são formadas, [sic] levando-se em conta as proximidades geográficas entre os territórios municipais, e existem como forma de impulsionar o desenvolvimento da região por meio da ajuda mútua, nos assuntos de interesse das administrações municipais" (PIEROZAN 2006, p. 154), havendo, na época da realização do estudo, cerca de 21 dessas associações no estado, que, em seu conjunto, abarcam 292 municípios, além de mais uma localidade não vinculada a essas instâncias[14].

De um modo geral Pierozan (2006) busca discorrer sobre os objetivos da constituição desses CMEs, cuja implementação começou a ser observada na Amauc, em 1991, no município de Presidente Castelo Branco, e na Amavi, em 2001, no município de Trombudo, com organização paulatina dos sistemas municipais de ensino ao longo do período 1997-2004. Em paralelo, o autor procura demarcar os avanços decorrentes da implantação desses CMEs, sua estrutura colegiada, o modo pelo qual veio se dando a escolha de seus presidentes, o tempo de mandato e as principais atri-

13. Ver também PIEROZAN, GONÇALVES 2006.

14. O autor chama a atenção para a escassez de informações a respeito do processo de descentralização da educação via municipalização no estado de Santa Catarina, destacando a importância para o desenvolvimento de pesquisas que apontem a "composição do ensino público municipal" (PIEROZAN 2006, p. 212) e que indiquem "em que momento da história teve início o ensino municipal realmente público e gratuito, quais os caminhos que os municípios tiveram que percorrer (entraves/dificuldades) para organizar seu sistema de ensino, e se realmente após a constituição dos Sistemas Municipais a educação apresentou avanços mais democráticos" (ibid.).

buições que esses órgãos colegiados passaram a assumir. Para tanto, Pierozan (2006) se utilizou de aplicação de questionários, entrevistas semiestruturadas, observações e análise documental.

Entre o conjunto de problemas identificados no funcionamento institucional e sociopolítico dos Conselhos alvo da pesquisa de Pierozan (2006), assume centralidade o comprometimento da autonomia desses órgãos em função das tendências: de os secretários municipais de Educação acumularem sua presidência, de haver dificuldades relacionadas ao conhecimento necessário para o desempenho das funções conselheiras, de ausência de infraestrutura adequada ao funcionamento dos CMEs, de alguns desses órgãos possuírem quantitativo insuficiente de componentes e de entidades/organismos que representam, além de não terem visibilidade pública, neste último caso intensificando a dependência em relação tanto à Secretaria Municipal de Educação quanto ao Conselho Estadual de Educação (CEE) Em termos gerais, o autor sinaliza que a grande maioria dos municípios estudados possui "dificuldades, do ponto de vista da competência técnica e compromisso político, o que dificulta sobremaneira a sua implementação [do CME]" (PIEROZAN 2006, p. 211).

Entretanto, para Pierozan (ibid., p. 209), a questão da autonomia é utilizada como "um fator que se usa para justificar a descentralização do ensino, uma vez que a ampliação de matrículas na rede municipal, no período posterior à criação de Conselhos e Sistemas", passou a exprimir as transferências de encargos relacionados ao ensino fundamental para os municípios, seguindo-se "uma orientação básica na confecção da legislação, derivada da participação da UNDIME/SC [União Nacional dos Dirigentes Municipais de Educação], por meio de sua diretoria estadual, que foi a grande responsável pelo 'boom' de criação de conselhos, ou mesmo desta nova caracterização que eles passaram a ter [no estado], já no final da década de 1990, início dos anos 2000" (ibid.).

O autor entende que a criação dos CMEs na Amauc e na Amavi, apesar de não necessariamente implicar avanços, expõe possibilidades de exercício de uma gestão democrática participativa, evidenciando que, mesmo em face dos problemas identificados, são muitos os esforços na efetivação de experiências de caráter democrático naquelas regiões, especialmente no que se refere ao envolvimento da população local no processo participativo dos CMEs.

Os CMEs no estado do Paraná

Dois estudos serão aqui tomados por base de análise qualitativa dos CMEs no estado do Paraná, ambos concernentes à realização de dissertações de mestrado, expondo contextos diferenciados nos e pelos quais os CMEs enfocados são criados

— caracteristicamente o urbano e o rural —, mas que, do ponto de vista do conjunto amplo de problemas que marcam o funcionamento desses órgãos colegiados, apresentam significativa confluência de desafios institucionais e sociopolíticos. Um primeiro, realizado na esfera do Programa de Pós-graduação em Educação da Universidade Tuiuti do Paraná (UTP), refere-se ao CME de São José dos Pinhais (MORESCHI 2010), município que consiste na quinta maior área da RM de Curitiba e que apresenta um dos maiores índices de crescimento econômico do estado, consistindo no terceiro maior polo automotivo do país[15]; um segundo estudo, defendido no âmbito do Programa de Pós-Graduação em Educação da Universidade Estadual de Ponta Grossa (Uepg), remete ao CME de Ponta Grossa (OLIVEIRA 2008), município do Segundo Planalto Paranaense, localizado na região dos Campos Gerais, caracterizando-se, *grosso modo*, por seus atrativos turísticos e culturais[16].

No primeiro caso, Moreschi (2010) tomou como referência dados secundários concernentes a algumas pesquisas que enfocaram os CMEs de Ponta Grossa — estado do Paraná (PR) —, Juiz de Fora — estado de Minas Gerais (MG) —, Recife — estado de Pernambuco (PE), Campinas — estado de São Paulo (SP) — e Serra — estado do Espírito Santo (ES) —, de modo que verifique se esses cenários se aproximam daquele investigado, qual seja, o relativo ao CME de São José dos Pinhais, isto sob perspectiva descritiva, exploratória e comparada, tomando por base a análise documental e entrevistas junto aos conselheiros deste órgão.

Conforme assinala a autora, tal CME "foi criado por meio da Lei [Municipal] nº 02/1993 com a finalidade de cooperar na elaboração do Plano Municipal de Educação e assessorar o Executivo nos assuntos ligados à educação" (MORESCHI 2010, p. 78), sofrendo, por intermédio de sucessivos decretos expedidos ao longo do período 1997-2010, uma "série de adaptações devido às mudanças conjunturais, na tentativa de agradar ou atender aos diversos atores sociais do momento" (ibid., p. 83), que se estendem da definição quantitativa de sua composição, natureza das representações e estrutura interna, passando pela pormenorização das atribuições e do regimento interno, culminando, por exemplo, em 2004, em sua reconfiguração para uma instância de maior autonomia em relação ao poder Executivo local (embora transitória), justo quando amplia seu escopo de atuação, agora também se responsabilizando pelo estabelecimento de normas complementares às nacionais e pelo credenciamento dos estabelecimentos de ensino locais, a par das atividades de assessoramento que até então serviam à caracterização de sua relação junto àquela esfera de poder.

---

15. Ver Prefeitura de São José dos Pinhais. Disponível em: http://www.sjp.pr.gov.br; acesso em: 16 jul. 2012.

16. Ver Prefeitura de Ponta Grossa. Disponível em: http://www.pg.pr.gov.br/; acesso em: 16 jul. 2012.

A partir das análises levadas a efeito, Moreschi (2010) busca identificar algumas tendências relacionadas à composição, à capacitação, à tutela, à autonomia e ao controle social, à infraestrutura e ao funcionamento relativos ao CME de São José dos Pinhais, de modo a delinear seu perfil em face de problemas similares igualmente identificados em CMEs dos outros estados anteriormente mencionados, que podem aqui ser resumidos do seguinte modo: a não paridade de representação entre o poder público e a sociedade civil, com prevalência de membros do primeiro segmento e, com isto, comprometimento da autonomia do órgão colegiado; a indicação da presidência do Conselho pelo poder Executivo e não pela via de eleição entre os seus pares; a incipiência nas ações de capacitação dos conselheiros; a não-observância do poder Executivo em relação às decisões do Conselho; a ausência de infraestrutura (instalações e logística) adequada ao funcionamento do CME; a tendência acentuada de funcionamento do Conselho em torno de ações credencialistas e consultivas, em detrimento, por exemplo, de competências de cunho normativo, o que, para este autor, significa que o Conselho tende a se configurar enquanto órgão tipicamente de assessoramento da Secretaria Municipal de Educação (SME).

Em termos gerais o autor associa grande parte dos problemas identificados no funcionamento institucional e sociopolítico dos CMEs, em especial no de São José dos Pinhais, à ausência de leis federais que sirvam à definição da composição, das atribuições e do funcionamento desses órgãos, ou seja, à sua regulação, a exemplo do que acontece com os Conselhos do Fundo de Manutenção e Desenvolvimento da Educação Básica e de Valorização dos Profissionais da Educação (Fundeb): "Sem dúvida alguma, a instituição de CMEs por meio de lei municipal não garante o pleno funcionamento desta organização, dificultando o desempenho de suas atribuições, tendo em vista que sua autonomia está nas mãos do Executivo municipal. Os CMEs acabam tornando-se meros órgãos legitimadores das políticas locais esvaziadas de participação, com sua existência dependendo da boa vontade do governante de turno" (MORESCHI 2010, p. 101).

Por seu turno, a pesquisa de Oliveira (2008), igualmente alicerçada na coleta de dados via análise documental e entrevistas, mas agora incluindo processos de observação, visou a examinar a criação, a estrutura, o funcionamento e as possíveis contribuições do CME de Ponta Grossa para a democratização do processo decisório na gestão da educação local.

Segundo Oliveira (2008, p. 95), a criação do CME de Ponta Grossa, que foi "aprovada pela Câmara Municipal no dia 11 de abril de 1995 (Lei nº 5172)", ocorreu, de um lado, com base em discussões realizadas a partir de uma lei de criação do CME de um determinado município do estado de São Paulo, sob a alegação de que no estado do Paraná não havia lei semelhante que pudesse vir a subsidiar sua elaboração, e, de outro, com o apoio de docentes da Faculdade de Educação da UEPG, isto diante da resistência do poder Executivo a se dispor a compartilhar o poder político local com este órgão colegiado. Apesar disso, o autor chama a atenção para o fato de que a criação desse Conselho "surgiu mais pela iniciativa individual de um vereador oriundo da área da saúde e filiado a um partido considerado conservador [...]" (ibid.), e não necessariamente em decorrência "de um processo de organização da comunidade, amadurecimento do processo democrático ou da proposição do estado" (ibid.).

Do mesmo modo que o CME de São José dos Pinhais, o de Ponta Grossa irá passar por diversas transformações, via expedição de leis e decretos, que irão impactar, em especial, o tipo de competência que caracteristicamente exercerá ao longo dos anos. Assim, de 1995 a 2002 preponderarão ações consultivas, enquanto a partir desta última data, justo quando o sistema municipal de ensino é criado, e até o ano de 2007, passa-se a observar o exercício da competência normativa — embora tal atribuição estivesse originalmente prevista na lei de criação do Conselho —, tendo significativamente aumentado a responsabilidade deste órgão, "pois passou a ser a maior autoridade em educação no Município" (ibid., p. 113).

Embora sem negar o potencial e a importância dos Conselhos municipais na gestão local, especialmente como uma das formas de garantia dos direitos sociais e de participação da sociedade civil, em particular na área da educação, Oliveira (2008, p. 161) destaca que o CME de Ponta Grossa "tem cumprido mais um papel legitimador das políticas educacionais emanadas da Secretaria Municipal de Educação do que propriamente um espaço de luta pela ampliação do direito à educação [...]". Destaca ainda: a fragilidade das contribuições do Conselho no processo decisório-democrático, em virtude da ausência de discussões de maior intensidade em torno das demandas educacionais e decisões governamentais; a ausência de infraestrutura própria e de autonomia administrativa e financeira, de modo a tornar o CME mais independente da Secretaria Municipal de Educação (SME); absenteísmo e falta de clareza pelos membros conselheiros em torno do papel a ser exercido pelo órgão, assim como desconhecimento da comunidade acerca de sua finalidade — aspectos entendidos pelo autor como passíveis de ser identificados em diversos outros CMEs do país.

Por outro lado, Oliveira (2008) demarca algumas dimensões consideradas positivas sobre o funcionamento institucional e sociopolítico do CME de Ponta Grossa, a exemplo da intensificação das competências deliberativas e normativas após a criação de seu sistema de ensino, não se furtando, a um só tempo, à indicação de recomendações que visam à superação das limitações e dos problemas identificados, como, por exemplo: intensificação da aproximação do Conselho em relação à comunidade, maiores investimentos na formação dos conselheiros, aprofundamento da luta em torno da conquista de sua autonomização, interação com outros Conselhos da área de educação e indicações de conselheiros efetivamente comprometidos com causas sociais pelas diversas entidades que se fazem representar neste órgão colegiado.

Conforme pode ser observado, em que pesem as especificidades estruturais e conjunturais entre os CMEs de São José dos Pinhais (MORESCHI 2010) e de Ponta Grossa (OLIVEIRA 2008), sobretudo do ponto de vista territorial — o primeiro tipicamente metropolitano, enquanto o segundo de características rurais —, os problemas que marcam a autonomia relativa destes órgãos colegiados no estado do Paraná em relação aos respectivos poderes Executivos locais assumem relevo nas análises realizadas por ambos os autores, sugerindo que o funcionamento institucional e sociopolítico destes CMEs encontra-se comprometido, em especial se ponderada sua possível contribuição para a consolidação da proclamada gestão democrática da educação. Sobre este último aspecto, cabe ressaltar a pouca importância atribuída por ambos os estudos ao exame dos graus e níveis (cf. BORDENAVE 1994) da participação sociopolítica (cf. GOHN 2001) no interior dos Conselhos estudados, já que consistem, de fato, em importantes mediações para a construção processual de práticas de gestão ditas democráticas.

Conclusões

O estudo realizado, no que tange à descentralização das políticas educacionais de Santa Catarina e do Paraná, a partir das fontes teórico-empírica já caracterizadas, permite constatar a centralidade das mudanças dos contextos socioeconômicos e políticos, bem como da dinâmica dos diversos atores do cenário educacional a partir da passagem e do entrelaçamento que se deu entre a racionalidade democrática predominante na década de 1980 e a racionalidade econômica, esta última própria dos anos de 1990, no calor das políticas de ajuste fiscal de orientação neoliberal.

Da mesma forma, no contexto da chamada democratização institucional, isto é, das pressões por maior participação e intervenção da sociedade na gestão pública, tentamos demonstrar que Santa Catarina e Paraná foram estados da Federação que se destacaram pelo pioneirismo no que tange à constituição de eleições para diretores, à autonomia financeira da escola e à implantação de colegiados ou conselhos escolares. Esse pioneirismo ganhou importância em termos heurísticos na medida em que se criou um contraponto ao loteamento dos cargos públicos como estratégia de barganha política. Da mesma forma, com as políticas que fortaleciam a autonomia da escola, via a gestão de recursos financeiros, acenou-se para uma ruptura com o centralismo gerencial, enquanto modelo de gestão, consolidado durante os anos do regime militar.

Na hipótese que tentamos aqui postular, fica explícita a metamorfose ocorrida na atuação política dos diversos atores do cenário educacional dos estados estudados, na medida em que o pioneirismo dos anos de 1980 deu espaço a uma prática política que sinaliza a uma tendência hegemônica que acena para certa inércia e certa instrumentalização dos CMEs pelo Executivo local, com fortes impactos no funcionamento institucional e sociopolítico desses órgãos.

As realidades ora estudadas e constatadas desafiam os pesquisadores das políticas públicas, na medida em que a instrumentalização dos CMEs pela política tradicional, baseada no patrimonialismo e na cultura tutelar, tornou-se uma realidade inclusive em municípios pertencentes a estados que possuem uma tradição e uma cultura maiores em termos participativos. Daí fortalece-se a tese de que os CMEs foram capturados por um projeto de modernização contemporânea da política tradicional, cujo futuro depende menos de um ordenamento jurídico que venha a ser emanado pelo governo federal, e muito mais da tomada de consciência de seus membros acerca dos processos políticos que marcam, em sua negatividade, ou deveriam marcar, em sua positividade, estes órgãos colegiados no país, em particular nos municípios-alvo das pesquisas que aqui se tomaram por referência analítica.

O fato de Santa Catarina despontar entre os estados brasileiros com maior número de municípios com legislação específica que cria os CMEs — aproximadamente 71% do total de municípios —, enquanto, no outro extremo, o Paraná possui somente 25% do total de seus municípios com a referida legislação, pode gerar certo otimismo sociológico no analista desatento. O estudo realizado demonstra que essa gritante diferença entre Santa Catarina e Paraná, no que tange ao percentual de municípios com legislação que cria os CMEs, acaba se diluindo a partir de realidades comuns no campo da operacionalização desses Conselhos, que comprometem o funcionamento destes espaços de participação, teoricamente direcionados para a vivência e a concretização da gestão democrática da educação enquanto princípio constitucional.

Referências

ARRETCHE, Marta. Políticas sociais no Brasil: descentralização em um Estado federativo. *Revista Brasileira de Ciências Sociais*, São Paulo, v. 14, nº 40 (1999) 111-141.

BARROS, Ricardo Paes de, MENDONÇA, Rosane. *O impacto de três inovações institucionais na educação brasileira*. Rio de Janeiro, IPEA, jun. 1998 (Texto Para Discussão, 566).

BORDENAVE, Juan E. Díaz. *O que é participação*. 8. ed. São Paulo, Brasiliense, 1994.

BORDIGNON, Genuíno, PEREIRA, Álvaro de Pádua. *Perfil dos Conselhos Municipais de Educação 2007*. Brasília, MEC/SEB, 2008.

BRASIL. Constituição (1988). Constituição da República Federativa do Brasil. *Diário Oficial [da] República Federativa do Brasil*, Brasília, 5 out. 1988.

_____. Lei nº 9.394, de 20 de dezembro de 1996. Estabelece as Diretrizes e Bases da Educação Nacional. *Diário Oficial [da] República Federativa do Brasil*, Brasília, 23 dez. 1996.

BRASIL, Ministério da Educação, Secretaria de Educação Básica, Departamento de articulação e Desenvolvimento dos Sistemas de Ensino, Coordenação-Geral de Articulação e Fortalecimento Institucional dos Sistemas de Ensino *Programa Nacional de Capacitação de Conselheiros Municipais de Educação*: perfil dos conselhos municipais de educação *2005*. Brasília, MEC/SEB, 2006.

CALDERÓN, Adolfo Ignacio. Conselhos Municipais: representação, cooptação e modernização da política patrimonialista. In: SOUZA, Donaldo Bello de (org.). *Conselhos Municipais e controle social da educação*: descentralização, participação e cidadania. São Paulo, Xamã, 2008, p. 169-189.

CALDERÓN, Adolfo Ignacio, MARIM, Vlademir. Educação e políticas públicas: os Conselhos Municipais em questão. *Teias*, Rio de Janeiro, v. 3, nº 6 (2002) 39-47.

CASSASUS, Juan. *Tarefas da educação*. Campinas, Autores Associados, 1995 (Coleção Educação Contemporânea).

DAVIES, Nicholas. O financiamento da educação e seus desafios. *EccoS: Revista Científica*, São Paulo, v. 6, nº 1 (2004) 43-63.

GOHN, Maria da Glória. *Conselhos gestores e participação sociopolítica*. São Paulo, Cortez, 2001 (Coleção Questões da Nossa Época, 84).

KLEBA, Maria Elisabeth, MATIELO, Alexandre, COMERLATTO, Dunia, RENK, Elisonia, COLLISELLI, Liane. O papel dos conselhos gestores de políticas públicas: um debate a partir das práticas em conselhos municipais de Chapecó (SC). *Ciência e Saúde Coletiva*, Rio de Janeiro, v. 15, nº 3 (2010) 793-802.

LEHER, Roberto. Um novo senhor da educação? A política educacional do Banco Mundial para a periferia do capitalismo. *Outubro*, São Paulo, v. 1, nº 3 (1999) 19-30.

LIMA, Antônio Bosco de, VIRIATO, Edaguimar Orquizas. As políticas de descentralização, participação e autonomia: desestatizando a educação pública. In: REUNIÃO ANUAL DA ANPED, 23, 2000, Caxambú. *Anais*... Rio de janeiro, ANPED, 2000, p. 187-206.

MALPICA, Carlos Faustor. *Descentralización y planificación de la educación*: experiencias recientes en países de América Latina. Paris, Unesco/IIPE, dic. 1994 (Informe de Investigación, 102).

MARTINS, Rosilda Baron. Escola Cidadã no Paraná: análise de seus avanços e retrocessos. *Olhar de Professor*, Ponta Grossa, nº 1, v. 1 (1998) 129-148.

MENDONÇA, Erasto Fortes. Estado patrimonial e gestão democrática do ensino público no Brasil. *Educação & Sociedade*, Campinas, v. 22, nº 75 (2001) 84-108.

MORESCHI, Elmari. *Os Conselhos Municipais de Educação*: o caso do município de São José dos Pinhais. Dissertação (Mestrado em Educação). Tuiuti, Universidade Tuiuti do Paraná, 2010.

OLIVEIRA, Izolde Hilgemberg de. *Conselho Municipal de Educação de Ponta Grossa:* aspectos históricos, funções e contribuições. Dissertação (Mestrado em Educação). Ponta Grossa, Universidade Estadual de Ponta Grossa, 2008.

PARENTE, Marta Maria, LÜCK, Heloísa. *Mapeamento da descentralização da educação brasileira nas redes estaduais do ensino fundamental.* Rio de Janeiro, Ipea,1988.

PIEROZAN, Sandra Simone Hopner. *Um estudo dos Conselhos Municipais de Educação, seus limites e possibilidades.* Dissertação (Mestrado em Educação). Curitiba, Faculdade de Educação, Universidade Federal do Paraná, 2006.

PIEROZAN, Sandra Simone Hopner, GONÇALVEZ, Maria Dativa de Salles. Um estudo sobre os Conselhos Municipais de Educação: razões, limites e possibilidades. In: SEMINÁRIO DE PESQUISA EM EDUCAÇÃO DA REGIÃO SUL, 6, 2006, Santa Maria. *Anais*... Santa Maria, ANPEd, 2006. 1 CD-ROM.

RIBEIRO, Darcy Marzulo, RAGGIO, Nádia Zaiczuk, KORNIN, Thaís, VERDE, Valéria Villa. A descentralização das políticas sociais no Paraná. *Revista Paranaense de Desenvolvimento,* Curitiba, nº 90 (jan.-abr. 1997) 31-51.

SANTOS FILHO, José Camilo dos. O recente processo de descentralização e de gestão democrática da educação no Brasil. *Revista Brasileira de Estudos Pedagógicos,* Brasília, v. 73, nº 174 (1992) 219-241.

SARMENTO, Diva Chaves. Criação dos sistemas municipais de ensino. *Educação & Sociedade,* Campinas, v. 26, nº 93 (set.-dez. 2005) 1363-1390.

SAVIANI, Dermeval. Sistemas de ensino e planos de educação: o âmbito dos municípios. *Educação & Sociedade,* Campinas, v. 20, nº 69 (dez. 1999) 119-136.

SOUZA, Donaldo Bello de. Globalização: a mão invisível do mercado mundializada nos bolsões da desigualdade social. *BoletimTécnico do SENAC,* Rio de Janeiro, v. 22, nº 2 (maio-ago. 1996) 3-11.

SOUZA, Donaldo Bello de, FARIA, Lia Ciomar Macedo de. Reforma do Estado, descentralização e municipalização do ensino no Brasil: a gestão política dos sistemas públicos de ensino pós-LDB 9.394/96. *Ensaio: Avaliação e Políticas Públicas em Educação,* Rio de Janeiro, v. 12, nº 45 (out.-dez. 2004) 925-944.

SOUZA, Donaldo Bello, VASCONCELOS, Maria Celi Chaves. Os Conselhos Municipais de Educação no Brasil: um balanço das referências nacionais (1996-2002). *Ensaio: Avaliação e Políticas Públicas em Educação,* Rio de Janeiro, v. 14, nº 50 (2006) 39-56.

CMEs no estado do Rio Grande do Sul: gênese e institucionalização

Flávia Obino Corrêa Werle

Panorama legal como quadro de fundo para a emergência de estruturas administrativas inovadoras

No Brasil a centralização foi a marca da relação entre as instâncias do Estado até a República. As Câmaras Municipais tinham funções meramente administrativas e os municípios se subordinavam às Assembleias Legislativas. Embora a autonomia municipal tenha sido declarada em 1891, apenas a Constituição de 1934 (BRASIL 1935) ofereceu condições para sua prática. Entretanto, somente em 1946 os municípios no Brasil foram alçados a entes federados (RIBEIRO 2004).

Até recentemente, o espaço municipal estava marcado de negatividade; a ele estavam associados coronelismo, clientelismo, populismo, modelos tradicionais, pouca flexibilidade. A partir dos anos de 1980, entretanto, passa a ter uma imagem de maior positividade, como ressonância da Constituição Federal (CF) de 1988 (BRASIL 1988), e de novas lógicas presentes no discurso dos atores políticos. Ou seja, "os espaços e as estruturas de poder local passam a ser vistos como arenas de disputas entre atores distintos, espaços de virtualidades transformativas, quebrando a imagem homogênea do poder local que terminava favorecendo as elites locais ao identificá-las com a história e a vida das localidades" (COSTA 1996, p. 115).

A sociedade brasileira almejava o redesenho do sistema federativo, o qual foi explicitado no texto da CF de 1988. Nele fica claro que inexiste hierarquia entre a União, os estados e os municípios, sendo todos igualmente autônomos naquilo que a Constituição não veda. É um redesenho que atribui à instância local importante espaço de autonomia político-administrativa em diferentes áreas sociais. Esta possibilidade de autonomia também repercutiu na multiplicação do número de municípios no país. Com a CF de 1988 assistimos a uma "onda municipalista" (SOUZA, FARIA 2005). Entre 1996 e 2000 foram criados aproximadamente 25% dos municípios hoje existentes, redefinindo-se, a partir daí, o pacto federativo entre os diferentes níveis de poder, com o que os municípios tiveram sua ação ampliada, obtendo um grau de autonomia até então inédito na história do Brasil e na comparação com outros países federados (SOUZA, FARIA 2005).

Na área da educação a CF de 1988, em seu artigo 211, parágrafo segundo, define como responsabilidade dos municípios a educação infantil e a atuação no ensino fundamental. Esta responsabilização da instância municipal pelas fases iniciais da educação básica encaminha para a municipalização, a qual é impulsionada, a partir de 1998, pelo Fundo de Manutenção e Desenvolvimento do Ensino Fundamental e de Valorização do Magistério (Fundef). Ampliar a responsabilização do atendimento educacional trouxe, por outro lado, implicações relativas à institucionalização de estruturas administrativas no âmbito local.

Hoje os textos legais acolhem espaços de participação e oferecem condições para a gestão democrática. Mesmo reconhecendo que a "globalização se expressa tanto no desenvolvimento de sistemas globais à escala planetária como na transformação dos contextos locais e das vivências pessoais [...]" (AFONSO 2004, p. 33) e que "a globalização é um processo que ocorre simultaneamente à nossa volta e 'dentro de nós', produzindo novos contextos de ação e novas identidades" (ibid.), temos consciência da crescente necessidade de participação efetiva e de democratização voltada para a justiça e o bem comum. Este processo de globalização incide nas políticas educacionais que se compõem fragmentariamente, como um mosaico de iniciativas dispersas, híbridas e contaminadas entre si (BARROSO 2003), independentemente de estarem próximas ou distantes geograficamente.

As iniciativas de ação política e de articulação de novas estruturas municipais não estão isentas da contaminação, do hibridismo e da fragmentação apontadas por Barroso (2003). Entretanto, mesmo nesse panorama conflitivo e complexo das relações institucionais e políticas as formas democráticas e participativas continuam a ser uma aspiração no âmbito da educação, e algumas estruturas administrativas de âmbito municipal, como o Conselho Municipal de Educação (CME) e o Sistema Municipal de Ensino, podem ser importantes espaços para seu exercício.

Autonomia municipal no Rio Grande do Sul

A partir de 1988, portanto, os municípios adquiriram um *status* político de maior força, o que deu oportunidade, no caso da educação, de buscarem uma estrutura institucional renovada para responder às maiores responsabilidades que lhes estavam sendo atribuídas. O exercício desse espaço de autonomia teve sua legitimidade reforçada e operacionalmente ampliada mediante a possibilidade de criação de seu próprio sistema de ensino, conforme artigo 8º da Lei 9.394/1996 (BRASIL 1996).

A criação de sistemas municipais de ensino foi de fato reafirmada e mais bem configurada pela Lei de Diretrizes e Bases, em 1996 (BRASIL 1996). O ato de criação do Sistema de Ensino exige da instância municipal a articulação e a responsabilização dos atores locais, envolvendo o Executivo e o Legislativo municipais, a sociedade civil, professores, escolas, sindicatos e associações de docentes, de pais, de funcionários, o CME, e os demais colegiados, entre outras forças comunitárias.

Ao constituir seu sistema de ensino, o município institucionaliza estruturas e funções, recontextualiza órgãos normativos e executivos, processo que requer revisitação, atualização e explicitação de valores, de fins a buscar, de normas que articulem a ação de órgãos e atores envolvidos numa perspectiva de justiça social e cidadania. O sistema municipal de ensino é uma forma peculiar de as forças sociais locais interpretarem e inscreverem-se na educação brasileira, explicitando traços característicos e de identidade próprios, incluindo, e não exclusivamente centrando, a ação na criação de estruturas institucionais (órgãos normativos e executivos), focalizando a educação escolar, em especial a educação básica. O sistema de ensino abrange muito mais do que apenas a rede de escolas mantidas pelo governo municipal; inclui organismos e ações de articulação do conjunto de forças sociais e políticas, de escolas estaduais e particulares existentes na comunidade.

O estado do Rio Grande do Sul (RS), espaço para o qual se volta este trabalho, conta com uma população de pouco mais de 10.600.000 habitantes (dados de 2010), distribuídos em 281.700 km^2. Hoje são 496 municípios constituídos em diversas "ondas municipalistas" (SOUZA, FARIA 2005, p. 29-31).

No ano de 1809, o montante de municípios era diminuto, apenas quatro: Porto Alegre, Rio Pardo, Santo Antonio e Rio Grande. Passados cem anos, em 1900, a soma era de 64 municípios, número que meio século depois (1954) alcançava quase o dobro, chegando a 112 municípios. Entretanto, este crescimento se acelerou nos anos seguintes, pois em quinze anos dobrou em número, passando a somar 232 municípios em 1965. No período da ditadura militar, esse ritmo de crescimento foi bruscamente interrompido, pois em 1981 encontramos no estado 233 municípios. Ou seja, em vinte anos apenas mais um município foi criado. Com a redemocratização o desmembramento foi retomado, e em 1990 o Rio Grande do Sul contava com

333 municípios (ILHA 2011). Tal como Souza e Faria (2005, p. 29-31) referiram-se à "onda municipalista", pode-se falar que no Rio Grande do Sul ocorreu uma onda emancipatória entre 1959 e 1965.

Durante os governos militares não houve emancipações. A lei era muito exigente. Era preciso uma população superior a dez mil habitantes, centro urbano com mais de duzentos prédios, além de atendimento a critérios de arrecadação. Houve um vácuo de emancipações entre 1967 e o início dos anos de 1980, podendo-se falar, no final dessa última década, em nova onda emancipacionista (WERLE, THUM, ANDRADE 2009). O Rio Grande do Sul, portanto, apresentou nos últimos dezessete anos um aumento de quase 50% dos municípios, chegando aos atuais 496. Esses municípios são bastante diferenciados entre si. Com base nas matrículas em escolas municipais, temos alguns com menos de 100 alunos e outros na faixa de 60 mil alunos (ibid.).

Gênese dos sistemas municipais de ensino

A presente análise[1] dos sistemas municipais de ensino elege como foco os textos legais que criam as estruturas dos sistemas municipais de ensino do Rio Grande do Sul. As leis, por serem elementos do mundo constitucional e instrumento de políticas públicas, expressam processos estruturadores em consonância com intenções, valores, interesses articulados em determinado tempo e em certo espaço. Ou seja, elas são dinâmicas, temporal e socialmente estruturadas, definem instituições, processos, normatizam áreas de ação, propõem parâmetros de ação e sofrem reestruturações e recontextualizações por aportarem ambientes diferenciados e complexos. As leis que criam sistemas municipais de ensino precisam contemplar um conjunto de pressupostos largamente proclamados em vários documentos de política educacional de forma a atender as dimensões legal, organizativo-local e pedagógico-formativa (WERLE, THUM, ANDRADE 2009); entretanto, elas são formuladas nas condições e nos limites locais, conforme a organização política, a competência técnica, a visão de educação dos atores presentes na instância municipal.

No Rio Grande do Sul a gênese de criação dos sistemas municipais de ensino está no ano de 1997. A Lei nº 9.394/1996 (BRASIL 1996) foi nesse estado um elemento desencadeador da organização autônoma da educação no nível dos municípios. Logo após sua promulgação vários municípios reagiram, criando seus sistemas de ensino.

Passamos a enfocar o esforço apresentado pelos municípios rio-grandenses em direção à criação de um sistema de ensino. No Rio Grande do Sul, até janeiro de

1. Texto produzido no bojo do projeto "Indicadores de Qualidade e Gestão Democrática", vinculado ao Observatório de Educação Instituto Nacional de Pesquisas Educacionais/Coordenação de Aperfeiçoamento de Pessoal de Nível Superior (INEP/CAPES).

2011, 233 municípios tinham criado seu sistema de ensino, instituindo-o por meio de lei municipal, o que representa 47% do total de municípios do estado[2].

Os anos de mudança de governo municipal marcam um impulso diferenciado no tocante à criação dos sistemas municipais de ensino. Considerando o quadriênio 1997-2000, o primeiro ano foi o que mais contabilizou a criação desses sistemas (WERLE, THUM, ANDRADE 2009).

O ano de 2001 é palco de intensas alterações políticas no âmbito municipal. Novas equipes administrativas se constituem em decorrência das eleições municipais ocorridas no ano anterior. Grande número de localidades cria seus sistemas de ensino neste ano. No espaço de um ano verifica-se um volume significativo correspondente a cerca de três quartos dos que foram criados nos quatro anos anteriores. O ano seguinte, 2002, registra também intenso movimento nesse sentido, e em 2003 e 2004 o movimento de articulação da educação municipal na forma de constituição autônoma de sistemas municipais de ensino é menor, quando poucas leis foram criadas.

Há que registrar que no Rio Grande do Sul, no ano 2000, começaram também as alterações das leis de criação de sistemas municipais de ensino. São alterações no conteúdo da legislação possivelmente decorrentes da avaliação e do acompanhamento das repercussões da lei de criação na realidade educacional local. Essas alterações podem significar maior vitalidade da dimensão de autonomia e sugerir que os sistemas de ensino estão se tornando realidade na educação municipal.

Com a mudança de governo municipal ocorrida novamente no final de 2004, em 2005 assumem novas equipes e novamente nos dois primeiros anos dos novos governos municipais várias administrações criam seus sistemas de ensino. Na presença de uma nova administração municipal observa-se, portanto, uma tendência à criação de sistemas de ensino, talvez como forma de marcar o governo que está chegando e demarcar diferenças em relação ao anterior. É possível que os dois primeiros

2. Este dado é originário de pesquisa que viemos desenvolvendo desde 2005, cuja metodologia contabiliza como efetivamente criado o sistema municipal de ensino quando de fato se obtém o texto da lei de criação para que se proceda à sua inserção no "Banco de Dados Legislação Educacional Democrática Municipal/ RS", e para que se proceda à análise de seu conteúdo. É um quantitativo passível de discussão, pois o coordenador regional da União dos Conselhos Municipais de Educação (Uncme) do Rio Grande do Sul, TORMES (2012a) contabiliza, em 2011, 217 municípios com SME e apresenta também dados do Conselho Estadual de Educação (CEED) que informam haver 240 municípios com sistema de ensino no RS. Para o CEED/RS a contagem é feita quando o governo municipal envia o texto da lei ou quando apenas comunica por um ofício que criou seu sistema de ensino. Ocorre que muitas vezes o município cria seu sistema de ensino e não informa a instância estadual, e em outros casos decorre um grande período de tempo entre a criação do sistema e a informação de que tal ocorreu. De qualquer forma a pouca precisão do quantitativo de sistemas municipais de ensino no RS decorre da autonomia da instância municipal e da não-sobreposição da estadual sobre esta, como anteriormente acontecia.

anos de governo sejam os mais dinâmicos no que se refere à atenção a questões da educação local, como os dados deste estudo demonstram.

CMEs e entidades parceiras: articulação dos atores da educação municipal rio-grandense

São de longa data a ações de associações e federações que vinculam forças locais de maneira a fortalecer demandas e construir espaços de ajuda entre os municípios e demais atores da educação no Rio Grande do Sul, ações que também acolhem processos concebidos centralmente, muitos financiados com recursos externos. Portanto, em matéria de educação os municípios rio-grandenses têm apresentado mecanismos de articulação próprios e participado de projetos de âmbito federal.

Nesse sentido é preciso lembrar o papel da Federação das Associações de Municípios do Rio Grande do Sul (Famurs), do Conselho de Secretários Municipais de Educação do Rio Grande do Sul/União Nacional dos Dirigentes Municipais de Educação (Conseme/Undime-RS) e do Fórum Estadual dos Conselhos Municipais de Educação/União Nacional dos Conselhos Municipais de Educação (Fecme/Uncme-RS) (SILVA 2007).

As parcerias entre estado do Rio Grande do Sul, Ministério da Educação (MEC), Fecme, Conseme, Conselho Estadual de Educação do Rio Grande do Sul (Ceed/RS) e universidades têm contribuído na organização dos sistemas municipais de ensino e na reorganização dos CMEs, uma vez que capacitaram conselheiros e ofereceram suporte técnico e financeiro (SILVA 2009, p. 138):

> no Rio Grande do Sul a Famurs, o Conseme/Undime-RS e o Fecme-RS assumem protagonismo relevante na organização do setor educacional, impulsionam a gestão democrática de educação e conferem aos municípios gaúchos um caráter participativo no cenário estadual e nacional, além de fortalecerem a qualidade do ensino no estado. Constatou-se que a divisão regional das Associações de municípios congregadas pela Famurs, adotada pelo Conseme e pelo Fórum dos CME, facilita sobremaneira a circulação de informações e a atualização de dirigentes, conselheiros e profissionais da educação sobre aspectos legais e práticas de gestão, assim como propicia o desenvolvimento de programas e iniciativas de caráter regional, por oportunizar espaços de discussão intermunicipal dos problemas municipais (ibid., p. 139).

Essa articulação entretanto não se dá sem conflitos nem de forma homogênea. A dissertação de Darci Bueno da Silva (SILVA 2009)[3] demonstra que os posicionamentos do Conseme e do Fecme não são aceitos e implantados simetricamente em todo o Rio Grande do Sul. Dependem da política local, das relações do Executivo

3. Ver também SILVA 2007.

municipal com os governos federal e estadual, das relações com as coordenações regionais e estaduais e das que ocorrem no interior da própria entidade.

As relações contraditórias, portadoras de interesses em conflito, e os diferentes atores, assim como as políticas, as condições e os contextos intervenientes ao longo dos processos vão gerando rearticulações institucionais. A Fecme, que realizou vários seminários de formação no Rio Grande do Sul, a partir de 2005 integra-se ao Programa Nacional de Capacitação de Conselheiros Municipais de Educação (Pró-Conselho), iniciativa existente em âmbito nacional desde 2003 (SILVA 2009). É constituído nesse período o Sistema de Informações dos Conselhos Municipais de Educação[4] (Sicme), articulado ao Pró-Conselho, que mapeia características dos CMEs de todo o país, constituindo um banco de informações centralizado, embora alimentado descentralizadamente pelos municípios. Identifica-se um movimento de "recentralização" (VIEIRA 2001) tanto no mecanismo Sicme como no Pró-Conselho. Esse movimento de recentralização perpassa também a Fecme, que em 2009 passa a assumir sua vinculação mais nacional do que regional, designando-se Uncme-RS.

Há que referir uma forma peculiar de articulação intermunicipal e qualificação em temáticas afetas aos CMEs e sistemas municipais de ensino que está atualmente em andamento no Rio Grande do Sul. Trata-se de uma iniciativa intitulada "Caravana Uncme/RS", instaurada desde maio de 2011, que se constitui em reuniões de estudo de temas educacionais, interiorizadas regionalmente, realizadas em diferentes partes do Rio Grande do Sul, para as quais são convidados os municípios próximos, que assim não precisam se deslocar para muito longe nem para a capital, o que viabiliza a participação. Em 2011 ocorreram oito caravanas e em 2012 foram previstas quatro (TORMES 2012b).

Cabe também destacar o papel do CEED/RS, que acima foi apenas referido como participante mas que assume junto aos municípios uma atuação impulsionadora de políticas. Contraditoriamente, e mesmo reconhecendo a autonomia municipal, o CEED/RS insiste na necessidade de os municípios organizarem seus sistema de ensino:

> *Nem a Constituição, nem a LDB, nem os Pareceres projetam a constituição dos sistemas para um futuro indefinido* [grifos do documento]. [...] O prazo máximo pressuposto para a adaptação das leis municipais instituidoras do sistema municipal de educação está dado pelo art. 89 da LDB (RIO GRANDE DO SUL, CEED 2006, p. 4).

Ora, o artigo 89 da Lei nº 9.394/1996 (BRASIL 1996) exige que em três anos creches e pré-escolas se integrem ao respectivo sistema de ensino. A esta temporali-

4. A Secretaria de Educação Básica (SEB), do MEC, desenvolveu e mantém o Sicme, que é um sistema de informações sobre a organização e o funcionamento dos CME. Ver: <http://sicme.mec.gov.br/>.

dade o CEED/RS chama a atenção e insiste: "O processo de instituição dos sistemas municipais de ensino não pode continuar indefinidamente" (RIO GRANDE DO SUL, CEED 2006, p. 5):

> Os municípios que, por motivos locais, optarem por continuar integrados ao Sistema Estadual de Educação, conforme a autorização expressa no § único do art. 11 da LDBEN, devem encaminhar declaração nesse sentido ao Conselho Estadual de Educação até o dia 31 de março de 2008. Nessa declaração deve constar a justificativa da decisão, devidamente acompanhada da aquiescência das representações instituídas da comunidade escolar tanto da rede pública quanto da rede privada, quais sejam, pais, professores, funcionários e estudantes, assim como do órgão executivo e do órgão legislativo do município (ibid.).

Além de recomendar que os municípios organizem seus sistemas de ensino, o Parecer nº 257/2006 propõe a instituição de um grupo de estudos e debates permanente com representantes dos CMEs e de Secretarias Municipais de Educação (SMEs), com a finalidade de efetivar a cooperação e a colaboração previstas tanto na Carta constitucional como na Lei de Diretrizes e Bases da Educação Nacional (LDBEN).

Esse grupo foi instituído em 30 de agosto de 2006, conforme explicita o Regramento do Grupo de Estudos e Debates Permanente — Regime de Colaboração (GEDP-RC), datado de 11 de abril de 2012 (RIO GRANDE DO SUL, CEED 2012). Nesse documento são tratados caracterização e finalidade do grupo de estudos, composição, reuniões, *quorum* mínimo, frequência, reuniões ordinárias mensais e reuniões extraordinárias, suplentes e titulares, participação do presidente do CEED/RS, coordenação, assessoria técnica e administrativa. Sua composição é diversificada:

> compõe-se de três representantes titulares e um suplente do Conselho dos Secretários Municipais de Educação/União dos Dirigentes Municipais de Educação — Conseme/Undime-RS; três representantes titulares e um suplente da União Nacional dos Conselhos Municipais de Educação — Uncme-RS; e três representantes titulares e um suplente da Secretaria da Educação do Estado do Rio Grande do Sul. O Conselho Estadual de Educação do Rio Grande do Sul, instituidor do Grupo, é representado pelos conselheiros membros da Comissão Especial do Regime de Colaboração (RIO GRANDE DO SUL 2012, p. 1).

Mais recentemente a composição de tal grupo de estudos foi retomada pelo Parecer nº 0319/2012 (RIO GRANDE DO SUL, CEED 2012), que recomenda a inclusão entre seus membros permanentes de uma representação da Secretaria Estadual de Educação (SEE), uma vez que o conteúdo central de discussão é o regime de colaboração, o que exige a presença constante das instâncias que são chamadas a colaborar.

Pelo que até aqui foi apresentado a discussão sobre os sistemas municipais de ensino e CMEs insere-se num panorama amplo de políticas educacionais nacionais, regionais e locais, de articulações político-partidárias, de interações de grupos em formas diferenciadas de institucionalização. Uma característica da organização da educação municipal no Rio Grande do Sul é a presença de instituições agregadoras de interesses específicos na forma de grupos de trabalho, associações, federações, colegiados, a presença do CEED/RS e das universidades e a capacidade de articulação política de diferentes grupos ao longo do tempo. De forma diferenciada, estas instituições intervêm nas condições de consolidação tanto dos sistemas municipais de ensino como dos CMEs do Rio Grande do Sul.

CMEs: gênese e características

No final do século XIX e no início do século XX a colaboração entre as instâncias federal, estadual e municipal decorria de alianças. Estas instâncias ainda não tinham se estruturado numa forma de organização clara e diferenciada como hoje encontramos, colaborando ambiguamente no limite de sua incipiente configuração. Assim, no início do período republicano a fraca institucionalização da educação articulava-se localmente por meio de colegiados compostos por membros de partidos políticos, cidadãos e pais de família, e não por especialistas ou funcionários selecionados e remunerados como membros dos aparelhos do Estado (WERLE 2006c). Os conselhos locais de educação desempenhavam importante papel, atuando ora na supervisão, ora na inspeção do ensino. Assim funcionaram os Conselhos Paroquiais de 1871, os Conselhos Distritais de 1888 e os Conselhos Escolares de 1906, com funções de fiscalização e controle mais do que normativas, realizando processos de mediação entre as necessidades da população, a intendência municipal e a Diretoria de Instrução Pública Estadual (WERLE 1998).

Em 1927 a estrutura administrativa da educação no Rio Grande do Sul reconfigura-se, instituindo as Delegacias Escolares e as inspeções extraordinárias.

A literatura, entretanto, menciona seguidamente o ano de 1954 como aquele em que os CMEs do estado do Rio Grande do Sul foram instituídos, tendo por base o Decreto nº 5.044, de 13 de julho de 1954 (RIO GRANDE DO SUL 1954). Era um colegiado cujos membros, escolhidos e nomeados pelo secretário de Educação e Cultura do estado, tinham atribuições que enfatizavam a colaboração e a articulação com a SEE, bem como a mediação e a difusão de normas emanadas do nível estadual. Assim, "O Conselho Escolar Municipal de 1954 se constitui menos como um exemplo de colaboração entre as instâncias estadual e municipal e mais como uma estratégia de superposição daquela sobre esta; não constitui o colegiado local como espaço de autonomia mas como agente da hierarquia estadual" (WERLE 2006c, p. 128).

As ambíguas relações de submissão e colaboração que circundam os colegiados municipais de educação se mantêm até a década de 1970. "O Parecer CEE/RS

825/1974 ressalva que, apesar da faculdade normativa não ter sido transferida para o CME, este seria como o próprio Conselho Estadual operando diretamente no Município. Os membros do CME representariam o CEE/RS e não segmentos e interesses locais" (WERLE 2006c, p. 132). Portanto, em que pesem as diferentes designações, a estrutura colegiada estava presente na educação pública rio-grandense, entretanto apresentava finalidades bastante diferenciadas. Assim, o CME de 1954 era fundamentalmente diferente no que se refere a atribuições e relações com os Executivos estadual e municipal do que o proposto na década de 1990, após a CF de 1988, uma que vez que nos dias de hoje o município é um ente autônomo e capaz de estruturar seu sistema de ensino, para o que o CME assume funções amplas e de responsabilidade. Para Dall'Igna (1997, p. 147) os CMEs no Rio Grande do Sul apresentam uma história marcada por indefinições, com o que enfrentavam muitas dificuldades para cumprir suas funções, uma vez que inexistiam "mecanismos capazes de comprometer os executivos municipais com o reconhecimento e o respeito às suas deliberações, diagnósticos e sugestões". Para a autora, embora a transferência de atribuições do CEE para os CMEs estivesse sugerida, no final da década de 1960, no Plano Estadual de Educação (PEE), o fato é que ela ocorreu de forma limitada e subordinada ao CEED/RS[5].

Anteriormente à CF de 1988 os Conselhos de Educação eram compostos por educadores de notório saber, representantes dos diversos graus de ensino, do magistério público ao particular, indicados pelo poder Executivo. Essa composição sofreu modificações ao longo do tempo, muitas relacionadas com transições de governo, outras em função da duração de mandatos. Neste contexto histórico, a participação da sociedade nos atos dos governos restringia-se, basicamente, ao voto, e o papel dos Conselhos de Educação era de assessoramento técnico, de constituição cartorial e burocrática, não havendo envolvimento algum com a população (BIER 2004).

CMEs: problemas e limitações[6]

Com a implantação dos sistemas municipais de ensino a estrutura de gestão da educação municipal, especialmente o CME, sofre um impacto e uma demanda de revisão. Nessa perspectiva os CMEs precisam se rever em termos de espaço físico, condições de funcionamento, representação, composição, temas que precisam ser tratados de forma integrada. Um CME não é apenas um grupo de representantes de

5. Ver também DALL'IGNA, GOULARTE, MARTINS (1996).

6. Esta parte do texto considera fundamentalmente a produção em dissertações e artigos aos quais tivemos acesso em texto integral. Não foram considerados os trabalhos dos quais apenas pudemos consultar os resumos.

segmentos da sociedade que se reúne de tempos em tempos. Quando um município assume um sistema de ensino com o objetivo de qualificar a educação municipal e exercer sua autonomia em matéria de educação, o CME é chamado a atuar de forma ampliada. Para além da fiscalização, assume inúmeras funções — consultiva e de assessoramento, deliberativa, propositiva, mobilizadora, normativa, fiscalizadora, de acompanhamento e controle social (SILVA 2009, p. 40) — e, para atuar com maior conhecimento, organiza-se em câmaras temáticas e compõe-se por intermédio de uma ampla representação, para o que condições de infraestrutura são relevantes.

A análise da origem e da quantidade dos participantes dos CMEs relaciona-se com a importante necessidade de "institucionalização da participação popular para que a ingerência da população possa se tornar duradoura e independente de trocas de governo" (FREY 1996, p. 136). Dados sistematizados por Darci Bueno da Silva a partir do Sicme, 2004 a 2006, denotam que 99% dos municípios do Rio Grande do Sul têm leis que criam os CMEs (SILVA 2009). Segundo dados de 2011, levantados pela Uncme-RS, dos 496 municípios deste estado oito não possuem CMEs, e 238 são compostos de nove ou menos que nove conselheiros, não contados os suplentes. Os CMEs que possuem mais do que nove conselheiros somam 121 (TORMES, KANTORSKI 2011).

Para além da consideração da quantidade de CMEs há que se verificar sua composição, que grupos estão neles representados e por que esses grupos conseguiram se fazer presentes e outros foram evitados, silenciados, não considerados. Um trabalho que analisa oitenta leis de criação de CMEs afirma que eles não são constituídos de um número muito grande de componentes, "predominando os formados por menos de dez componentes [...] A maioria dos CMEs, 60%, têm 9 membros" (WERLE 2006b, p. 352). Observa-se que o número de componentes não se mantém estável ao longo do tempo, sofrendo ampliação e redução. Um colegiado com maior número de componentes favorece uma diversificada representação de entidades da sociedade civil e da comunidade escolar. Entretanto, a motivação para participar dos CMEs é muito variada: visibilidade política na comunidade, compromisso com a educação, interesse em contribuir efetivamente para a educação local e *status*, visibilidade social, como será comentado posteriormente.

Quanto ao seu funcionamento, dados da pesquisa de Bier (2004) mostram que o CME mantém-se dependente do Executivo, ou seja, esse colegiado permanece tutelado diretamente pelo prefeito ou pela Secretaria de Educação municipal. Outro estudo (WERLE 2006b; 2008) constata igualmente essa questão, pois em dois terços dos oitenta documentos dos CMEs estudados esses colegiados apresentam-se largamente ocupados pelo poder político, por representantes do gabinete do prefeito ou da Secretaria Municipal de Educação. Apesar disso, ao lado de representantes do poder público, há significativa menção à participação de pais e de suas associações nos CMEs.

O espaço físico para funcionamento do CME é uma problemática constante (Bier 2004; Lord 2005a; 2005b; 2006; Werle 2008[7]). O estudo de Bier (2004)[8] indica que, em alguns casos, os CMEs não dispõem de espaço próprio para as reuniões e não contam com condições mínimas de equipamentos e espaços para suas atividades, o que de alguma forma interfere na articulação permanente de seus membros e dificulta decisões sobre necessidades locais. No estudo de caso realizado junto ao CME de Porto Alegre a ausência de espaço físico específico também é indicada por Lord (2005a; 2005b; 2006) como limite para o desempenho das funções desse colegiado.

Os condicionantes institucionais revelam que os mandatos dos conselheiros estão na dependência do governo vigente (Bier 2004). Em relação aos condicionantes políticos e sociais a autora destaca que a preponderância do Executivo provoca situações que são o reverso do que era esperado com a criação de colegiados participativos, de forma que em vez de o colegiado controlar a administração publica o gestor público controla a participação de forma explícita. A pesquisa de Bier (2004) levanta dados do início dos anos de 2000, apontando que naquele momento histórico os CMEs do Rio Grande do Sul apresentavam vários problemas de funcionamento em relação à infraestrutura necessária, às relações institucionais e aos condicionamentos político-sociais. A pesquisa revela também uma tendência de poucas trocas e falta de diálogo entre a educação e outros setores de ação do poder público municipal, o que talvez possa ser explicado pela predominância de professores entre os membros dos CMEs. Ou seja, é possível que pela composição ocorra o privilegiar do discurso pedagógico e uma exclusão de demandas de outros setores sociais, o que na pesquisa de Fleck (1999) é apontado como de muita importância.

O trabalho de Fleck (1999) parte do ponto de vista da participação da sociedade no CME, demonstrando que diferentes segmentos da sociedade civil têm muito a opinar e contribuir para a educação municipal. Além de analisar a documentação do CME e do Sistema Municipal de Ensino (criado em dezembro de 1997), Fleck escuta as expectativas de trinta entidades que representam setores ligados ao mercado, ao estado e à sociedade civil de um dos municípios da região da Serra do Rio Grande do Sul (município de Feliz). A autora discute o local e o global em educação, relatan-

7. O estudo de Werle (2008) considerou oitenta CMEs do estado do Rio Grande do Sul, não informados.

8. Sonia Bier traça o perfil do CME e o dos seus conselheiros, tendo trabalhado com sessenta desses órgãos (não informados) e 260 conselheiros (Bier 2004).

do a história de criação e recriação do CME. É uma trajetória que principia em 1972, contemplando a diversidade de origens em termos de entidades neles representadas, mas que o apresenta sem autonomia em face do Executivo municipal (FLECK 1999). Recém-criado, logo é desativado, assim permanecendo por vinte anos (época da ditadura militar), para ser reativado em 1992. Pouco tempo depois o Conselho é desativado mais uma vez, e recriado em 1997. Fleck lembra o hibridismo latente do CME, que, nascido de um ato governamental, tenta se equilibrar entre o aparato legal e as expectativas da comunidade. Chama a atenção para a complexidade das funções do CME, cujas competências são direcionadas, em sua maioria, para as instituições que dele fazem parte, mas que, além disso, precisa zelar pela expansão e pelo aperfeiçoamento da educação como um todo no município (FLECK 1999). Esta autora demonstra o papel da atuação articulada do CME e do sistema de ensino em face da qualificação da educação local e da atenção às demandas da comunidade. São exemplificativas a atenção dada à educação de jovens e adultos (EJA) e à formação profissional, manifestada pela criação do Centro de Educação de Jovens e Adultos, em 1998, e a articulação desencadeada, em âmbito estadual, para a criação de um Centro de Educação Profissional de Feliz.

O estilo de gestão e a influência das ações do CME na administração pública municipal é o foco da pesquisa de Rosa (2001), mediante abordagem qualitativa e quantitativa. O autor afirma que "construir politicamente uma região é dotá-la de estruturas políticas e administrativas que permitam um grau variável de autogoverno [...] uma comunidade mais coesa, consciente de sua identidade territorial, capaz de transformar-se em sujeito do próprio desenvolvimento" (ROSA 2001, p. 43). Ora, a criação do sistema de ensino e do CME é indicativa de possibilidades de autogoverno e de dinamização da vontade política da comunidade local. "O Conselho Municipal de Educação é uma organização que tem todas as características de um sistema aberto, pois ele é composto de três Câmaras: Câmara de Legislação, Câmara de Educação Infantil, Câmara de Educação Fundamental, que funcionam de forma integrada, interagindo uma com a outra" (ROSA 2001, p. 65). O autor desenvolve um estudo de caso descritivo, cujos dados foram coletados em abril de 2001, utilizando o método estatístico e o método de análise de discurso, entrevistas semiestruturadas (nove) e questionário modelo Likert, realizado junto ao CME de Dom Pedrito. Conclui que o estilo de gestão do CME deste município é participativo-consultivo e seu papel vincula-se à garantia de transparência, ao espelhamento da vontade da comunidade, à indicação de potencialidades e como espaço para fundamentar as decisões do Executivo local.

Rosa (2001, p. 88) traça ainda o perfil dos nove conselheiros do CME de Dom Pedrito, informando que 77% são professoras aposentadas, as quais Rosa situa como representantes da sociedade civil, o que "mostra que o governo municipal tem minoria no conselho". São pessoas em sua maioria (66%) com mais de 50 anos, todas do sexo feminino, em sua maioria (55%) com renda mensal de sete a treze salários mínimos e todas com curso superior completo ou incompleto ou ainda com curso de especialização. Quanto à *natureza das forças motivacionais* o estilo do CME é autoritário-benévolo, e as entrevistas sugerem que há membros que participam pelo *status*, considerando que o CME é um tipo de "vitrine" para os que têm intenção de ocupar, a qualquer momento, um cargo na administração pública (ibid., p. 96). Embora a maioria dos membros demonstre participação e convivência num clima de liberdade, alguns demonstram resistência às metas e disfarçada hostilidade, e por vezes a insatisfação é justificada pelas condições físicas do local onde funciona o CME (falta de conforto, computador, telefone). Conclui o autor que

> A existência de um CME, para o executivo municipal, é muito importante, na medida em que ele é um órgão representativo da comunidade, é o órgão que não só vai normatizar as ações relativas à educação, mas também busca alternativas para o executivo elaborar e executar projetos. Esta inter-relação é fundamental para a democracia do ensino, para o crescimento do ensino municipal e para que se abram novas perspectivas, caminhando juntos para explorar as nossas próprias potencialidades e, ao mesmo tempo, trabalhando sobre as necessidades futuras [...] (ibid., p. 137).

A dissertação de Lord (2005b) enfocou o CME de Porto Alegre, sua estrutura, seu funcionamento e seu papel político-pedagógico[9]. O CME de Porto Alegre foi criado em 23 de janeiro de 1991 e em sua criação envolveram-se o poder público, os professores municipais e a sociedade civil, através dos movimentos populares e das entidades profissionais da educação. É um CME que conta com condições diferenciadas e muito positivas em relação aos demais do estado: uma secretária administrativa, uma assessora jurídica e uma assessora pedagógica, todas escolhidas pela Presidência do órgão. O trabalho do CME de Porto Alegre organiza-se em quatro comissões permanentes específicas, definidas pelo Regimento: uma de Educação Infantil, uma de Ensino Fundamental, uma de Ensino Médio, Modalidades e Normas Gerais, e uma Comissão de Planejamento, Recursos Públicos e Avaliações. O autor analisa implicações da mudança de governo municipal e as necessidades de espaço físico, rubrica orçamentária, corpo técnico e disponibilidade da presidência do órgão, indicando a urgência para o CME de buscar garantias para assegurar sua autonomia em relação à administração municipal em Porto Alegre. Conforme lembramos anteriormente, apenas criar um CME não assegura a construção política da região, mas faz-se necessária uma comunidade coesa, consciente de sua identidade territorial e capaz de transformar-se em sujeito de seu próprio desenvolvimento.

9. Ver também LORD 2005a; 2006.

Lord (2005b) propõe revisão na composição do CME de Porto Alegre devido à ampliação de temas relacionados à educação e do número de atores com ela envolvidos — isto é, com a criação de sistemas municipais de ensino as creches são inseridas na educação municipal, mas não há representantes de creches comunitárias no CME de Porto Alegre. Entre os limites para a consolidação do CME como órgão mediador entre a educação e a sociedade encontra-se a relação conselheiro/entidade, em função inclusive do pequeno espaço que as entidades dedicam a temas de gestão e políticas de educação. Outro motivo é que vários componentes do sistema municipal de ensino não participam da escolha dos membros do CME e não têm acesso e controle sobre seus trabalhos, com o que a legitimidade de suas normatizações e decisões fica abalada. Portanto, há limites à participação democrática, seja em decorrência da deficiência na composição do Conselho, seja na relação CME/sociedade.

Elementos conclusivos

Por muitos anos declaramos a necessidade de espaços participativos mais largos na educação pública brasileira, ansiamos pela possibilidade de decisões mais autônomas, articuladas às necessidades locais. Esta expectativa abrangia uma possibilidade de maior protagonismo dos professores, das escolas, dos municípios, ou seja, um afastamento das centralizadas decisões emanadas dos órgãos centrais.

Operando num contexto complexo e com múltiplos atores, os municípios articulam, segundo suas variadas condições, espaços de autonomia na interlocução com os demais municípios, com a SEE, com o CEED/RS, com o Conselho Nacional de Educação (CNE), com o MEC e com as políticas nacionais nas quais circulam recursos e propostas internacionais. Os sistemas municipais de ensino são um campo que exige a análise de ações promovidas não apenas na instância municipal, mas das que são produzidas em outras instâncias de governo. Várias delas são propostas pela União, centralizadamente, com o objetivo de formação de atores locais, capacitações, em geral, realizadas com recursos e a interveniência da United Nations Children's Fund (Unicef), do Banco Mundial (BM) e do MEC, algumas com a parceria da Undime, de Secretarias Estaduais de Educação e da Uncme, para promover a formação dos gestores, desenvolvendo conteúdos de responsabilidade social, eficácia, eficiência, equidade, e com o objetivo de prestar assistência técnico-financeira à educação municipal. Faz-se necessário o desenvolvimento de pesquisas para acompanhar seus resultados e impactos na democratização das estruturas de gestão municipal.

A criação de sistemas municipais de ensino exige recontextualização de práticas de gestão que vigiam na instância municipal. Essa recontextualização será tanto mais rica quanto mais articulada e fundamentada for num trabalho coletivo pelo envolvimento de diferentes atores da sociedade local. Este processo também exige a reconfiguração do funcionamento de outras estruturas, em especial o CME, que cada vez mais se afasta do perfil de função relacionada a um bem público abstrato e indefinido para uma função que exige conhecimento técnico, informado, diagnósticos renovados, diálogo com a comunidade e com os demais setores do poder público.

Problemas relacionados ao funcionamento dos CMEs, tais como os de infraestrutura, relações institucionais, de representação, de legitimidade de seus atos, de condicionantes político-sociais e de inclusão de demandas de diferentes segmentos da sociedade local em termos de educação, apontam para a necessidade de um acompanhamento e uma avaliação das práticas desses colegiados.

Os estudos revisados indicam que os municípios do Rio Grande do Sul são sensíveis à possibilidade de criar sistemas municipais de ensino. Quase 50% das municipalidades do estado já criaram seus respectivos sistemas de ensino, mas a análise dos textos dessas leis indica uma grande disparidade em seu conteúdo. Entretanto, um conteúdo faz-se presente em todos os sistemas de ensino, qual seja, o das estruturas administrativas, colegiadas e executivas, bem como unidades de ensino que compõem o sistema de ensino. Ora, se é verdadeira a afirmativa de que "construir politicamente uma região é dotá-la de estruturas políticas e administrativas que permitam um grau variável de autogoverno [...] uma comunidade mais coesa, consciente de sua identidade territorial, capaz de transformar-se em sujeito do próprio desenvolvimento" (ROSA 2001, p. 43), então a criação de sistemas municipais de ensino e CMEs é promissora, entretanto não se desenvolverá sem acompanhamento e avaliação constantes.

Por outro lado, a criação de um CME não significa funcionamento contínuo desse colegiado. As condições histórico-políticas poderão ser ora favoráveis, ora opostas ao funcionamento dos CMEs, daí a necessidade da instauração de processos de acompanhamento e avaliação das práticas desses colegiados.

Uma aproximação do CME em relação às escolas e à comunidade local seria recomendável tanto para divulgar o papel desses colegiados como na dimensão de formação dos atores locais. Aproximação da comunidade, implantação de práticas de acompanhamento e avaliação por certo contribuiriam para que os CMEs do Rio Grande do Sul enfrentassem os desafios de seu aperfeiçoamento rumo a uma gestão democrática no contexto dos sistemas municipais de ensino.

Referências

AFONSO, Natércio. A globalização, o Estado e a escola pública. *Revista do Fórum Português de Administração Educacional*, Lisboa, nº 4 (2004) 33-42.

BARROSO, João. Regulação e desregulação nas políticas educativas: tendências emergentes em estudos de educação comparada. In: BARROSO, João (org.). *A escola pública*: regulação, desregulação, privatização. Porto, ASA, 2003, p. 9-18.

BIER, Sônia Elizabeth. *Compartilhando saberes:* a constituição dos Conselhos Municipais de Educação no estado do Rio Grande do Sul. Dissertação (Mestrado em Educação). São Leopoldo, Universidade do Vale do Rio dos Sinos, 2004.

BRASIL. Constituição (1934). Constituição da República dos estados Unidos do Brasil. *Diário Oficial da União [da] República Federativa do Brasil,* Rio de Janeiro, Imprensa Nacional, 19 dez. 1935.

______. Constituição da República Federativa do Brasil. *Diário Oficial [da] República Federativa do Brasil,* Brasília, 5 out. 1988.

______. Lei nº 9.394, de 20 de dezembro de 1996. Estabelece as Diretrizes e Bases da Educação Nacional. *Diário Oficial [da] República Federativa do Brasil,* Brasília, 23 dez. 1996.

COSTA, João Bosco Araújo da. A ressignificação do local: o imaginário político brasileiro pós-80. *São Paulo em Perspectiva,* São Paulo, v. 10, nº 3 (1996) 113-118.

DALL'IGNA, Maria Antonieta, GOULARTE, Glauce Fernanda, MARTINS, Erenita Rodrigues. Conselhos Municipais de Educação: participação para quê? In: REUNIÃO ANUAL DA ANPEd, 19, GT Estado e Política Educacional no Brasil [Comunicação], 1996, Caxambu. *Anais*... São Paulo, ANPEd, 1996, 5 p. 1 disquete 3½.

DALL'IGNA, Maria Antonieta. Democratização do Estado e conselhos com representantes da sociedade civil: por que e para que são criados os Conselhos Municipais de Educação. *Cadernos de Educação,* Pelotas, v. 6, nº 9 (jul./dez. 1997) 145-153.

FLECK, Maria Luiza Steiner. *Em torno do fogo do Conselho:* em busca de um final "feliz". Dissertação (Mestrado em Educação). São Leopoldo, Universidade do Vale do Rio dos Sinos, 1999.

FREY, Klaus. Crise do Estado e estilos de gestão municipal. *Lua Nova — Revista de Cultura e Política,* São Paulo, nº 37 (1996) 107-138.

ILHA, Flávio. População do Rio Grande do Sul cresce a "ritmo suíço", aponta IBGE. *Uol Notícias Cotidiano.* Disponível em: <http://noticias.uol.com.br/cotidiano/ultimas-noticias/2011/04/29/populacao-do-rio-grande-do-sul-cresce-a-ritmo-suico-aponta-ibge.htm>. Acesso em: 5 maio 2012.

LORD, Lúcio José Dutra. Limites à gestão democrática da educação e o papel do Conselho Municipal em Porto Alegre. In: SEMINÁRIO DE PESQUISA EM EDUCAÇÃO DA REGIÃO SUL, 5, 2004, Curitiba. *Anais*... Curitiba, ANPEd, 2005a. 1 CD-ROM.

______. *O Conselho Municipal de Educação de Porto Alegre:* estrutura, funcionamento e papel político-pedagógico. Dissertação (Mestrado em Educação). Porto Alegre, Faculdade de Educação, Universidade Federal do Rio Grande do Sul, 2005b.

______. Limites e dificuldades na gestão democrática da educação: um estudo sobre o Conselho Municipal de Educação de Porto Alegre. In: PERONI, Vera Maria Vidal, BAZZO, Vera, PEGORARO, Ludimar (orgs.). *Dilemas da educação brasileira em tempos de globalização neoliberal:* entre o público e o privado. Porto Alegre, Ed.UFRGS, 2006, p. 95-117.

RIBEIRO, Wanderley. *Municipalização*: os Conselhos Municipais de Educação. Rio de Janeiro, DP&A, 2004.

RIO GRANDE DO SUL (estado). *Decreto Estadual 5.044, de 13 de julho de 1954*. Cria Conselhos Escolares Municipais na Secretaria da Educação e Cultura. Porto Alegre, CEEDRS, 13 jul. 1954.

_____. *Grupo de Estudos e Debates Permanente* — Regime de Colaboração. Regramento do Grupo de Estudos e Debates Permanente — Regime de Colaboração/GEDP-RC, previsto no Parecer CEED nº 257/2006. Porto Alegre, CEED/RS, 2012 (circulação restrita).

_____. *Parecer nº 257, de 05 de abril de 2006*. Orienta os municípios que integram o Sistema Estadual de Ensino a organizarem seus próprios sistemas municipais de ensino. Estabelece prazo para os municípios que optarem por integrar o Sistema Estadual de Ensino. Revoga o Parecer CEED nº 26/2005 e o Parecer CEED nº 400/2005. Estabelece procedimentos. Porto Alegre, CEED/RS, 2006.

_____, Conselho Estadual de Educação do Rio Grande do Sul. *Parecer nº 319, de 04 de abril de 2012*. Dá nova redação ao item 20 do Parecer CEED nº 257/2006. Porto Alegre, CEED/RS, 2012.

ROSA, Walderlan Barreto da. *Estilo de gestão em Conselhos Municipais e seu impacto numa administração pública municipal*: caso do conselho municipal de educação de Dom Pedrito - RS. Dissertação (Mestrado em Administração). Porto Alegre, Escola de Administração, Universidade Federal do Rio Grande do Sul, 2001.

SILVA, Darci Bueno da. *Conselhos Municipais de Educação na instituição dos sistemas municipais de ensino do Rio Grande do Sul*. (Mestrado em Educação). Porto Alegre, Faculdade de Educação, Universidade Federal do Rio Grande do Sul, 2009.

_____. Conselhos municipais na instituição dos sistemas municipais de ensino do Rio Grande do Sul. In: SIMPÓSIO BRASILEIRO DE POLÍTICA E ADMINISTRAÇÃO DA EDUCAÇÃO, 23, CONGRESSO LUSO-BRASILEIRO, 5, COLÓQUIO IBERO-AMERICANO, 1, 2007, Porto Alegre. *Anais*... Niterói, ANPAE, 2007, p. 1-12. 1 CD-ROM.

SOUZA, Donaldo Bello de, FARIA, Lia Ciomar Macedo de. *Política, gestão e financiamento de sistemas municipais públicos de educação no Brasil*: bibliografia analítica (1996-2002). São Paulo/Niterói, Xamã/Intertexto, 2005.

TORMES, Diego, KANTORSKI, Jocele. *Diagnóstico sobre os Conselhos Municipais de Educação do RS*. Ano base 2011. Farroupilha, UNCME, 2011.

TORMES, Diego. *Caravanas UNCME-RS*: uma experiência de descentralização. Farroupilha, 2012b (distribuição restrita).

_____. *Levantamento de SME no RS*. Farroupilha, UNCME-RS, 2012a (circulação restrita).

VIEIRA, Sofia Lerche. Escola: função social, gestão e política educacional. In: FERREIRA, Naura Syria Carapeto, AGUIAR, Márcia Ângela (orgs.). *Gestão da educação*: impasses, perspectivas e compromissos. São Paulo, Cortez, 2001, p. 139-146.

WERLE, Flávia Obino Corrêa, THUM, Adriana Brill, ANDRADE, Alenis Cleusa. Processo nacional de avaliação do rendimento escolar: tema esquecido entre os sistemas municipais de ensino. *Ensaio: Avaliação e Políticas Publicas em Educação*, Rio de Janeiro, v. 17, nº 64 (jul./set. 2009), p. 397-420.

WERLE, Flávia Obino Corrêa. Conselho Municipal de Educação como política estruturadora do campo da educação municipal. In: SOUZA, Donaldo Bello de (org.). *Conselhos municipais e controle social da educação*: descentralização, participação e cidadania. São Paulo, Xamã, 2008, p. 211-232.

_____. Conselhos Municipais de Educação: estudo genético-histórico. *Cadernos de Pesquisa*, São Paulo, Fundação Carlos Chagas, v. 103 (1998), p. 123-135.

_____. Gestão da educação municipal e considerações acerca da gestão da educação municipal: composição dos Conselhos Municipais de Educação. In: SEMINÁRIO DE PESQUISA EM EDUCAÇÃO DA REGIÃO SUL, 6, 2006, Santa Maria. *Anais*... Santa Maria, ANPED/UFSM, 2006a.

_____. Gestão da educação municipal: composição dos Conselhos Municipais de Educação do Rio Grande do Sul. *Ensaio: Avaliação e Políticas Publicas em Educação*, Rio de Janeiro, v. 14, nº 52 (jul.-set. 2006b), p. 349-364.

_____. Submissão-colaboração: uma história de alternâncias no Berço dos Conselhos Municipais de Educação. In: WERLE, Flávia Obino Corrêa (Org.). *Sistema municipal de ensino & regime de colaboração*. Ijuí, Ed. Unijuí, 2006c, p. 109-136.

_____. Sistemas municipais de ensino no Rio Grande do Sul: uma contribuição para as políticas educacionais. *Revista Brasileira de Política e Administração da Educação*, Porto Alegre, v. 26, nº 2 (maio-ago. 2010), p. 377-393.

_____. O sistema municipal de ensino e suas implicações para a atuação do Conselho Municipal de Educação. *Revista Brasileira de Política e Administração da Educação*, Porto Alegre. v. 24, nº 1 (jan.-abr. 2008), p. 79-109.

Sobre os autores

Adolfo Ignacio Calderón (adolfo.ignacio@puc-campinas.edu.br)

Doutor em Ciências Sociais pela Pontifícia Universidade Católica de São Paulo (PUC-SP), com pós-doutorado em Ciências da Educação pela Universidade de Coimbra. Docente-pesquisador no Programa de Mestrado em Educação da Pontifícia Universidade Católica de Campinas (PUC-Campinas). Líder do Grupo de Pesquisa (GrPesq) em Gestão e Políticas em Educação junto ao Conselho Nacional de Desenvolvimento Científico e Tecnológico/Ministério da Ciência e Tecnologia (CNPq/MCT).

Andreza Alves Ferreira (alves.andreza@hotmail.com)

Mestre em Política Social pela Universidade Federal do Espírito Santo (Ufes). Coordenadora do Setor de Gestão Escolar da Secretaria Municipal de Educação (SME) da Serra e professora da Rede Municipal de Ensino de Vitória (ES).

Angela Maria Martins (ange.martins@uol.com.br)

Doutora em Políticas de Educação e Sistemas de Ensino pela Universidade de Estadual de Campinas (Unicamp), com pós-doutorado em Política e Administração Educacional pela Faculdade de Psicologia e de Ciências da educação (FPCE) da Universidade de Lisboa (UL). Pesquisadora da Fundação Carlos Chagas (FCC), onde é vice-líder do Grupo de Pesquisa (GrPesq) em Políticas e Práticas de Educação Básica e de Educação Profissional e docente-pesquisadora do Programa de Mestrado em Educação da Universidade Cidade de São Paulo (Unicid). Vice-presidente da Associação Nacional de Política e Administração da Educação — Sessão Regional (Anpae-Sudeste).

Candido Alberto Gomes (clgomes@terra.com.br)
Ph.D. em Educação pela University of California (Ucla) (Los Angeles, USA). Professor titular da Cátedra de Juventude, Educação e Sociedade da Universidade Católica de Brasília (UCB). Ex-assessor legislativo concursado do Senado Federal e da Assembleia Nacional Constituinte. Consultor da Organização das Nações Unidas para a Educação, Ciência e Cultura (Unesco).

Carlos Ângelo de Meneses Sousa (cangelo@ucb.br)
Doutor em Sociologia pela Universidade de Brasília (UnB), com parte dos estudos na Rheinische Friedrich-Wilhelms-Universität (Bonn, Alemanha). Professor adjunto no Programa de Pós-Graduação em Educação da Universidade Católica de Brasília (UCB). Ex-assessor e secretário pedagógico do Movimento de Educação de Base/ Conferência Nacional dos Bispos do Brasil (MEB/CNBB). Pesquisador da Cátedra Unesco de Juventude, Educação e Sociedade/UCB — Brasil.

Cláudia Oliveira Pimenta (pimentaclaudia@ibest.com.br)
Mestre em Educação pela Universidade de São Paulo (USP). Pesquisadora bolsista da Fundação Carlos Chagas (FCC) e da Coordenação de Aperfeiçoamento de Pessoal de Nível Superior (Capes) no Observatório da Educação, pela Universidade Cidade de São Paulo (Unicid). Participa do Grupo de Estudos e Pesquisas em Avaliação Educacional (Gepave) na Faculdade de Educação da USP.

Cleiton de Oliveira (cleitondeoli@gmail.com)
Doutor em Educação pela Universidade Estadual de Campinas (Unicamp). Docente-pesquisador no Programa de Pós-Graduação em Educação da Universidade Metodista de Piracicaba (Unimep). Foi coordenador municipal de Educação do município de Santa Bárbara d'Oeste (SP) (1983-1988), conselheiro do Conselho Estadual de Educação (1989-1991) e diretor da Associação Nacional de Política e Administração da Educação — Seção São Paulo (Anpae-SP). Atualmente ocupa a Presidência do Conselho Fiscal desta entidade.

Clélia de Freitas Capanema (cleliac@uol.com.br)
Ph.D. em Educação pela University of Southern California (Los Angeles, EUA), com pós-doutorado no Institute of Education, University of London (Londres, Inglaterra). Professora titular fundadora do Programa de Pós-Graduação em Educação da Universidade Católica de Brasília (UCB). Membro, presidente e vice-presidente em vários mandatos do Conselho de Educação do Distrito Federal (Cedf).

Donaldo Bello de Souza (donaldosouza@hotmail.com)

Doutor em Educação pela Universidade Federal do Rio de Janeiro (UFRJ), com pós-doutorado em Política e Administração Educacional pela Faculdade de Psicologia e de Ciências da Educação (FPCE) da Universidade de Lisboa (UL). Professor associado no Departamento de Políticas Públicas, Avaliação e Gestão da Educação (Depag) e coordenador do Núcleo de Estudos em Política e História da Educação Municipal (Nephem) na Faculdade de Educação da Universidade do Estado do Rio de Janeiro (Uerj). Membro titular do Conselho Municipal de Educação (CME) do Rio de Janeiro e suplente do Fórum Estadual de Educação do Rio de Janeiro. Líder do Grupo de Pesquisa (GrPesq) em Política e História da Educação Municipal junto ao Conselho Nacional de Desenvolvimento Científico e Tecnológico/Ministério da Ciência e Tecnologia (CNPq/MCT).

Eliza Bartolozzi Ferreira (eliza.bartolozzi@gmail.com)

Doutora em Educação pela Universidade Federal de Minas Gerais (UFMG). Professora do Programa de Pós-Graduação em Educação e Coordenadora do Núcleo de Estudos e Pesquisas em Políticas Educacionais (Nepe) na Universidade Federal do Espírito Santo (Ufes). Secretária adjunta da Associação Nacional de Pós-Graduação e Pesquisa em Educação (Anped).

Flávia Obino Corrêa Werle (flaviaw2008@gmail.com)

Doutora em Educação pela Pontifícia Universidade Católica do Rio Grande do Sul (PUC-RS), com pós-doutorado em Administração Educacional pela Universidade do Minho (Portugal). Professora titular da área de Política e Administração da Educação na Universidade do Vale do Rio dos Sinos (Unisinos). Pesquisadora do Conselho Nacional de Desenvolvimento Científico e Tecnológico/Ministério da Ciência e Tecnologia (CNPq/MCT).

Jean Mário Araújo Costa (jean.mario@ig.com.br)

Doutorando em Educação e pesquisador na linha de Política e Gestão do Programa de Pesquisa e Pós-Graduação da Universidade Federal da Bahia (Ufba), com mestrado nesta mesma instituição. Professor de Educação Profissional na Secretaria de Educação do estado da Bahia. Vice-diretor da Associação Nacional de Política e Administração da Educação — Seção Bahia (Anpae-BA). Secretário de Educação do município de São Domingos (BA) e delegado da União dos Dirigentes Municipais de Educação, Seção Bahia (Undime-BA) — Polo Serrinha (2009-2010).

Márcia Angela da S. Aguiar (marcia_angela@uol.com.br)

Doutora em Educação pela Universidade de São Paulo (USP), com Pós-Doutorado junto ao Núcleo de Estudo e Documentação Educação, Sociedade e Cultura da Universidade Federal de Goiás (Nedesc/UFG). Professora Titular do Centro de Educação da Universidade Federal de Pernambuco (UFPE), vinculada ao Programa de Pós-Graduação em Educação e ao Curso de Pedagogia. Líder do Grupo de Pesquisa

(GrPesq) em Políticas Públicas de Educação junto ao Conselho Nacional de Desenvolvimento Científico e Tecnológico/Ministério da Ciência e Tecnologia (CNPq/MCT). Exerceu a presidência do Conselho Municipal de Educação (CME) de Recife (2007-2008), da Associação Nacional pela Formação dos Profissionais da Educação (Anfope) (2002-2004) e da Associação Nacional de Pós-Graduação e Pesquisa em Educação (Anped) (2005-2009). Atualmente é Presidente da Associação Nacional de Política e Administração da Educação (Anpae) e Coordenadora do Fórum Estadual de Educação de Pernambuco.

Maria Celi Chaves Vasconcelos (maria.celi@ucp.br)

Doutora em Educação pela Pontifícia Universidade Católica do Rio de Janeiro (PUC-Rio), com pós-doutorado em Administração Educacional pela Universidade do Minho (Portugal). Professora adjunta no Departamento de Políticas Públicas, Avaliação e Gestão da Educação (Depag) e vice-coordenadora do Núcleo de Estudos em Política e História da Educação Municipal (Nephem) na Faculdade de Educação da Universidade do estado do Rio de Janeiro (Uerj). Professora e pesquisadora do Programa de Pós-Graduação da Universidade Católica de Petrópolis (UCP). Diretora da Associação Nacional de Política e Administração da Educação — Seção Rio de Janeiro (Anpae-RJ). Pesquisadora do Conselho Nacional de Desenvolvimento Científico e Tecnológico (CNPq) e Jovem Cientista da Fundação de Amparo à Pesquisa do Estado do Rio de Janeiro (Faperj).

Maria Couto Cunha (mariacoutocunha@gmail.com)

Doutora em Educação pela Universidade Federal da Bahia (Ufba). Professora associada na Faculdade de Educação e pesquisadora do Programa de Pesquisa e Pós-Graduação em Educação, na linha de Política e Gestão da Educação, da Universidade Federal da Bahia (Ufba). Diretora da Associação Nacional de Política e Administração da Educação — Seção Bahia (Anpae-BA).

Maria Ieda Nogueira (uncmepe@yahoo.com.br)

Especialista em Políticas Públicas pela Universidade Federal de Pernambuco (UFPE). Ex-professora da Universidade Católica de Pernambuco (Unicap). Presidente da União Nacional dos Conselhos Municipais de Educação (Uncme), membro do Fórum Nacional de Educação, conselheira do Conselho Municipal de Educação (CME) de Recife e do Conselho Estadual de Educação de Pernambuco (CEE-PE).

Marisa Ribeiro Teixeira Duarte (mmduarte@ufmg.br)

Doutora em Educação pela Universidade Federal Fluminense (UFF), com pós-doutorado junto ao Groupe Interdisciplinaire de Recherche sur la Socialisation, l'Education et la Formation da Université Catholique de Louvain. Professora associada no Departamento de Administração Escolar (DAE) e pesquisadora no Programa de Pós-Graduação em Educação da Faculdade de Educação da Universidade Federal de Minas Gerais (UFMG). Coordenadora do Grupo de Pesquisa (GrPesq) em Política e Administração de Sistemas de Ensino (Pase/UFMG). Membro do Conselho Municipal de Educação (CME) de Belo Horizonte.

Marta Lícia Teles Brito de Jesus (martaliciatelesbr@yahoo.com.br)
Doutoranda em Educação e pesquisadora na linha de Política e Gestão da Educação do Programa de Pesquisa e Pós-Graduação da Universidade Federal da Bahia (Ufba) e mestre em Educação por esta mesma instituição. Professora assistente da Universidade Federal do Recôncavo da Bahia (Ufrb).

Rosemeire Baraúna Meira de Araújo (rosemeire.araujo@ifbaiano.edu.br)
Doutoranda em Educação e pesquisadora na linha de Política e Gestão da Educação do Programa de Pesquisa e Pós-Graduação da Universidade Federal da Bahia (Ufba) e mestre em Educação por esta mesma instituição. Coordenadora de Planejamento e Projetos Estratégicos da Pró-Reitoria de Desenvolvimento Institucional do Instituto Federal de Educação, Ciência e Tecnologia Baiano (IF Baiano).

Rosimar de Fátima Oliveira (rosimar@ufmg.br)
Doutora em Educação pela Universidade de São Paulo (USP). Professora do Programa de Pós-Graduação Conhecimento e Inclusão Social da Universidade Federal de Minas Gerais (UFMG). Vice-líder do Grupo de Pesquisa (GrPesq) Política e Administração de Sistemas de Ensino (GruPase). Diretora da Associação Nacional de Política e Administração da Educação — Seção Minas Gerais (Anpae-MG), e membro do Fórum Estadual de Educação de Minas Gerais (FEE-MG).

Wellington Ferreira de Jesus (wellingtonfj@gmail.com)
Doutor em Educação pela Universidade Federal de Goiás (UFG), professor adjunto no Programa de Pós-Graduação em Educação da Universidade Católica de Brasília (UCB) e professor de Educação Básica na Secretaria de Estado de Educação do Distrito Federal (Sedf).

DISTRIBUIDORES

• BAHIA

Livraria e distribuidora Multicampi Ltda.
Rua Direita da Piedade, 20 – Piedade
Tel. 71 2101-8000 | **Telefax** 71 2101-8009
40070-190 – Salvador, BA
ldm@livrariamulticampi.com.br

• MINAS GERAIS

Asteca Distribuidora de Livros Ltda.
Rua Costa Monteiro, 50 e 54 – Sagrada Família
Tel. 31 3423-7979 | **Fax** 31 3424-7667
31030-480 – Belo Horizonte, MG
distribuidora@astecabooks.com.br

Livraria João Paulo II
Rua São Paulo, 627 – Centro
Tel. 33 3272-9899
35010-180 – Governador Valadares, MG
livrariajoaopauloii@hotmail.com

Mãe da Igreja Ltda.
Rua São Paulo, 1207 – Centro
Tel. 31 3213-4740 / 3213-0031
30170-131 – Belo Horizonte, MG
maedaigreja@globo.com

Livraria Jardim Cultural
Av. Dr. Cristiano Guimarães, 2127B – Planalto
Tel. 31 3222-4100
31720-300 – Belo Horizonte, MG
jardimculturalbh@yahoo.com.br

• PIAUÍ

Livraria Nova Aliança
Rua Olavo Bilac, 1259 – Centro
Telefax 86 3221-6793
64001-280 – Teresina, PI
livrarianovaalianca@hotmail.com

• RIO GRANDE DO SUL

Livraria e Editora Padre Reus
Rua Duque de Caxias, 805
Tel. 51 3224-0250 | **Fax** 51 3228-1880
90010-282 – Porto Alegre, RS
livrariareus@livrariareus.com.br
loja@livrariareus.com.br

• SÃO PAULO

Distribuidora Loyola de Livros Ltda.
Vendas no Atacado
Rua São Caetano, 959 – Luz
Tel. 11 3322-0100 | **Fax** 11 3322-0101
01104-001 – São Paulo, SP
vendasatacado@livrarialoyola.com.br

Livrarias Paulinas
Via Raposo Tavares, km 19,145
Tel. 11 3789-1425 / 3789-1423 | **Fax** 11 3789-3401
05577-300 – São Paulo, SP
expedicao@paulinas.com.br

REVENDEDORES

• AMAZONAS

Editora Vozes Ltda.
Rua Costa Azevedo, 105 – Centro
Tel. 92 3232-5777 | **Fax** 92 3233-0154
69010-230 – Manaus, AM
vozes.61@vozes.com.br

Livrarias Paulinas
Av. 7 de Setembro, 665
Tel. 92 3633-4251 / 3233-5130
Fax 92 3633-4017
69005-141 – Manaus, AM
livmanaus@paulinas.com.br

• BAHIA

Editora Vozes Ltda.
Rua Carlos Gomes, 698A
Conjunto Bela Center – loja 2
Tel. 71 3329-5466 | **Fax** 71 3329-4749
40060-410 – Salvador, BA
vozes.20@vozes.com.br

Livrarias Paulinas
Av. 7 de Setembro, 680 – São Pedro
Tel. 71 3329-2477 / 3329-3668
Fax 71 3329-2546
40060-001 – Salvador, BA
livsalvador@paulinas.com.br

• BRASÍLIA

Editora Vozes Ltda.
SCLR/Norte – Q. 704 – Bloco A nº 15
Tel. 61 3326-2436 | **Fax** 61 3326-2282
70730-516 – Brasília, DF
vozes.09@vozes.com.br

Livrarias Paulinas
SCS – Q. 05 / Bl. C – lojas 19/22 – Centro
Tel. 61 3225-9595 | **Fax** 61 3225-9219
70300-500 – Brasília, DF
livbrasilia@paulinas.com.br

• **CEARÁ**

Editora Vozes Ltda.
Rua Major Facundo, 730
Tel. 85 3231-9321 | **Fax** 85 3231-4238
60025-100 Fortaleza, CE
vozes.23@vozes.com.br

Livrarias Paulinas
Rua Major Facundo, 332
Tel. 85 3226-7544 / 3226-7398
Fax 85 3226-9930
60025-100 – Fortaleza, CE
livfortaleza@paulinas.com.br

• **ESPÍRITO SANTO**

Livrarias Paulinas
Rua Barão de Itapemirim, 216 – Centro
Tel. 27 3223-1318 / 0800-15-712
Fax 27 3222-3532
29010-060 – Vitória, ES
livvitoria@paulinas.com.br

• **GOIÁS**

Editora Vozes Ltda.
Rua Três, 291
Tel. 62 3225-3077 | **Fax** 62 3225-3994
74023-010 – Goiânia, GO
vozes.27@vozes.com.br

Livraria Alternativa
Rua 70 nº 124 – Setor Central
Tel. 62 3945-0260 / 3945-0261
62 3945-0262 / 3945-0265
Fax 62 3212-1035
74055-120 – Goiânia, GO
distribuidora@livrariaalternativa.com.br

Livrarias Paulinas
Av. Goiás, 636
Tel. 62 3224-2585 / 3224-2329
Fax 62 3224-2247
74010-010 – Goiânia, GO
livgoiania@paulinas.com.br

• **MARANHÃO**

Editora Vozes Ltda.
Rua da Palma, 502 – Centro
Tel. 98 3221-0715 | **Fax** 98 3222-9013
65010-440 – São Luís, MA
livrariavozes@terra.com.br

Livrarias Paulinas
Rua de Santana, 499 – Centro
Tel. 98 3232-3068 / 3232-3072
Fax 98 3232-2692
65015-440 – São Luís, MA
fspsaoluis@paulinas.com.br

• **MATO GROSSO**

Editora Vozes Ltda.
Rua Antônio Maria Coelho, 197A
Tel. 65 3623-5307 | **Fax** 65 3623-5186
78005-970 – Cuiabá, MT
vozes.54@vozes.com.br

• **MINAS GERAIS**

Editora Vozes Ltda.
Rua Sergipe, 120 – loja 1
Tel. 31 3048-2100 | **Fax** 31 3048-2121
30130-170 – Belo Horizonte, MG
vozes.04@vozes.com.br

Rua Tupis, 114
Tel. 31 3273-2538 | **Fax** 31 3222-4482
30190-060 – Belo Horizonte, MG
vozes.32@vozes.com.br

Rua Espírito Santo, 963
Tel. 32 3215-9050 | **Fax** 32 3215-8061
36010-041 – Juiz de Fora, MG
vozes.35@vozes.com.br

Livrarias Paulinas
Av. Afonso Pena, 2142
Tel. 31 3269-3700 | **Fax** 31 3269-3730
30130-007 – Belo Horizonte, MG
livbelohorizonte@paulinas.com.br

Rua Curitiba, 870 – Centro
Tel. 31 3224-2832 | **Fax** 31 3224-2208
30170-120 – Belo Horizonte, MG
gerencialivbelohorizonte@paulinas.com.br

• **PARÁ**

Livrarias Paulinas
Rua Santo Antônio, 278 – Bairro do Comércio
Tel. 91 3241-3607 / 3241-4845
Fax 91 3224-3482
66010-090 – Belém, PA
livbelem@paulinas.com.br

• **PARANÁ**

Editora Vozes Ltda.
Rua Pamphilo de Assumpção, 554 – Centro
Tel. 41 3333-9812 | **Fax** 41 3332-5115
80220-040 – Curitiba, PR
vozes.21@vozes.com.br

Rua Emiliano Perneta, 332 – loja A
Telefax 41 3233-1392
80010-050 – Curitiba, PR
vozes.64@vozes.com.br

Livrarias Paulinas
Rua Voluntários da Pátria, 225
Tel. 41 3224-8550 | **Fax** 41 3223-1450
80020-000 – Curitiba, PR
livcuritiba@paulinas.com.br

Av. Getúlio Vargas, 276 – Centro
Tel. 44 3226-3536 | **Fax** 44 3226-4250
87013-130 – Maringá, PR
livmaringa@paulinas.com.br

• **PERNAMBUCO, PARAÍBA, ALAGOAS, RIO GRANDE DO NORTE E SERGIPE**

Editora Vozes Ltda.
Rua do Príncipe, 482
Tel. 81 3423-4100 | **Fax** 81 3423-7575
50050-410 – Recife, PE
vozes.10@vozes.com.br

Livrarias Paulinas
Rua Duque de Caxias, 597 – Centro
Tel. 83 241-5591 / 241-5636 | **Fax** 83 241-6979
58010-821 João Pessoa, PB
livjpessoa@paulinas.com.br

Rua Joaquim Távora, 71
Tel. 82 326-2575 | **Fax** 82 326-6561
57020-320 – Maceió, AL
livmaceio@paulinas.com.br

Rua João Pessoa, 224 – Centro
Tel. 84 212-2184 | **Fax** 84 212-1846
59025-200 – Natal, RN
livnatal@paulinas.com.br

Rua Frei Caneca, 59 – loja 1
Tel. 81 3224-5812 / 3224-6609
Fax 81 3224-9028 / 3224-6321
50010-120 – Recife, PE
livrecife@paulinas.com.br

• RIO DE JANEIRO

Editora Vozes Ltda.
Rua 7 de Setembro, 132 – Centro
Tel. 21 2215-0110 | **Fax** 21 2508-7644
20050-002 – Rio de Janeiro, RJ
vozes.42@vozes.com.br

Rua Frei Luis, 100 – Centro
Tel. 24 2233-9000 | **Fax** 24 2231-4676
25669-900 – Petrópolis, RJ
vendas@vozes.com.br

Livrarias Paulinas
Rua 7 de Setembro, 81-A
Tel. 21 2232-5486 | **Fax** 21 2224-1889
20050-005 – Rio de Janeiro, RJ
livjaneiro@paulinas.com.br

Rua Dagmar da Fonseca, 45 – loja A/B – Madureira
Tel. 21 3355-5189 / 3355-5931
Fax 21 3355-5929
21351-040 – Rio de Janeiro, RJ
livmadureira@paulinas.com.br

Rua Doutor Borman, 33 – Rink
Tel. 21 2622-1219 | **Fax** 21 2622-9940
24020-320 – Niterói, RJ
livniteroi@paulinas.com.br

Zélio Bicalho Portugal Cia. Ltda.
Rua Marquês de S. Vicente, 225 – PUC
Prédio Cardeal Leme – Pilotis
Telefax 21 2511-3900 / 2259-0195
22451-041 – Rio de Janeiro, RJ

Centro Tecnologia – Bloco A – UFRJ
Ilha do Fundão – Cidade Universitária
Telefax 21 2290-3768 / 3867-6159
21941-590 – Rio de Janeiro, RJ
livrarialianca@prolink.com.br

Carga Nobre Livros Ltda.
Rua Marquês de São Vicente, 225 – Gávea
Tel. 21 2259-0195
22451-041 – Rio de Janeiro, RJ
cnlivros@terra.com.br

• RIO GRANDE DO SUL

Editora Vozes Ltda.
Rua Riachuelo, 1280
Tel. 51 3226-3911 | **Fax** 51 3226-3710
90010-273 – Porto Alegre, RS
vozes.05@vozes.com.br

Livrarias Paulinas
Rua dos Andradas, 1212 – Centro
Tel. 51 3221-0422 | **Fax** 51 3224-4354
90020-008 – Porto Alegre, RS
livpalegre@paulinas.com.br

• RONDÔNIA

Livrarias Paulinas
Rua Dom Pedro II, 864 – Centro
Tel. 69 3224-4522 | **Fax** 69 3224-1361
78900-010 – Porto Velho, RO
livportovelho@paulinas.com.br

• SANTA CATARINA

Editora Vozes
Rua Jerônimo Coelho, 308
Telefax 48 3222-4112
88010-030 – Florianópolis, SC
vozes.45@vozes.com.br

• SÃO PAULO

Distribuidora Loyola de Livros Ltda.
Vendas no Varejo
Rua Senador Feijó, 120
Telefax 11 3242-0449
01006-000 – São Paulo, SP
senador@livrarialoyola.com.br

Rua Barão de Itapetininga, 246
Tel. 11 3255-0662 | **Fax** 11 3231-2340
01042-001 – São Paulo, SP
loyola_barao@terra.com.br

Rua Quintino Bocaiúva, 234 – Centro
Tel. 11 3105-7198 | **Fax** 11 3242-4326
01004-010 – São Paulo, SP
atendimento@livrarialoyola.com.br

Editora Vozes Ltda.
Rua Senador Feijó, 168
Tel. 11 3105-7144 | **Fax** 11 3105-7948
01006-000 – São Paulo, SP
vozes.03@vozes.com.br

Rua Haddock Lobo, 360
Tel. 11 3256-0611 | **Fax** 11 3258-2841
01414-000 – São Paulo, SP
vozes.16@vozes.com.br

Rua dos Trilhos, 627 – Mooca
Tel. 11 2693-7944 | **Fax** 11 2693-7355
03168-010 – São Paulo, SP
vozes.37@vozes.com.br

Rua Barão de Jaguara, 1097
Tel. 19 3231-1323 | **Fax** 19 3234-9316
13015-002 – Campinas, SP
vozes.40@vozes.com.br

Livrarias Paulinas
Rua Domingos de Morais, 660 – Vila Mariana
Tel. 11 5081-9330 | **Fax** 11 5081-9366
04010-100 – São Paulo, SP
livdomingos@paulinas.com.br

Rua XV de Novembro, 71
Tel. 11 3106-4418 / 3106-0602
Fax 11 3106-3535
01013-001 – São Paulo, SP
liv15@paulinas.com.br

Av. Marechal Tito, 981 – São Miguel Paulista
Tel. 11 6297-5756 | **Fax** 11 6956-0162
08010-090 – São Paulo, SP
livsmiguel@paulinas.com.br

Empório Vértice – Edit. Distrib. de Livros Ltda.
Rua Achilles Orlando Curtolo, 467 – Pq. Industrial
Tel. 11 3393-1920 | **Fax** 11 3393-1954
11440-10 – São Paulo, SP

• PORTUGAL

Multinova União Liv. Cult.
Av. Santa Joana Princesa, 12 E
Tel. 00xx351 21 842-1820 / 848-3436
1700-357 – Lisboa, Portugal

Distribuidora de Livros Vamos Ler Ltda.
Rua 4 de infantaria, 18-18A
Tel. 00xx351 21 388-8371 / 60-6996
1350-006 – Lisboa, Portugal

Editora Vozes
Av. 5 de outubro, 23
Tel. 00xx351 21 355-1127
Fax 00xx351 21 355-1128
1050-047 – Lisboa, Portugal
vozes@mail.telepac.pt

Este livro foi composto nas famílias tipográficas
Frutiger e *Horley Old Style MT*
e impresso em papel *Offset 75g/m²*

MISTO
Papel produzido a partir de fontes responsáveis
FSC® C008008

Edições Loyola

editoração impressão acabamento

rua 1822 nº 341
04216-000 são paulo sp
T 55 11 3385 8500
F 55 11 2063 4275
www.loyola.com.br